나 하나만 참으면
괜찮을 줄 알았어

'아니오'라는 말이 세상에서 제일 어려운 당신에게

나 하나만 참으면
괜찮을 줄 알았어

이승주 지음

책들의정원

여기 굉장히 행복해 보이는 여자가 있다. 딸 하나, 아들 하나, 토끼 같이 귀여운 아이들에 아주 듬직해 보이는 남편까지 '스마일' 미소를 짓고 있다. 게다가 그 여자에겐 번듯한 직장도 있다. 유명하진 않지만 밥벌이치고는 꽤 괜찮다 쳐주는 곳이다. 아직 싱글이거나, 자녀가 없거나, 전업주부를 하고 있는 친구들은 입을 모아 말한다. "넌 정말 다 가졌어. 인생의 숙제를 모두 해결했으니 얼마나 행복하겠어?"

하지만 그들은 모른다. 어떤 스릴러물은 이렇게 '완벽해

보이는 웃음'이 전주가 된다는 사실을! 그 여자의 웃음을 한 꺼풀 벗겨내면 머리끝까지 부글부글 끓어오른 시뻘건 맨 얼굴이 등장한다. "하, 답답해 미쳐버리겠네." 거친 말투는 기본이요, 눈에 실핏줄까지 차오른 그 얼굴은 완벽함과는 전혀 거리가 멀다. 오히려 속 빈 강정처럼 건드리면 훅 꺼질 듯한 아슬아슬함이 존재한다고 해야 할까?

내 소개를 하겠다. 결혼 6년 차, 애 둘 엄마. 여자라는 이유로 은근히 밑지는 결혼생활을 하고 있으며, 워킹맘이기 때문에 나이 든 아저씨들의 일을 대신해주는 '호구 아줌마'다. 사실 나도 이럴 줄 몰랐다. 20대까지의 삶은 참 평안했으니까. 평범한 가족, 별일 없는 일상. 착실히 공부했고 좋은 대학에도 한 번에 들어갔다. 취업할 시기에 긴 백수 시절을 보냈다는 게 유일한 오점이었지만, 그게 뭐 어때서?

하지만 결혼과 함께 맞이한 30대는 매일 새로운 시험 문제가 세팅되는 기분이었다. 사람들은 말했다. "엄마라면 당연히 이렇게 해야지." 남편은 말한다. "어차피 내가 더 길게 돈 벌 건데, 당신은 육아에 좀 신경 써." 직장생활도 마찬가지다. 한때 친구라 생각했던 남자 동료들은 나를 따돌리고 자기들만의 끈끈한 우애를 다진다. "여자들은 한계가 있지" "아무렴, 회사를 지키는 건 결국 남자들이야"란 가부장적 논리를 들이대면서. 그러니 이쯤에서 소리 한번 지르고 가겠다.

"이런 C벌! 이놈의 세상, 내 맘대로 되는 게 하나도 없네!"

이렇게 하여 '잘 나가던 싱글녀'에서 '멘붕 직전의 1인'이 된 나는 생각한다. 이참에 옷을 확 벗어버리자고. 이 눈치 저 눈치 맞춰주던 가식의 옷은 집어치우고, 있는 그대로의 나를 바라보자고. 고분고분하게 살면 쥐도 새도 모르게 당하는 세상, 더 이상 고상한 척하지 말고 진짜 나를 찾아보자고.

맞다. 정리하자면 이것은 솔직하다 못해 벌거벗고 쓴 글이다. 바보같이 참으며 살다가 갑자기 버럭 소리를 지르게 된 어느 아줌마의 나체쇼다. 하지만 유명 연사도 아니요, 대단한 사회적 인물도 아닌 '나'란 사람의 나체쇼는 이 위대한 지구의 자전 속에서 곤충이 탈피하는 정도의 미약하고 별 볼일 없는 사건일 것이다. 누군가는 얘기하겠지. "그래서 니가 벗으면 뭐가 달라지는데? 별로 볼 것도 없구먼."

하지만 타인이 나를 그렇게 평가한다고 해서 정말로 아무것도 아니라 말할 수 있을까? 나는 생각한다. '참다 참다 벗어버리게 된' 어떤 분풀이가 적어도 나 스스로를 구제할 수는 있을 거라고. 귀여운 아내인 척, 현명한 며느리인 척, 착한 직장인인 척하지 않는 이 솔직한 발산의 이야기가 나, 그리고 나와 비슷한 당신의 삶을 바꿀 수도 있을 거라고. 그러니 주저하지 않겠다. 그냥 벗어버리겠다. 꽁꽁 싸서 묵히고 있던 나, 아니 우리의 이야기를 과감히 까보도록 한다.

2019년 8월

이승주

차 례

PART II 　'엄마'라는 이름의
　　　　수백 가지 그림자

PART III | 나는 어쩌다
직장의 '호구'가 되었나

PART IV | 그 누구도 아닌 '나'라는 자유

Part I

딱 내가 책임질 수 있을

만큼의 일탈

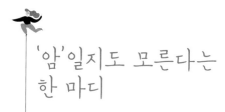

'암'일지도 모른다는 한 마디

"암일 수도 있습니다. 검사를 좀 해보시죠."

평범하다 생각한 날은 '어떤 계기'로 악몽이 되기도 한다. 내겐 그날, 그 말이 바로 그 '계기'였다. 단지 유방 검진 결과를 들으러 갔을 뿐인데 의사가 초음파 차트를 보여주며 잔잔했던 내 세계에 파문을 일으켰다.

"가슴 양쪽에 없었던 혹이 보이시죠? 크기나 모양으로 봤을 때 암일 가능성이 높습니다."

냉정한 의사는 팩트 전달 외에 그 어떤 감성적 위로도 없었다. 정밀 검사 후에 다시 보자는 그의 말을 뒤로 하고, 진

료실을 나서며 생각했다. '지금 이거 실화 맞지? 거짓말 아니지? 대체 이게 다 무슨 소리지?'

암과 죽음이 동의어는 아니지만, 솔직히 의사의 한마디에 죽음이란 단어가 먼저 떠올랐다. 두 달 전 건강검진을 받으러 병원에 갔다가 가슴 쪽도 한번 체크해야지 싶어 '그냥 해본' 검사였는데, 예상치 못한 말에 좀 많이 놀라고 어지럼증이 돌았다. 순간 TV 속에서나 봤을 법한 이런 경험도 했다. 삼십 몇 년의 삶이 정말 영화의 한 장면들처럼 줄줄이 눈앞을 스치는 경험. 쪼르르 눈물이 났다.

그 와중에 원무과에 추가 검진을 신청하고 거스름돈을 챙겨 받는데, 10원짜리 몇 개가 손가락 사이로 떨어졌다. 나도 모르게 떨어진 동전들을 주우려 고개를 숙이는데, 갑자기 좀 화가 치밀었다. 삶의 비극적인 순간에도 몇 십 원에 연연하는 이 비루한 꼴이라니. 뭔가 억울해졌다. 그리고 그 억울함을 풀어낼 곳이 필요했다.

몇몇 사람의 얼굴이 떠올랐고, 나는 병원 화장실 앞에서 이리저리 전화를 걸기 시작했다. 우선 남편에게. "내가 암일 수도 있대. 너랑 결혼하고 얼마나 속을 썩었으면 이렇게 아프겠냐. 이혼을 하네 마네 맘고생 한 것까지 합치면 속이 썩어 문드러졌을 거다. 다 네 책임이야. 내 건강 돌려내."

다음은 부모님. "나 좀 아플 수도 있어. 이제 내 맘대로 살게요. 벌써 삼십 줄인데 엄마 아빠 기대에 맞춰주려고 하고 싶은 거 너무 못했어. 이제 절 좀 포기하세요."

이어서 직장 상사. "부장님, 저 건강이 안 좋아졌습니다. 일할 사람도 많은데 왜 새벽 한두 시까지 워킹맘이 혼자 자료 작성하게 만드시나요? 이젠 더 못하겠습니다. 부장님이 알아서 하세요."

그리고 기타 친한 친구들과의 하소연 통화가 줄줄이 이어졌다.

혹시 '음' 하며 심각함에 빠지실 분들을 위해 결론부터 미리 얘기해야겠다. 나는 아직 죽지 않았다. 그리고 추가 검진 결과, 나는 실제 암에 걸린 것도 아니었다. 그 거만한 의사의 대대적 오진으로 정말 암에 걸릴 뻔했지만 (속앓이를 한 기간만 무려 한 달이다!) 다시 살아났다는 기쁨에 "선생님, 그렇게 일하시면 안 되죠" 하는 펀치만 힘껏 날려주고 나왔다. (사실은 공손했다) 그래서 내 진짜 이야기는 오히려 그 이후 시작되었다. 심장까지 벌렁거리게 한 이 해프닝을 통해 나는 내 삶에 대해 아주 진지한 고민을 시작하게 된 것이다. 그동안 반복했던 삶의 방식, 자세, 성격적 단점과 장점들을 하나씩 분석하기 시작했고, 그것들은 마치 거대한 우주처럼 충돌하며 내 마음 속에 하나의 심플한 질문을 남겼다.

"내 삶의 핑계비용은 과연 얼마나 될까?"

핑계비용 100 그리고 분노지수 100

생각하면 우리의 삶은 참 일방향이다. '잘 살고 싶다'는 미래지향적인 목표에 있어, 그곳까지 힘껏 정주행을 하고자 하는 욕망은 아마 누구에게나 같을 테니까. 하지만 막상 그곳까지 정말 잘 달려가고 있는지를 되새기는 역방향, 즉 '삶의 리뷰'에 있어서는 개인마다 반응이 다양하다고 생각한다.

여기서 바로 '핑계비용'이란 개념이 등장한다. (별 말 아니다. 그냥 내가 지었다) "이곳까지 달려온 것은 순전히 제 책임입니다"라며 핑계를 0으로 만드는 사람은 그야말로 성인 내지 주체적인 개인. "내가 더 달릴 수 있었는데 이런 저런 변수가 있어서 아쉽게 되었네"라며 약간의 핑계를 섞는다면, 그래도 무난히 살아가고 있는 평범한 개인. 하지만 "이건 제

모습이 아니죠. 다 저들 탓이라고요"라며 모든 것을 타인과 환경적 요인으로 돌린다면, 그야말로 핑계비용 100의 '껍데기 자아'만 남는 셈이라는 것이다.

특히 핑계비용이 100까지 이른 경우엔 분노지수 또한 100이 될 가능성이 높다는 것이 문제다. 나는 열심히 살았는데, 정말 아무 문제가 없는데, 주변에서 내 의지와 다른 강요를 했다든가 결정적일 때 도움을 제대로 받지 못했다는 핑계 등으로 '스스로를 향한 반성'보다 '주변으로 화를 발생' 시키기 때문이다. '화'라는 녀석이 또 재미있는 점은 화는 내면 낼수록 활활 불타오른다는 사실인데, 나중에는 내가 왜 화를 내고 있는지조차 가끔 잊게 할 때가 있다. 분노의 대상이 모호한 채 감정이 악순환되는 것이다. 굳이 비유하자면, 돌아오지 않을 메아리를 애타게 기다리며 혼자 악만 쓰는 꼴이랄까.

병원에서 소위 '분노의 전화'를 했던 나를 곱씹으며 생각했다. 내 삶은 혹시 '핑계지수 100'이 아니었을까? 감정이 워낙 격했던 상태라 전화기 너머 상대들은 내 말에 아무 반응을 하지 않았지만, 사실 이런 대답들을 했어도 전혀 무방한 것이었다. 남편 왈, "나는 스트레스 안 받아? 당신 건강은 당신이 알아서 챙겨야지!" 부모님 왈, "돈 벌어서 나 주니? 그냥 너 하고 싶은 대로 하고 살아!" 상사 왈, "힘들었다니 미안하네. 근데, 누가 그렇게 힘들게 일하라고 했어?"

삶이 억울해지는 것은, 일상의 의미들을 스스로에게 묻지 않을 때 생긴다는 사실을 이 일로 크게 깨달았다. 덧붙여 그 의미가 나의 '진심'과 멀어질수록 뭔가 분노하게 되고 심각하게 괴로워진다는 사실도.

때론 앞으로 달려가야 하는 것보다 달려온 날들에 대한 질문이 필요하다. 이 정도면 잘 살았다고 생각했지만, 삶의 모퉁이에 몰렸을 때 내 삶이 너무 억울해진 것은 실은 '잘 살지 못했다'는 허무함을 온몸으로 느꼈기 때문이었을 것이다. 부인으로서, 며느리로서, 딸로서, 직장의 일원으로서, 최선을 다한다고 생각했던 그 모든 역할과 행동들은 '사회가 기대한 역할에 맞춰준 것'이지 '100퍼센트 내 진심에서 비롯된 것'들은 아니었으니까.

그래서 정작 내 본성대로 행동하지는 못하면서 '이렇게까지 하는데 날 알아주지 못해?' 하며 핑계를 대고 있었던 것 같다. '민낯의 나'로 살아가야 하는데, 가부키 화장을 덕

지덕지 떡칠하고 있었다. '상냥하게, 친절하게, 책임감 있게'
란 수식 등으로, 있는 힘껏 '진짜 나'를 부수어가며.

'딱 내가 하고 싶은 만큼만'

〈대화의 희열〉이란 TV 토크쇼에 백종원 씨가 나와서 한
말이 있다. "내가 말이쥬. 한창 잘 나갈 때 그렇게 사람들에
게 친절했어. 가게 앞을 쓸 때도, 목욕탕에서도, 사람들만
마주치면 그렇게 안녕하세요, 하며 지나치게 인사를 하는
거야. 왜 그랬게유? 저 친구 괜찮다, 그 한마디가 듣고 싶어
서. 근데 말에유. 그렇게 인사한 날에는 밤에 그렇게 아파.
잠을 자려고 누울 때면 막 화가 나는 거야. 너무 굽히니까
속에서 진짜 자아가 막 올라오는 거지. 그래서 인제 그렇게
안 해유. 딱 내가 하고 싶은 만큼만 친절해."

'딱 내가 하고 싶은 만큼만'의 생각. '딱 내가 하고 싶은 만
큼만'의 행동. 누군가에게 피해를 주면서까지 본능적인 행
동을 하려는 것은 아니다. 사회 속에서 살아가는 일원으로
서, 나는 '딱 내가 책임질 수 있을 만큼'의 일탈을 하고 싶다.
아무것도 하지 못한 채 그럭저럭 삶을 살아갈 바엔, 나다운
생각과 행동으로 세상과 부딪혀보는 것이 낫지 않나. 그것

이 '암일 수도 있었던' 나의 위기를, 결코 '암이 걸리지 않을' 기회로 바꾸는 것이 아닐까 싶다. 내 몸을 둘러싸고 있던 껍질들을 지금부터 서서히 부수어본다.

참지 않는 연습

다음 문항에 ○X로 답하며 내 삶의 핑계비용을 확인해보자. 물론 공신력은 제로이므로 그냥 재미로만 시도해보기!

① 진학, 취업, 결혼…. 다 엄마가 시키는 대로 했을 뿐이다! (   )

② 지금 다니는 회사에는 '꼰대'밖에 없어서 내 능력을 펼치지 못하고 있다. (   )

③ 나는 잘못한 게 없는데 손해 보고 사는 것 같아서 가끔 분노한다. (   )

④ 아직도 중요한 결정은 친구, 남편(애인), 부모님에게 묻고 따르는 편이다. (   )

⑤ 일주일에 네 번 이상, 솔직하게 못한 말들을 떠올리며 한밤의 이불킥을 한다. (   )

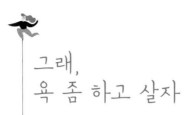

그래,
욕 좀 하고 살자

잠시 잊고 있던 그분을 소환해본다. 그분의 이름은 임춘화. 고등학교 3학년 때 내 짝꿍이었다. 나는 그녀에게 반했던 순간이 있다. 명치끝까지 차오르는 답답함을 참으며 공부에 열중하던 그때, 춘화는 수학문제를 풀다가 갑자기 어떤 말을 내뱉었다. "아, 진짜 공부하기 싫네. C 벌." 모범생 중의 모범생이었던 나는 그 한마디에 큰 충격과 신선함을 느꼈다. 마치 십 년 묵은 체증이 쑥 내려가는 그런 느낌?

춘화는 놀란 내 눈을 보고 히죽 웃었다. "왜, 넌 욕 못해?

짜증날 때 가끔 하면 진짜 시원한데. C~~~벌." 난 혀를 날름거리는 그 '뻗데기 발음'에 완전히 반해버렸고, 이후 그녀에게 다양한 욕을 사사 받았다. 집에서는 부모님 눈치를 보느라 욕을 하지 못했지만 학교에서는 완전 무장해제였다. 춘화와 나는 자유롭게 욕을 나누며 입시지옥을 뚫었다. C벌 C벌 외치다보니 어느새 대입도 성공했다.

그 누가 욕을 절대 하지 말라던가. (그렇게 말하는 사람도 아마 어디선가 욕을 하고 있을 거다) 욕의 기원을 찾아보면 오히려 긍정적인 요소가 등장한다. 민속학 전공의 고故 김열규 교수에 따르면 욕은 악덕에 대한 공격이요, 조롱이라고 한다. 이것은 탈춤에 등장하는 말뚝이나 취바리가 못된 양반을 향해 차진 욕을 퍼붓는 것과 같은 맥락이다. 더럽고 치사한 세상을 향해 인간적인 윤리를 역설적으로 주장하는 것.

물론 나는 부처나 예수가 아니오, 그 어떤 성인군자는 더더욱 아니어서 "이것이 인간의 윤리입니다"를 설득할 생각은 없다. (엑! 이것이야말로 재수없다) 단지 나는 더 이상 고상한 척하기 싫을 뿐이다. 대학교 때 내 별명은 수선화였지만 (하얀 얼굴에 몸집은 말랐으며 말수는 극히 적었다), 그 수선화의 실체는 '남의 눈치 보느라 할 말을 못하는 상태'였을 뿐이다. 이 말을 하면 어떻게 생각할까, 혹시 이런 어투로 말하면 기분이 나쁘지 않을까 등. 실제로는 O형이었지만 현실은 트리플 A에 가까운 소심녀였다.

하지만 그래서 뭐가 좋았는가를 생각하면? 딱히 없다. 오히려 암이 될 수도 있었던 혹덩이가 "안녕?" 하고 찾아 왔지 않은가. 그만큼 참는 것이 습관이었기 때문에 사회적 관계 또한 일방적이었다. "너, 내가 이렇게 해도 화 안 낼 거잖아" 라는 굳은 믿음 속에서 모두에게 호구가 되어주었다. 속 안 썩이는 딸, 착한 친구, 토끼 같은 아내, 네네 하는 며느리, 엄마다운 엄마. 그리고 "잘한다" 한마디면 남의 똥도 치워주는 만년 대리 역할까지. 아, 이렇게 복기하다 보니 절로 욕이 나오네. 나 뭐하고 산 거니, C벌!

뇌 과학은 욕설을 지지한다, 아마도

언젠가 읽은 뇌 과학자들의 이야기가 생각난다. 그들은 인간의 뇌가 세 개의 부위로 이루어져 있다고 한다. 그것은 1) 포유류의 뇌_{뇌간: 호흡 및 체온 조절}, 2) 파충류의 뇌_{대뇌변연계: 감정 및 식욕 담당} 3) 영장류의 뇌_{대뇌피질: 이성적 판단 및 행복중추}인데, 재미

있는 점은 환경에 따라 뇌의 감정 또한 달라진다는 사실이다. 가령 스트레스가 많은 환경에서는 감정적인 '파충류의 뇌'가 발달하고 평안한 환경에서는 이성적인 '영장류의 뇌'가 활성화된다. 미친 상사와 대거리를 해야 하는 월요일 아침엔 "나 건드리기만 해봐"의 파충류의 뇌였다가, 주말을 맞이하는 금요일 저녁이면 "야호! 집에 간다"의 영장류의 뇌로 짠 하고 변신하는 것처럼 말이다.

'뇌와 환경'의 관계를 강조하는 이 장황한 '뇌 과학'의 핵심은 하나다. 이것은 우리가 가끔 욕을 해야 하는 이유를 가장 명확히 설명해준다⑺ 생각해보라. 감정이 지나치게 억눌리면 '파충류의 뇌'가 발달해 언젠가 폭발해버리는 것처럼, 우리는 우리의 화를 평상시 조금씩 분출해두어야 한다. 그것은 마치 보험의 원리와 같다. 언젠가 일어날지 모르는 사고에 대비해 매월 몇 만 원씩 분납하는 것처럼, 미래에 찾아올 '화병'을 대비해 가끔씩 나의 진짜 감정을 토해내자는 논리다.

이렇게라도 하지 않으면 언젠가 "너 참 변했다"는 소리를 듣는다. 나는 참고 참다가 폭발해버린 것인데, 갑자기 이상한 사람 취급받는다. 그러니 너무 고상하게 살아갈 필요는 없다. 아무리 우아한 사람도 가끔 코딱지를 후비는 것처럼, 모든 일상은 사실 시트콤이라 생각하자. 그리고 더욱 가벼워지자. 까짓 거 가끔 욕 좀 하면서.

하지만 모든 말끝을 'C벌'로 채우는 건 좀 식상하지 않겠는가.《우리는 왜 위험한 것에 끌리는가Black Sheep》의 저자, 리처드 스티븐슨Richard Stephens 씨는 말한다. "욕의 남발은 욕에 대한 내성을 키울 뿐이다"라고. 일단 욕은 참을 수 없는 고통과 스트레스를 경감하는 효과가 있다. 하지만 욕을 반복적으로 사용한다면? 실제 통증 완화 효과는 크지 않다고 한다.

그는 '얼음물 실험'을 통해 이 사실을 밝혀냈다. 얼음물에 손을 담그고 고통스러운 순간에 욕을 하면 고통을 오래 견딜 수 있었지만, 평소 욕 사용이 잦은 사람은 통증 완화 효과가 크지 않았다. 한마디로 꼭 필요한 순간에 욕이 진가를 발휘할 수 있도록 평소 욕을 지나치게 사용하지 말라는 조언인 셈이다. 매일 욕을 달고 사는 부장님께 그 어떤 감흥도 느끼지 못하는 것처럼.

〈쇼미더머니〉와 〈고등래퍼〉 같은 프로그램들이 왜 유행

할까. 그건 "×××" 한마디를 위해 주저리주저리 말하는 '맥락' 때문이다. "어, 욕하고 있네"가 아니라 "아, 그렇게 말할 만하군"을 끄덕이게 되는 맥락 말이다. 그리고 "아, 그렇지~" 하는 순간 "×××"가 덧대지면 그렇게 통쾌할 수가 없다. 속사포처럼 내뱉는 빠른 입담에 가슴까지 쿵쾅거릴 지경이다.

게다가 그들의 멋진 쇼맨십을 보라! 그것은 내가 '수선화' 시절, 또르르 어깨를 말고 다녔던 상태와 아주 반대다. 자신의 개성을 강조하는 위그^{wig, 가발}에 치렁치렁한 목걸이까지. "난 이런 사람이야"를 한껏 강조하고 있다. 욕의 밑천이 달릴 때마다 난 그들의 랩을 따라 한다. 에미넴은 못 되어도 아줌넴은 될 수 있도록. '에베베' 하고 그 랩을 따라하며 침을 뚝뚝 흘린다.

욕쟁이로 커밍아웃 한다는 건, "욕으로 일가를 이루겠다"는 다짐은 아니다. 어차피 내가 욕을 해봤자 동네에서 좀 논다는 초등학생도 눈치 챌 것이다. "저 아줌마, 별로 욕 잘하지 않는데요?" 내가 하루아침에 신당동 욕쟁이 할머니의 경지를 따라가지 못하는 것처럼 (그들의 욕은 너무 설득력 있게 차져서, 욕을 먹고 있어도 기분이 나쁘지 않다) 내 욕의 수준은 아마 '감탄사형'과 '맥락형' 정도에 머무르겠지.

하루의 피로가 속 끝 깊은 곳에서 올라오는 날, "C벌"과 "니미럴" 정도를 외쳐보는 감탄사형. 그리고 내가 왜 이렇게 화가 나는 것일까를 제발 삼키지 않고, 한번쯤 이유를 따져볼 수 있는 '맥락형' 말이다.

"어릴 때 꿈은 김보성만큼 으리으리하지. 남편아 네가 명절 때 TV 앞에서 꿀 빨고 있을 때, 난 전 부치며 똥 기저귀를 갈아. 부장아 네가 주식에 미칠 때, 난 니가 버린 피피티를 기워. 연중무휴 일개미처럼 생방 독박 야근. 당최 없는 휴식에 이놈의 화를 어디에다 발산해. 내가 금수저로 보이면 병원 가봐. 네가 라식 해봤자 비전은 당최 구려. 바이바이 이놈의 의무들. 이제 마음껏 놀 거야. OKEY DOKEY YO!"

개사에 영감을 주신 프로듀서 지코 님께 감사드린다. 'OKEY DOKEY' 외치며 혼자 놀다 보니, 어느새 빈종이가 꽉 차버렸네? 마지막으로 소설가 가네시로 가즈키金城一紀의 《GO^{GO}》에 나오는 대사 한마디를 전해드리고 싶다.

"권투란 자기의 원을 자기 주먹으로 뚫고 나가 원 밖에서 무언가를 빼앗아오고자 하는 행위다. 원 밖에는 강력한 놈들도 잔뜩 있어. 빼앗아오기는커녕 상대방이

네 놈의 원 속으로 쳐들어와 소중한 것을 빼앗아갈 수도 있다. (…) 그런데도 넌 권투를 배우고 싶으냐?"

주먹처럼 뻗는 나의 욕이 제발 시시하지 않길 바란다. 세상을 향해 '한방' 먹이는 이야기는 뒷장에서도 계속되리니, 그 거침없는 행보를 통해 분노했던 내 '파충류의 뇌'가 진정한 휴식을 찾았으면 좋겠다. 더불어 기억 속에 있었던 춘화 사부에게도 안부를! Good Luck to you & Peace!

참지 않는 연습

혹시 당신도 '수선화'처럼 살고 있나? 시원하게 욕을 하고 싶지만 어쩐지 방법을 모르겠다고? 그렇다면 당신에게도 '욕 사부'가 필요하다. 일단 범죄를 소재로 한 한국영화 몇 편을 추천한다. 〈부당거래〉〈내부자들〉 등 욕이 추임새처럼 붙는 영화를 통해 슬슬 입을 풀어본다.

욕쟁이 할머니가 주인장인 맛집을 방문하는 것도 대추천! 구수한 욕설이 실시간 라이브로 들리는 신세계를 맛볼 것이다.

동네 초등학교 앞 PC방도 명당이다. 'C벌' 정도는 우스운 욕들이 공중을 마구 날아다닐 것이니, 남발되는 욕 잔치 속에 '진정한 욕의 길'에 대해 생각해보자. "이건 좀 아니지"라는 감상이 든다면 그 역시도 굿굿굿! 꼭 좋은 길을 알려줘야 '사부'라 부를 수 있는 건 아니니까.

딱 내가 책임질 수 있을 만큼의 일탈

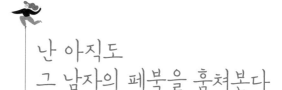

난 아직도
그 남자의 페북을 훔쳐본다

그러니까 이건 사실 돈 때문이었다. 결혼한
유부녀가 왜 과거 소개팅했던 남자들의 페이스북을 그토록
열심히 눈팅했겠는가? 솔직히 말하면 그 남자들이 가진 '머
니'에 대한 아쉬움 때문이었다.

결혼할 때만 해도 난 백마 탄 왕자님을 만났다고 생각했
다. 긴 유학 생활, 좋은 차, 깔끔한 매너. 그를 구성하는 빅
데이터들은 '있어빌러티_{있어 보이고 또 있어 보이는 블링블링함}'의 끝판
이었지…. 그래서 그와 결혼하면 환상적인 세계가 절로 열
릴 줄 알았다. 하지만 백마는 조랑말이요, 남편은 그냥 왕자

코스프레를 한 서민이란 사실을 나중에 알게 되었다. 사실을 알게 된 후에도 난 한 줄기 희망을 놓지 않았다. "그래도 이 남자에겐 숨겨진 뭔가가 있어." 하지만 6년을 살아보니 알겠다. 이 남자와 살려면 내 몸뚱이가 좀 고달파야 한다는 것을. 페북 속 옛 남자들처럼 숨만 쉬어도 돈이 생기지 않는다는 것을. 그래서 그놈의 돈이 계속 목마르다는 것을.

그놈의 동화와 드라마가 문제다. 재투성이 하녀였지만 신발 한 짝에 팔자를 고친 신데렐라. 재벌 2세의 뺨을 때려 사랑에 빠지는 캔디형 여주인공 등. 어떤 현실을 점핑할 수 있는 계기가 '부자 남자'란 사실을 난 어렸을 때부터 책과 미디어를 통해 보아왔으니까. 그러니 "이상형이 누구예요"를 물으면, 난 "성격 좋은 남자요"를 답하며 속으론 다른 생각을 했던 것이다. '근데 사실, 돈이 아~주 많았음 좋겠어.'

이 때문에 나는 상류층을 공략한다는 결혼정보회사에 등록을 하게 되었다. 일단 내 주변엔 부자가 없었고, 부자가 산다는 동네를 어슬렁거려도 개미 새끼 한 마리 보지 못했으니까. 하지만 거금 400만 원을 주고 가입한 그곳에서 난 하나같이 이상한 분들만 만났다. 압구정에 건물만 세 개 있다는 백수 남자는 10분 간격으로 엄마 전화를 받았고(필시마

마보이다), 집이 좀 산다는 치과 선생님은 TV 프로그램에서 외국 미녀와 소개팅을 한 분이었다(이 분은 스스로 '결혼정보회사의 알바'라고 했다). 집도 좀 살고, 생각도 건실한 국제 변호사 한 분은 만날 때마다 피를 토하지 않을까 싶을 정도로 기침을 해댔다(미망인이 되기 싫어 만남을 접었다).

기타 소개팅 에피소드는 무지하게 많다. 그나마 저분들은 좀 점잖은 편이었고, 소위 '사짜'와 결혼하려면 몇 평짜리 아파트를 가져오라는 집, 내가 평소에 소지하고 다니는 물건을 몇 개 달라는 집(서민의 때를 벗기는 굿을 한다나), 결혼을 하면 직장을 그만 두고 살림만 하라는 집까지 '초면에 대놓고 실례'하는 분들이 너무 많았다.

그때 처음 알았다. 대한민국에서 '부富'라는 것은 내가 결혼할 남자의 소유가 아니란 것을. 오히려 나는 그 부를 축적하게 해준, 그래서 참견이 당연한 그들의 부모님과 소개팅을 해야 맞는 것이었다. "안녕하세요. 예비 며느리입니다. 제게 재산을 좀 나누어 주시겠습니까?"

작전주 대신 우량주를 고르라고?

에카르트 폰 히르슈하우젠Eckart von Hirschhausen이란 독일 작가는 사랑에 대해 이런 말을 했다. 인연을 선택하는 건 식당의 메뉴를 고르는 것과 같다고. 메뉴판에 뭐가 있는지 보고, 최대한 마음에 드는 메뉴를 고르는 것이라고.

그래서 고르고 고르다가 지금의 남편을 선택하게 되었는데(모든 게 멀쩡하고 성격까지 좋은 부자라고 생각했지), 그의 부모님은 그를 유학 보내느라 영혼까지 탈탈 털리셨고, 그의 외제차는 값싸게 산 중고였으며, 심지어 그가 나와 비슷한 수준의 월급을 힘들게 벌어오는 사람이라는 건 몇 년에 걸쳐 알게 된 김빠지는 사실이었다. 그건 마치 에베레스트 산 같던 높은 기대감이 동네 구룡봉 수준으로 떨어지는 것 같은 일이었다. 그것도 완만한 하락세가 아닌, 롤러코스터 같은 급, 락, 세, 로!

물론 이 글의 결론은 "그래서, 그 부자들 중 한 놈을 잡았어야 해"로 끝나지 않는다. 지금도 돈이 싫은 건 절대 아니지만 진짜 요점은 이것이다. 돈이 없는 현실도 고달프지만, 돈 많은 부자와 결혼해 사는 생활도 그 나름대로 고달프다는 사실.

내 친구 중엔 부잣집에 시집가서 8년째 시어머니에게 무릎을 꿇고 용돈을 받는 이가 있다. 이 친구의 시부모님은 조물주보다 위대하다는 건물주이며 매달 월 300만 원의 용돈을 주신다. "야, 그 정도 받으면 무릎 꿇을 만하지 않아?" 하고 말하는 내게 친구는 말했다. "돈도 돈인데 너무 숨이 막힌다. 우리 집에 시도 때도 없이 비밀번호를 누르고 들어오셔. 저번엔 옷을 벗고 있었는데, 띠띠띠 하더니 문이 열리더라."

부자지만, 제법 인품이 훌륭한 집에 시집간 다른 친구는 스스로만 느끼는 자격지심이 있다. "나는 우리 시부모님이 친정 부모님이랑 만날 때 제일 스트레스를 받아. 조곤조곤 고상하게 얘기하시는데, 어쩐지 그게 더 무시당하는 느낌이 있어. 명절 선물도 너무 차이가 나게 전달해주셔서 갖다드리기가 부담스럽고."

세상 모든 여자가 부자 시댁과 갈등을 빚으며 살아가는 것은 아니다. "당신이 최고죠"라거나 "잘 살게 해줘서 고마워요"라고 꽃같이 웃으며 자존심을 내려놓을 수 있는 분들은 그들 방식대로 잘 살아간다. 하지만 인간은 모두 다르다. 나도 내 친구들도 '꽃같이 웃으며 바짝 엎드릴 수 있는' 그와는 절대 아니다.

한때 두바이 공주가 자신의 나라를 탈출했다는 뉴스를

본 적이 있을 것이다. 호화로운 궁전에 살며 하인만 100명을 넘게 두었던 셰이카 라티파Sheikha Latifa 공주, 그가 탈출한 이유는 단 하나였다. "의사가 되고 싶었는데 부모가 너무 반대를 해서." 누군가는 호사스럽게 살아 정신이 좀 나갔다고 생각하겠지만, 난 어쩐지 그 심정이 이해됐다. 그 역시 자신보다 돈 좀 있다는 남자가 "잠자코 있어"라고 할 때, "네, 그럴게요"라고 대답할 수 있는 과는 아니겠지. 아마 "어, 이 자식 봐라?" 하며 한대 세게 치고도 남았을 것이다.

그러니 이런 상황을 가정할 때 속에서 뭔가 부글부글 끓어오른다면? 아마 당신도 '그 과'는 아닐 것이다. 이런 분들은 자아가 살아 있어서 '결코 잠자코 살아갈 수 없는' 그 부류다. 나도 한때 '꽃같은 과'라고 착각을 했다. 하지만 살아보니 알겠다. 난 천 원짜리 한 장의 억압에도 바르르 떨며 대거리를 하는 여자란 것을. 만약 과거에 태어났다면 일찌감치 '기가 세다며' 동구 밖 어귀로 쫓겨났을 것이다.

스타 강사 김미경 씨는 《언니의 독설》이란 책에서 이런 말을 했다. "우량주를 골라. 지금 당장 그럴 듯하게 보이는 작전주 말고." 하지만 내 남편이 우량주라고 기대하는 순간, 또 슬슬 짜증나는 게 현실이다. 남편과 궁합을 볼 때 사주쟁이는 말했다. "네 남편, 돈벼락 맞을 거야." 하지만 돈벼락은 무슨. 그 돈은 하늘에서 내리긴커녕 땅을 파도 나오지 않는다. 뭐, 언젠가는 맞을 수도 있겠지만 애꿎은 환상이 현실과 연결되는 순간 잘 있는 남편도 이상하게 미워진다. (야, 돈 벼락 맞는다면서 이렇게 날 고생시켜?) 그러니 그냥 포기하자. 오히려 우량주니, 작전주니 하는 말보다 최근에 들은 김미경 강사의 강연이 훨씬 마음에 와 닿았다. "여자 나이 40이 되면 슬슬 깨닫게 되죠. 이 세상 최고의 로또는 바로 나 자신이라고!"

"니가 사는 그 집이 내 집이었어야 해"라는 노래 가사처럼 페이스북의 과거 남자들은 가끔 기억 속에서 나를 찾아올 것이다. 하지만 정신 차리자. 그리고 기억하자. 그것은 우연도 아니고, 필연도 아니고, 마크 저커버크가 개발한 하나의 알고리즘일 뿐이란 것을. 그래서 내 마음을 의도치 않게 어지럽힐 뿐이란 것을.

차라리 내 맘대로 나대고 사는 게 편하다. 슬리퍼 질질 끌며 슈퍼에서 쭈쭈바 하나 사 먹고 올지라도, 내 방식대로 살 수 있는 게 심신에도 피부 건강에도 훨씬 더 좋다. 그러한 과정을 통해 내 삶은 적어도 홍조는 띌 수 있을 테니까.
혈액 순환이 술술 된다며, 무거운 마음의 짐은 지워지지 않
을 테니까.

참지 않는 연습

'신데렐라 콤플렉스'가 아닌 '평강공주 콤플렉스'에 시달리는 여자들도 있다.
"이 남자는 내가 없음 안 돼"라거나 "이 남자를 멋지게 변신시켜 주겠어"라며
온달 같은 남자만 고르는 내 친구 C가 그 대표 주자다. 하지만 총 네 번의 연
애와 실패 끝에 C는 스스로 평강공주를 내려놓았다. "나 없이도 잘 살더라고."
"내가 멋지게 변신시키면 나비처럼 훌훌 날아가던데?"
친구여, 요즘 같은 세상에 어떻게 일방적인 책임과 의존이 있을 수 있겠니? 우
리 정신 차리자. 나부터 챙기면서 잘 먹고 잘 살아보자고!

딱 내가 책임질 수 있을 만큼의 일탈

꼴 보기 싫은
인간들 상대하기

인간은 사회적 동물이다. 사회 안에서 다양한 사람들과 관계를 맺으며 살아간다. 하지만 나는 내가 사회적 동물이라서 가끔 괴롭다. 좋은 이야기를 나누고, 함께 웃고, 서로의 생각에 불씨를 지펴주는 좋은 관계는 생각만 해도 흥흥 웃음이 나지만, 그 반대의 경우는 그야말로 쥐약이니까. 내가 어떻게 저런 인간이랑 친구가 되었는지 뒤돌아설 때마다 화가 치밀어 오른다. 하지만 정말 바보같게도 막상 그들을 만나면 난 해맑게 웃고 있다. "아유, 그러셨어요" 하고 오버스러운 액션에 격한 호응도 가끔 곁들이며.

정민 씨는 딸 아이 수영 모임으로 만난 학부모다. 그녀는 날씬한 체격에 이영애 같은 얼굴을 지니고 있다. 정민 씨는 남편이 꽤 돈을 잘 벌어서 일하지 않고도 풍족한 생활을 누린다. 매일 피부과와 백화점을 순회하는 그녀는 나를 만날 때마다 기다렸다는 듯 늘 징징대며 말한다.

"이번에 물광이랑 윤곽 보톡스를 맞았는데 어때? 볼 쪽이 좀 꺼졌나? 그리고 이 가방! 백화점에서 10퍼센트 세일할 때 샀는데 괜히 샀다 싶어. 이번에 이태리 가면 거기서 더 싸게 살 수 있는데 말이야. 나 왜 이러지? 참 바보 같지?"

얼굴까지 살짝 찡그리는 (하지만 주름이 질까봐 실제론 세게 찡그리지 않는) 그녀의 얼굴을 보며 머리를 한 대 쿵 쥐어박고 싶었다. "이봐! 지금 생계형 워킹맘에게 잘난 척하고 있는 거냐?" 하지만 이런 말은 마음속에서만 웅웅거릴 뿐이다. 나는 그녀의 피부 상태가 너무 좋다고 위로하고, 이태리에선 더 좋은 물건을 득템하라 조언한다.

언젠가는 그녀의 집에 방문하기도 했다. 인터넷에서 탁자를 시켰는데 그게 그 집에 어울리는지 봐주기 위해서. 그리고 딱 봐도 돈을 처바른 그 집에서, 그 집이 얼마나 마음에 안 드는지에 대한 징징거림을 또 한참 들어줘야 했다.

아, 참! 소연 씨도 있다. 그녀는 어린이집에서 만난 지인인데 세상의 온갖 위기상황을 전해준다. 요즘 계란이 아이들의 성조숙증에 얼마나 위협이 되고 있는지, 아이들 안전사고는 우리가 밥숟가락을 뜰 때마다 발생하고 있다며 (밥 먹다 체할 뻔했다) 이참에 대량으로 헬멧을 구매해야겠다고 거듭 강조한다.

하지만 이건 약과다. 아이들 교육 문제에 이르면 그녀의 입은 좀체 다물어질지 모른다. "강남 아이들은 여섯 살에 해리포터 원서를 마스터한대요. 시찌다 교육이라고 들어보셨어요? 좌뇌와 우뇌를 골고루 훈련시키는 교육인데…. 아! 가베는 기본으로 하시죠? 그거 안 시키면 공간지각능력이 떨어져서 수학 개념 자체를 따라갈 수가 없어요." 이하 블라블라.

나는 언젠가 아이의 밥을 먹이며 어깨에 핸드폰을 끼운 채 그녀의 전화를 받았는데, 한 시간이 넘도록 끊지 않아서 고개에 담까지 왔다. 이런 날 보고 남편은 소리쳤다. "거! 당장 전화 좀 끊어!" 하지만 어떻게 하나? 그 전화를 끊기가 너무 어려운 것을.

사자는 양의 눈치를 보지 않는다

《인생의 똥차들과 쿨하게 이별하는 법Am Arsch vorbei geht auch ein Weg》이란 책은 우리가 이런 인간들에게 어떻게 대처하고 있는지 다음과 같은 보기를 통해 묻는다. (이 책은 알렉산드라 라인바르트Alexandra Reinwarth라는 작가가 지었는데, 그도 꼴 보기 싫은 인간들을 끊어내는 데 적지 않은 어려움을 겪었다고 한다)

1. 전화를 받지 않는다.
2. 핑계를 지어낸다.
3. 지난 번 핑계를 기억하려 애쓴다.
4. 저 멀리 꼴 보기 싫은 인간이 보이면 안 보이는 척, 죽은 척한다.
5. 누가 초인종을 누르면 아무도 없는 척한다.

그리고 이 중에서 최소한 두 개 항목이라도 끄덕였다면? 오, 축하한다! 당신도 과거의 저자만큼이나 멍청하다는 뜻이다! (솔직히 나는 모든 항목에 다 끄덕였다) 저자는 말한다. 그냥 한 마디로 "싫어!"라고 거절하면 그만인데 왜 우리가 이런 짓을 하고 있냐고. 어느 날 내 주변에서 이들이 '뿅' 하고 사라진다면 슬프긴커녕 축배를 들 일일 텐데, 왜 삶에서 지워버릴 생각을 하고 있지 않냐고. 그 말에 100퍼센트 공감한다. 단지 우리가 이들을 인생에서 쉽게 지우지 못하는 이유는 그놈의 지긋지긋한 사실 때문이다. 바로 우리는 사회적 동물이라는 사실! 그러니 꼴 보기 싫은 그들에게조차 '무쟈게' 잘 보이고 싶은 거다!

물론 우리는 안다. 이것은 허망한 인기다. 이렇게 획득하는 플러스 1점보다 나를 갉아먹고 있는 자존감 지수가 마이너스 100점을 찍고 있다는 사실을 누구보다 잘 알고 있다. 실제 전문가들은 주위 사람들의 평가에 지나치게 신경 쓰는 이의 상태를 '자존감 부족'이라 진단한다. 그리고 "사자는 양이 어떻게 생각하든 개의치 않는다"며 우리에게 제발 사자가 되라고 호통을 친다.

뭐 상관없다. 사자가 되든, 호랑이가 되든 그 비유는 전혀 문제되지 않는다. 진짜 중요한 것은 내가 이들 때문에 고통받고 있고, 이제는 끊어야 한다는 깨달음을 하루 빨리 실천으로 옮겨보는 것이다. 정민 씨, 소연 씨, 그리고 내 친구 고은이(연락두절이었다가 가족 기념일에만 연락하는), 수연이(가방 좀 그만 사고 3년 전 꾸어간 400만 원부터 갚아라!), **향연이까지**(난 돌아서면 내가 모두를 뒷담화하는 것을 알고 있어). '오래 알았다'는 사실 외엔 딱히 지인보다 못한 이들을 이젠 그만 정리해야 함을 인정해야 하는 것이다.

얼마 전, 나는 정민 씨에게 내가 생각해도 믿기지 않는 대처를 했다. "우리 집에 책장을 들여놓았는데 한번 와서 봐주겠어요?" 하고 전화를 한 그녀에게 난 드디어 한마디를 했다. "글쎄요. 전 장식장에 관심이 없어요. 그리고 지금 좀 바빠서요." (그리고 딸깍) 어떻게 낸 용기인지는 모르겠다. 전화를 끊고도 잠시 멍했고, 입술이 파르르 떨릴 정도로 살짝 흥분되었다. 하지만 그것으로 끝이었다. 다행히 그녀로부터 더 이상의 전화는 없었고, 수영장에서 마주하자 그녀는 나와 고개를 돌린 채 완전히 외면하고 있었다. 야호! 이런 것이었군. 의외로 세상에 별일 일어나지 않는군!

작가 알렉산드라는 말한다. '사랑스러운 독특함'과 '참아줄 수 없는 기벽'의 차이는 그 행동이 다른 사람들에게 어떤 영향을 끼치는가에 따라 갈리는 것 같다고. 상대의 어떤 행동이 내가 눈을 좀 흘기게 되는 정도면 오케이! (그럴 때는 상대가 눈치 채게 대놓고 눈을 흘겨라!) 하지만 신경을 거스르는 정도가 너무 심하다면 상대를 과감히 제거해 버리라는 것이다. 우리 모두는 완벽하지 않다. 한두 개의 단점 정도는 나도 '우정'이란 이름으로 용서해 줄 수 있다. 하지만 그 우정이 나의 정신질환까지 초래하고 있다면? 핸드폰에 이름이 뜨는 순간 갑자기 화가 난다면? 그래, 아무래도 맞다. "제발 끊으라"가 확실한 진리다.

인간이 사회적 동물이라는 사실에 아직도 죄책감이 살짝 느껴진다고? 그렇다면《인생의 똥차들과 쿨하게 이별하는 법》의 이 구절을 참고해보자.

"다른 사람에게 잘 보이고 싶은 마음은 인간의 자연스러운 속성이다. 몇 만 년 전에는 부족의 일원이 되어 사는 것이 생명을 지키는 데 중요한 일이었다. 샤벨타이거를 물리치고 매머드를 쓰러뜨리기 위해서는 집단이 필요하니까. 하지만 오늘날에는 냉동 피자가 있고 샤벨타이거를 상대할 필요가 없는데도 여전히 이런 메커니즘이 작용한다. 혹시 샤벨타이거나 매머드가 나타난다고 할지라도, 당신이 끊어버리고 싶은 그 '꼴 보기 싫은 친구'는 샤벨타이거나 매머드를 쓰러트리는 데 전혀 도움이 되지 않을 것이다."

그러니 이쯤에서 다시 한 번 되뇌어보자. '사자는 양이 어떻게 생각하든 전혀 개의치 않는다. 사자는 양이 어떻게 생각하든 전혀 개의치 않는다. 사자는 양이….' 담대하게, 솔직하게, 그리고 심플하게! 이 꼴 보기 싫은 인간들로부터 한시 바삐 벗어나는 게 정답이다.

참지 않는 연습

내 인생에 불필요한 사람은 누가 있을까? 나는 크게 네 가지 유형을 꼽는다. 1) 필요할 때만 연락하고 볼일 끝나면 사라지는 사람, 2) 은근히 타인과 비교하며 자기 자랑만 늘어놓는 사람, 3) '이건 비밀인데 말야…' 하며 꼭 말을 옮기는 사람, 4) 만날 때마다 이유 없이 기가 쭉쭉 빨리는 사람. 근데, 이 글을 읽는 당신! 어쩐지 찔린다고? 이 문항이 다 본인 이야기 같다고? 'Oh My God!' 제발 내겐 연락하지 말아주길! 우리 마주치면, 서로 알아서 피하는 거다.

호캉스 가는 미친년들

내겐 열 살 터울의 외삼촌이 있다. 옛 어르신들 말로 하면 기저귀 찬 조카와 소학교 다니는 삼촌이 툇마루에서 함께 논 격인데 그만큼 우리 사이엔 격의가 없었다. 서로의 연애를 코치하고, 좋아하는 TV 프로그램을 챙겨주었다. 가끔은 친구인가 아닌가 헷갈릴 때도 많았다. 그런 삼촌이 결혼을 하고 장성한 초등학생 자녀를 데리고 우리 집에 놀러온 날, 함께 다과를 즐기던 중 갑자기 이런 말을 꺼냈다.

"근데 요즘 집에 애를 두고 호캉스를 가는 미친년들이 있다며?" 순간 내 머리 속은 일시 정지. 무언가 가슴 속에서 확 끓어올랐다. "음, 삼촌! 근데 애도 떨어뜨려 두고 호캉스를 가는 미친년이 바로 나야!"

잠시 이성을 찾아보자. '미친년'이란 단어 자체가 중요한 게 아니다. 누군가를 '미친년'으로 몰고 가는 전제가 더 중요하다. 이 논리를 해석하면 '아줌마는 웬만하면 집에서 애를 봐야지'가 첫째고, '왜 집을 두고 굳이 호텔까지 가서 놀려고 하느냐'가 둘째다.

굳이 정의하면 이것은 '잘못된 송충이설'과 같다. "송충이는 솔잎만 먹고 살아야지"라고 그 한계를 주장하는 것처럼, "아줌마는 애를 보고 집을 지키는 것이 본분이다"를 교묘히 강요하는 것이다. 그리고 이것이 또 모든 남성의 논리는 아니겠지만, 난 가끔 이 '송충이설'을 숱한 남성에게서 문득문득 느낄 때가 많았다. 물론 내 남편도 예외는 아니었다.

실제 내가 3년 전부터 호캉스를 실천하게 된 것 역시 남편에게 들은 '송충이설' 때문이었다. 그날은 둘째를 낳고 출산 휴가를 낸 지 80일째 되는 아침이었다. 난 침대에 누워 있었다. 젖은 솜처럼 몸이 부어 축 처져 있었는데, 밤새 기저귀를 가느라 허리 통증까지 도져 있었다. 당연히 집은 엉망이었다. 이리저리 쌓인 장난감 더미, 융단 폭격을 맞은 듯한 설거지 산과 기저귀 지린내. 둘째는 우유를 달라고 삑삑 우는데, 남편은 첫째를 어린이집에 등원시키러 나가려 내게 매몰차게 말을 던졌다. "거, 집도 치우고 남편 아침밥 좀 챙기지? 집에서 쉬면서 왜 그렇게 퍼져 있어?" 그리고 현관문을 쿵 닫고 나가버린다.

이런 C! 내가 조금이나마 힘이 있었다면 그 길로 쫓아가 남편의 등짝이라도 후려쳤을지 모른다. "당신이 치워!" 하며 소리라도 질렀을 수도. 하지만 몸도 마음도 쇠약해진 상태에서 그 말은 고스란히 마음에 비수로 꽂혔다. '엄마라면 다 감수해야지' '남편 밥을 챙겨야지'라는 '그놈의 송충이설'은 정말로 내가 그래야 하는 것인가 하는 의문을 낳았다.

때마침 옛 직장 동료이자 친한 언니에게 안부 전화가 왔는데, 그와 통화를 하다 갑자기 울음이 터졌다. 내가 너무 비루하고 또 하찮아 보여서. 나아가 어떻게 저런 사람과 결혼을 했는가 하는 자괴감까지 심하게 몰려왔다. 그렇게 한 40분을 울었을까? 수화기 너머로 내 울음을 듣던 언니가 조용히 한마디를 한다. "너무 지친 것 같아요. 좀 쉬었다 가야 하지 않겠어요?"

삶의 코드를 전환할 곳이 내겐 필요하다

'쉼'이란 단어가 그때처럼 꽂혔던 때는 없었다. 사실 모든 사람에게 '쉼'은 상식적으로 너무 중요한 요소다. '숨'을 한 번 고르고 간다는 의미의 쉼표, 'take a break'란 영어 문구에서 느껴지는 분리와 일탈의 감성은 사실 우리가 계속 전진하기 위해서라도 의도적으로나마 만들어가야 할 삶의 계기니까.

그런데 유독 대한민국 엄마들에게 그 '쉼'이란 단어는 박하게 적용되는 것 같다. 워킹맘을 압박하는 요소들을 수치화한 '워킹맘 고통지수사단법인 여성·문화네트워크, 여성가족부, 여성신문 발표'에는 이런 항목들이 등장한다. 1) 육아는 엄마가 해야 한다는 사회적 압박, 2) '돕는다'는 생각뿐 육아와 가사분담에 적극적이지 않은 남편의 압박. (워킹맘도 이러한데 전업주부는 오죽할까)

이것들은 내가 느끼는 '송충이설'의 폐단과도 맞닿는 부분이다. 모성에 대한 일방적인 편견, 나아가 양성 불평등적인 시각 말이다. 그리고 이런 현실들을 접할 때마다 나는 화가 나는 동시에 가끔 싸움에 대한 의지를 잃을 때가 많다. '송충이설'을 뿌리 뽑는 길은, 여성이 주체적으로 실행해야 할 문제도 있겠지만 남성과 사회적 시각이 함께 변하지 않으면 절대 바뀔 수 있는 문제가 아닐 테니까.

그래서 역설적으로 나는 '쉼'이란 행동을 더 강조하게 되는 것 같다. 내 남편이 변하든 혹은 변하지 않든 '내가 계속 전진할 수 있는 힘'을 만드는 것 역시 쉼을 통해 시작되니 말이다. 그리고 나는 그 쉼의 한 방식으로 호캉스를 선택하고 있는 중이다. 서울 시내에서, 1박 2일의 짧은 일정으로, 내 가족과 완벽히 분리될 수 있는 절호의 찬스, 바로 호캉스!

호캉스 멤버는 총 세 명이다. 대학시절부터 알아온 절친이자 싱글녀인 '지지'와 '냐옹' 양이 그들. 직업적 특성상 평소 해외 출장이 잦은 이들은 일단 호텔에 대한 거부감이 크지 않고, 가성비 좋은 곳을 누구보다 높은 안목으로 골라낸다.

물론 약속 날짜를 잡는 것은 쉽지 않다. 남편에게 아이들을 맡기는 문제로 한번 실랑이가 있고, 내 쪽이 좀 수월하게 진행된다 싶으면 친구들에게 갑작스런 회식이나 소개팅이

잡히기도 한다. 견우와 직녀가 만나는 것이 이렇게 어려운 일이었을까 상상할 정도로, 우리의 삶의 패턴은 너무도 달라졌으니까.

하지만 일단 약속을 잡으면 그날부터 모든 일상은 정말이지 너무도 즐겁다. 디데이가 다가올수록 맘이 설레고, 남편과 아이들에게도 한없이 너그러워진다. 가끔은 나도 모르게 흥흥 콧노래도 나온다. 아무리 짜증나는 상황이라도 그날이 온다면 까짓 거 다 이겨낼 수 있다.

호캉스에서 이루어지는 활동은 사실 특별하진 않다. 미리 검색한 맛집에 가서 몇 시간이고 수다를 떠는 일, 절대한 마음으로 뭉쳐지지 않는 직장의 '한마음 단합대회'를 성토하고, 여자 인턴에게 자꾸 들이대는 중년 부장을 뒷담화를 하는 일 등. (누가 설거지를 할 것이냐의 문제로 반나절을 싸운 내 웃픈 일화도 빠지지 않는다) 한때는 각자에게 짜증을 일으켰던 일, 그래서 머리까지 하얗게 만들어버렸던 일들은 꼴깍꼴깍 넘기는 맥주와 함께 안주거리가 된다. 목구멍을 타고 내려가는 거품의 쾌감처럼 그저 가볍게 웃고 지나갈 수 있는 해프닝으로 술술 소화가 되어버리는 것이다.

특별한 유흥도 없고, 오후 10시가 되면 땡 하고 잠이 드는 이 호캉스의 핵심은 '삶의 코드 전환'이다. 피천득 작가님도 〈장수〉라는 글에서 이런 말씀을 했다. "기계와 같이 하루하루를 살아온 사람은 팔순을 살았다 하더라도 단명한 사람"일 뿐이라고.

사실 우리가 여행을 하는 이유는 더 잘 살아가기 위해서다. 늘 같은 자리에서 동동거리지 않고, 한 가지 패턴과 풍경으로 살지 않고, 삶의 가능성과 다양성을 더 넓게 펼쳐내기 위해서 말이다. 그러니 나는 호캉스란 말도 나름 달리 해석해보고 있는 중이다. 호캉스는 단지 '호텔로 가는 바캉스'가 아니라, '내 자리로 잘 돌아오기 위한 여행'인 것이라고.

나는 앞으로도 '나'라는 존재를 건강하게 끌어가기 위해 나만의 '쉼의 방식'을 이어갈 것이다. 내가 행복해야 내 주변도 행복하게 해줄 수 있다 믿기에, 나의 가능성을 단지 무미건조한 생활로 가두어두지 않을 것이다. 그리고 이런 기회를 통해 아직은 '엄마'로 강요되는 내 무게중심을 좀 더 '나' 쪽으로 옮겨볼 생각이다. 가끔은 색다른 길로 운전도 해보고, 가끔은 새로운 사람들도 만나고, 또 어느 날은 그동안 시도하지 않았던 굉장한 일들을 기획해보면서 '또 다른 나'

를 계속 만나보고 싶다. 그것은 곧 나를 변화시키고 또 내 주변까지 변화시킬 수 있을 테니까.

어느 순간 남편은 호캉스를 떠나는 내 지갑에 꼬깃한 만 원 열 장을 몰래 넣어둔다. 기대하지 않았던 어떤 풍경이 시작되고 있다. 부딪히고 실천할수록 느껴지는 삶의 변주. 이런 게 삶의 재미가 아닐까?

참지 않는 연습

'아줌마는 애를 보고 집을 지키는 게 본분이다' 외에도 우리가 들은 송충이설은 많다. 10~20년 전만 해도 아줌마가 미니스커트를 입고 힐을 신으면, 혹은 너무 쫙 빼 입고 나가면 눈치를 줬다고 한다. 요즘은 일하는 여성이 많아져서인지 이런 시선은 조금 덜해졌지만, 여전히 비싼 머리를 하거나 네일샵에 가면 '그건 사치'라고 말하는 사람들이 넘쳐난다.

그리고 내 경우는? 얼마 전에도 있었다. 아이와 둘이 모처럼 외식을 하고 있는데 "저 아줌마 팔자 좋네" 하는 말과 함께 주위의 따가운 눈길을 느꼈으니까.

아! 쓰다 보니 속에서 뭔가 또 스멀스멀 올라오네? 이참에 편의점 좀 후딱 다녀와야겠다. 얼음 동동 띄운 단 커피 한잔 시원하게 원샷하게!

뚱보를 향한
저주

'말라비틀어진 여자'가 되고 싶다.

이 목표는 대학교 1학년, 단체 미팅의 경험으로 시작되었
다. 153센티미터에 50킬로그램이었던 나는 조금 통통한 체
형이었는데, 나보다 한참 마른 여자 친구들과의 동석으로
순식간에 뚱뚱한 인간이 되어버렸다. "여자들은 보통 수능
보고 다이어트 하지 않나요?" "대체 언제부터 살을 뺄 거
죠?" 처음 만난 남자들의 반응은 너무 모욕적이었고, 난 부
끄러워 대꾸 한마디 못했다. 이후엔 더 이상 미팅을 나가지
않았다. 나는 넉 달만에 9킬로그램을 뺐다. 점심은 쿠키 한

조각, 저녁은 두유 한 잔. 밥은 절대 손도 대지 않았다.

이미 뼈만 남은 모델들도 '거식증'에 걸린다는 사실을 TV에서 본 적이 있다. "이걸 먹으면 몇 칼로리를 섭취한다는 걸 아니까 절대 먹게 되지 않죠. 어쩌다 허겁지겁 먹은 날엔 너무 죄책감이 느껴져요. 그러면 화장실에 가서 토하는 거예요. 내가 먹은 칼로리가 살로 붙으면 어쩌나 하고."

그 모델의 발언이 놀랍지 않았던 건, 나 역시 내가 먹은 음식을 칼로리로 계산했기 때문이다. 이 초콜릿을 먹으면 줄넘기 100회, 저 피자를 먹으면 수영 한 시간 등. 음식을 보면 자연스럽게 운동 시간이 머릿속에서 계산되었다. 그리고 그 운동을 힘들게 하기 싫어 굶기를 반복했다. 이 같은 음식 기피증은 몸무게 37킬로그램을 찍는 순간까지 계속되었다.

오랜만에 집으로 내려온 나를 보고 부모님은 기절초풍했고, "이대로면 진짜 큰일난다"는 의사선생님의 심각한 경고가 겹쳐 조금씩 음식을 먹게 되었다. 그러나 한번 위가 망가졌으니 회복은 쉽지 않았다. 한 끼에 피자 한 판도 거뜬했던 나의 소화력은 그 후로 돌아오지 않았다. 아직도 나는 밥 한 그릇을 다 비우지 못하며 걸핏하면 소화불량에 걸려버린다.

세상 모든 여자는 다이어트를 한다

어떤 '미인상'에 도달하겠다는 목표의 결과는 혹독하다. 혹자는 "무식하니까 이상한 방법으로 살을 빼지"라고 말하지만, 더 놀라운 사실은 이것이다. 다이어트에 목숨을 거는 사람들은 대체로 그 결과의 위험성에 대해 잘 알고 있다. 단지 이들은 살을 빼는 과정에서 벌어지는 '건강의 위험'보다 살을 빼지 않아서 '받아야 할 비난'이 더 싫은 거다.

'뚱뚱한 여자＝예쁘지 않은 여자＝그래서 매력적이지 않은 여자'의 선입견은 위험한 살 빼기 레이스에 평범한 여성들을 동참시킨다. 한번 주변에 물어보시라. 단 한번이라도 다이어트를 시도하지 않은 여성이 있었는지. 심지어 그녀가 보통의 정상 체격인데도 말이다.

어느 순간 난 깨달았다. 내가 미모에 '감정적 시간'을 지나치게 투자하고 있다는 것을. 매일 아침 거울 앞에서 난 나의 팔뚝 살과 허벅지 살을 검사했고 '눈은 더 크게, 턱은 더 갸름하게'를 외치며 스스로를 학대하고 있었다. 예쁜 외모를 위해 사들인 가슴 뽕, 미백 화장품, 셀룰라이트 제거 크림. 그리고 한 달 월급의 반 이상을 쏟아부은 피부과 비용까지. 이 어마어마한 소비를 통해 더 나아진 것도 있었지만(피

부는 확실히 좋아졌다), 문제는 이러한 소비가 외모에 대한 만족
감은 충족시켜주지 못했다는 거다. 나는 '스스로를 개선하
고 있어'라고 생각했지만, 정작 나에 대한 사랑은 하나도 개
선하지 못하고 있었다.

아름다움에 대한 찬사 혹은 비난

미디어는 아름다움에 대한 신화를 전파한다. 앞에서는
착하고 뒤에서는 놀라운 그녀. 그래서 허리는 25고, 엉덩이
는 36인 그녀는 "어머님이 누구냐?"를 수십 번 질문 당할 정
도로 섹시하다.

〈렛미인〉이란 성형수술 프로그램은 인생의 온갖 불행을
뚱뚱하고 못생긴 외모로 돌린다. "제 인생은 살이 찌며 망가
졌어요. 직장도 잘리고, 남편은 바람까지 피우기 시작했죠."
울면서 호소하던 그녀는 수술대에 올라 바비 인형 같은 얼
굴로 변신한다. 곧 이어 바람을 피웠다는 남편과 눈물의 재
회를 하는 그녀. 서로 얼싸안는 그들의 모습은 마치 "아름다
움이 모든 것을 해결해준다"는 것을 말해주는 듯하다.

우리는 미디어 속의 아름다움을 사기 위해 지갑을 연다.
반대로 말해 미디어가 돈을 버는 가장 확실한 방법은 '여성

의 아름다움을 상업화시키는 것'이다. 다시 말해 여성의 외모를 '아름다움'의 공식으로 가두려는 교묘한 움직임은 우리가 태어날 때부터 늘 함께 해왔다.

〈신데렐라〉〈백설공주와 일곱 난쟁이〉에 이어 만화 〈포카혼타스〉가 나왔을 때 디즈니는 "왜 공주의 얼굴이 저 모양이냐"는 비평가들의 엄청난 공격에 마주해야 했다. 유명 의대, 한의대에서 여자 신입생들을 대상으로 외모 품평을 했다는 뉴스는 더 이상 놀랍지 않다.

하다못해 나 같은 평범한 30대 직장인에게도 남자 상사가 아무렇지도 않게 외모 지적을 한다. "거 립스틱 좀 바르지. 오늘은 안 바르니까 덜 예쁘잖아." (님아, 닥치고 댁의 뱃살이나 관리하세요) 난 내가 예쁜 모습을 그 놈에게 보여주기 싫어서 이후엔 아이를 픽업하러 어린이집에 갈 때만 립스틱을 발랐다.

한동안 칙칙하게 하고 다니니 누군가에게 또 이런 말을 들었다. "역시, 일 잘하는 여자들은 외모에 신경을 쓰지 않는군." (아! 진짜 미치고 팔짝 뛰겠네)

이 사회엔 두 가지 못된 공식이 있는 것 같다. 하나는 '여성을 이용하는 방법은 아름답다는 찬사'이고, 다른 하나는 '여성의 입을 닫게 하는 것은 못생겼다는 비난이다'이다.

그리고 그 어느 쪽도 여성 입장에선 정답이 아니다. 사회가 정의한 아름다움과 나를 비교하는 것은 '평범한 주물에 나를 끼워 맞추려는 것'이자 끝없는 고통만을 안겨줄 뿐이니까. 그리고 솔직히 말해서, 이 놈의 세상은 이미 망했다. 패션쇼에 플러스 사이즈 모델을 세우거나, 평범한 일반인을 광고 속 주인공으로 내세우는 일 등은 분명 사회적 인식을 개선하려는 작은 도약이긴 하지만, 그야말로 '작은 도약'일 뿐이다.

아마 우리가 그 어떤 지랄발광을 해도 미모에 대한 온갖 요구와 기준이 하루아침에 바뀌는 일은 찾아오지 않을 것이다. 세상이 운석과 충돌해 갑자기 펑 하고 폭발해버리지 않는 이상은.

예쁘지 않으면 쓸모없는 세상

한 사회학자가 '미에 대한 현주소'를 소개한 적이 있다. 중학교 진학을 앞둔 초등학생이 온라인에 상담 글을 남겼다. "저는 뚱뚱하다고 왕따를 당했습니다. 중학교에 가면 어떻게 해야 할까요?" 그에 대한 일반인들의 답변은 무수했지만 70퍼센트의 답변은 이러했다. "그냥 살을 빼세요. 다른 방법으로 매력을 키우라고 하고 싶지만, 그냥 살을 빼는 것이 훨씬 현실적인 방법인 것 같네요."

"살을 빼는 것이 정답"이라 말하는 것은 이미 사회의 평균이 되어버렸다. 그러니 하루아침에 이 평균을 바꾼다는 건 결코 쉬운 일이 아닐 것이다. 그러니 "예쁘지 않으면 무쓸모"라 말하는 이 망할 놈의 세상에서, 나 자신만은 절대 망하지 말자고 결심하는 것이 제일 큰 정답일 것이다. 41킬로그램의 말라비틀어진 인간이 되었어도 뚱뚱하다고 슬퍼했던 '뚱보의 저주'는 스스로를 혐오해 만들어낸 환영이었을 뿐이었다. 콤플렉스나 이상한 편견이 나를 파괴하지 않도록, 완벽하지 않은 나를 있는 그대로 사랑해보자.

이것은 작지만 완전히 자발적인 얘기다. 그래서 더 불가능해보이지만, 막상 실현하면 무엇보다 쉽고 간단한 이야기가 될 수도 있다. 우리 한번 노력은 해보자. "세상에서 가장 예쁜 것은 나"라며 스스로를 예뻐해주자. 혹시 아는가? 그 과정에서 나에게 완전히 반하게 되는 자존감 최고의 정점을 찍게 될지.

너무 교과서적인 얘기다. 고작 이 이야기를 하려 했냐며 짜증을 낼 수도 있을 것이다. 나도 잘 안다. 하지만 정말 이 방법밖엔 없다. 내 몸의 주인은 오직 나다. 그리고 그런 나의 생각이 적어도 '나'만은 스스로 지켜낼 수 있을 거다.

참지 않는 연습

이제는 다이어트에 집착하지 않지만 대신 건강한 몸을 위해 1년 전부터 요가를 하고 있다. 일주일에 두 번, 퇴근 후 수강생 30명과 함께 듣는 단체수업이다. 요가 선생님은 참 대단하다. 손을 합장하고 한 발로 서 있어도 어쩜 동작 하나 하나에 흔들림이 없다. 반면 나는 30초가 넘어가면 땀이 삐질삐질 흐르며 쓰러질 것 같다.

그날도 선생님의 복근을 떠올리며 다운독 자세(엉덩이를 하늘로 높이 들고 다리 뒤쪽에 힘을 줘 버티는 자세)를 하는데 지나가던 선생님이 자세를 교정해주며 한마디하셨다. "회원님, 그런데 이 자세가 아닙니다. 이렇게 하면 허리만 길어져요." 응? 나 일 년 동안 이 자세로 꾸준히 운동했는데?

피부과는
나의 주님이어라

외모에 관한 이야기가 나왔으니 한 가지 더! 솔직히 외모에 관심 없는 여자는 없다. 누군가에게 과시하기 위한 외모를 말하는 것이 아니다. 스스로를 바라볼 때 "이 정도면 괜찮다"를 말할 수 있는 자존감과 외모는 모두에게 필수적이니까. 특히 자체 발광이 되던 20대와 달리, 얼굴이 슬슬 흘러내리기 시작하는 30대는? 피부에 대한 꾸준한 투자가 절실하다. 질 좋은 자외선 차단제와 주름 개선제는 기본. 무엇보다 피부과 방문 같은 정기적인 관리는 절대 빼놓을 수 없다.

하지만 재미있는 것은 우리가 '노력과 의지를 들여' 외모를 관리하는 행위(특히 피부과 방문)에 대해 의외로 쉬쉬한다는 사실이다. "야, 너 피부가 왜 이렇게 좋아졌어?"라는 물음에 우리는 "살이 빠져서 그런가?" 혹은 "요즘 열심히 운동해요. 하하"라는 말로 대충 얼버무린다. "피부과에 돈 좀 썼다"는 단순하고 명쾌한 대답은 잘 나오지 않는다. 나도 그랬다. 어쩐지 그렇게 말하는 게 좀 사치스럽게 느껴졌기 때문이다. 특히 아이를 낳고는 가끔 이런 생각이 들었다. "이 돈이면 애들 간식을 더 많이 사줄 수 있는데."

으악! 이렇게 생각하는 내가 싫다.

쪼들리는 살림에 돈 만 원이 아쉬운 건 사실이나, 한 달에 5만 원을 투자하는 것까지 이렇게 반찬값을 동원해 구구절절 따지고 있어야 하나. '피부과 갈 돈이면 바나나, 우유, 치즈, 당근, 그리고 돼지고기 몇 백 그램'. 이건 내가 좋은 엄마라는 증거라기보다는 '나를 사랑하지 않는 엄마'라는 증거다.

주위에서는 이런 죄책감에 부채질을 한다. "그래, 그 돈을 꼭 피부과에 쓰지 않아도 돼"라고 하든가(이건 그래도 착한 버전) "너 집에서 놀더니 아주 팔자가 늘어졌구나" 하는 막말도 가끔 던진다(이건 나와 같이 피부과에 다니는 친구 선혜의 시어머니 버전이다). 그 말이 부드럽든 공격적이든 목적은 딱 하나일 것이다. 나에 대한 정당한 투자비용을 '가계 경제를 무너뜨리는 나쁜 기회비용'으로 둔갑시키는 것.

하지만 따지고 보면 그 비용은 크지 않다. 그건 내 남편이 골프 접대를 하기 위해 하루에 지출하는 비용, 아이××라는 전자담배를 산 비용, 이틀에 한 번 지출되는 맥주 네 캔 값에 대비해 거의 껌 값이다. 그리고 무엇보다 이런 비용들에는 태클이 걸리지 않는다는 사실이 중요하다.

내가 친구 선혜의 시어머니에게 "왜 며느리가 피부과에 쓴 월 5만 원만 가지고 뭐라 하시죠?" 한다면 그녀가 대꾸할 말은 어쩐지 귓가에 선하다. (내 남편이 그녀의 아들이라면) 아마 이렇게 방어할 것이다. "남자가 바깥일 때문에 쓰는 비용을 가지고 뭐라 하면 안 되지. 술과 담배도 좀 할 줄 알아야 스트레스가 풀릴 것 아니냐?"

그렇지만 여자도 스트레스 해소 비용이 필요하다. (특히 늙고 있다는 불안감에 대해서는 더더욱) 그래서 이 비용을 몰래 몰래 쓰는 이들도 있다. 피부과에 정기적으로는 다니되 절대 다니지 않는 척 하는 것이 이들의 수법이다. 자기 관리에 꽤 능숙한 회사 선배가 이런 말을 한 적이 있다. "나 얼마 전에 물광이랑 윤곽 주사 맞았어. 근데 확실히 달라. 거울 보는 게 너무 즐겁고 자신 있는 거 있지? 근데 말이야. 절대 아무에게도 말하면 안 돼. 잘못하면 나 골 빈 여자로 보일 수 있단 말이야!"

내 학부모 지인도 빠질 수 없다. 오랜만에 만난 어린이집 엄마에게 말했다. "피부가 더 고와지셨네요. 반짝반짝 윤이 나요." 하지만 그녀는 내 칭찬에 화들짝 놀란다. "저 한가롭게 피부과 다니며 시술받는 그런 사람 아니에요!" 피부과를 다닌다는 것이 한가롭다는 것의 동의어인지는 그때 처음 알았다.

그리고 시술이 뭐 어때서? 중독 수준에 이르지 않는다면 푹 팬 볼에 필러를 넣거나, 보톡스로 주름을 개선하는 정도는 자기만족감을 위해 정말 최고다. 딱 봐도 그녀는 볼에 대략 2CC의 필러를 넣은 것 같던데. 내가 혹시 자신을 비난할까 그랬나? 아님 질투할까봐? 그것도 아님 그냥 딱히 할 말이 없어서?

내 주변엔 분기별로 얼굴이 조금씩 달라지는 친구도 있다. 이 친구는 쁘띠성형 예찬론자다. "갑자기 얼굴이 바뀌면 아무래도 좀 그렇지 않아? 그래도 조금씩 바꾸니까 사람들이 잘 못 알아보더라. 지난번엔 코 쪽에 실 좀 넣었고, 이번엔 이마 쪽에 지방 좀 넣었어. 어때? 진짜 잘 모르겠지? 확 티 나진 않는데 은근히 예뻐지지 않았어? 이런 게 쁘띠성형의 장점이라니까. 남들 눈에 띄지 않게, 어딘가 모르게 예뻐지는 것."조금씩 변한 얼굴은 둘째 치고, 나는 친구가 진짜하고 싶은 말이 무엇인지 잘 알 것 같았다.

시술하되 시술하지 않았다?

내 추측은 이렇다. 외모 상향에 대한 노력과 비용을 '솔직히 말하지 않는 것'은 누구에게도 비난받지 않고 싶지 않은 여성들의 자기 방어다. 아주 예쁘지도 않은, 그렇다고 아주 젊지도 않은 여자들이 돈을 들여 레이저 관리를 하거나 리프팅 시술을 하는 것은 일부 '못된 사람들'로부터 다음과 같은 반응을 낳을 수 있으니까. "지가 뭐 연예인이야?" "엄마가 애들이나 챙기지." "아주 늙어서 애쓴다, 애써."

뭐, 구태여 밝히지 않아도 좋다. 하지만 "남편이 아는 것이 싫다"며 슈퍼에 가는 척 집을 나왔다가 피부과에서 발을 동동거린 선배의 모습이나(관리 중에 "빨리 마무리 해주세요"란 말만 스무 번 했다고 한다), 부부동반 모임에서 "어딘가 예뻐졌다"는 반응에 일부러 측면만 보여줬다는 후배의 반응은(이 친구는 남편 몰래 휴가를 내고 눈 밑 리프팅을 했다) 웃어야 할지 울어야 할지 모르는 웃픈 현실을 보여준다.

이들은 지금 두 마리 토끼를 잡으려 하는 중이다. 몰라보게 예뻐진 외모와, 그 외모를 위해 인위적으로 돈과 시간을 투자하지 않았다는 지혜로운(?) 여성의 모습까지. 그 누구에게도 공격의 여지를 남기지 않고 개인의 실속과 이미지를 동시에 챙기려는 새로운 전략인 것이다.

하지만 뭐가 이리 복잡한가? 모든 건 심플할수록 좋다. 선한 의도와 선한 결과가 그대로 공유될 수 있는 심플한 상태 말이다. 피부과를 간다는 것에 그 어떤 공격이나 변명이 개입되지 않길 바란다. 반찬값 아끼려고 피부과에 발길 끊어봤자 "관리도 못한 여자"로 비난받기 쉽고, 쉬쉬하며 피부과를 드나들어봤자 멀쩡하던 가슴도 벌렁거릴 수 있다. 아니, 그보다 왜 이렇게 나를 속이며 살아야 하는 걸까?

그냥 당당하게 집을 나서자. "또 피부과에 가냐"고 누군가 비꼰다면 "내가 나를 아껴서 가는 거다"라고 확실하게 대답해주자. 실제로 나에게 무언가를 투자한다는 것은 그 과정 자체가 너무 행복하다. 집을 나서는 발걸음도 설레고(뭔가 더 예뻐질 것 같다. 두근두근), 피부 관리를 받으며 30~40분 누워 있으면 이곳이 또 나만의 천국이다(오직 나를 위해 이렇게 정성을 쏟다니). 그리고 무엇보다 고운 피부 상태로 변신하면 마치 비단 옷을 갈아입은 느낌이다. "그래, 이렇게 더 곱게곱게 날 아껴줘야겠어!"

피부과를 자주 드나들다보니 피부에 대해서는 상담실장 저리 가라 할 정도로 많은 것을 알게 되었다. 나중에 직장을 그만두고 무엇을 해야 하나 고민이 들면, '피부과 상담실장' 도 직업 목록 중 하나가 될 것 같다. 그러니 혹시 "피부과에 가야 하나 고민이에요"라며 울상을 짓는 고객이 있다면 누구보다 자애로운 얼굴로 답해줘야지. "어머, 고객님! 피부과는 나에 대한 사랑입니다. 제발 당신을 꾸준히 가꾸어가세요, 아멘!"

물론 나는 교회 신자는 아니다. 하지만 언젠가 신을 모셔야 한다면 그 밑바탕은 '나신교나를 믿는 믿음'로부터 시작할 수 있다고 생각한다. 그 누구의 눈치도 보지 않고, 그 누구의 말에도 흔들리지 않고, "헤프게 돈을 쓴다"고 비난하는 사람들에게 더 어깨 펴고 말해줄 거다.

"제가 피부과 가는 비용 보태주셨나요? 아님 제가 예뻐지는 게 배가 아프신가요? 그도 아님 호… 혹시 더 용한 피부과 선생 좀 추천해주시려고?"

참지 않는 연습

"용한 피부과 추천해주시려고?" 하는 말에 잠시 설레었다면, 당신도 나와 같은 부류! 그런 당신을 위해 '좋은 피부과 골라내는' 몇 가지 팁을 소개하고자 한다. 다년간의 돈지랄로 쌓은 노하우니 굳게 믿고 따라도 좋다.
일단 글로벌 체인점까지 낸 대규모 피부과는 피하라. 그곳은 외국인들의 눈먼 돈을 노리는 곳이니 아마 당신은 북적대는 유스호스텔 분위기만 만끽하고 올 것이다. 시술비가 너무 싼 곳도 피하라. 코 필러가 단돈 5만 원이라고 해서 시술을 감행했다가 다시 다른 병원에서 30만 원을 주고 녹이는 낭패를 경험한 적이 있다. (정말 싼 게 비지떡이다) 상담실장의 친절보다 의사의 세심한 문진을 점검하라. 이는 피부과의 권위가 '호객' 아닌 '실력'에 있음을 증명하는 것이니. 더 많은 노하우는 지면 설명 불가! 언제든 직접 문의 대환영!

제가 뭘 하는지
아직도 모르세요?

"휴⋯."

애기를 시작하려니 어쩐지 긴 한숨부터 나온다. 징글징글하게 긴 시간이었다. 내가 뭘 하는 사람인지 부모님에게 이해시키는 것은. 부모님은 지방 행정 공무원 출신이다. 친언니도 교육 공무원인 선생님이 되었다. 요점은 이것이다. 우리 가족 중 '공무원이 아닌 사람'은 오직 나 하나였다는 것.

'나만 공무원이 아니란 사실'은 소통의 첫 번째 삐꾸였다. 그건 대학에 갈 때부터 시작되었다. "제발 언니처럼 교육대학에 가. 일반대학에 가면 굶어 죽어." 하지만 뭔가 자꾸 하라고 하면 더 하기 싫은 게 인간의 본성이다. 난 사립대학교 국문학과에 갔다. 방송국 PD가 되어 TV에 나오면 부모님이 인정해주시리라 믿어서였다. 하지만 여기서 소통의 두 번째 삐꾸가 발생한다.

결국 난 PD가 되지 못했다. 4년을 백수로 지내며 칼을 갈았지만 최종 문턱에서 툭 떨어졌다. 20대 후반에야 작은 광고회사에 입사했다. PD는 아니어도 카피라이터가 됐다는 것은 그래도 작은 위안이었다. 획일적인 정장이 아닌, 내 취향대로 캐주얼한 복장을 입을 수 있었고, 나아가 직접 만든 광고를 TV에서 모두가 볼 수 있다는 사실은 굉장한 자부심이었으니까. (당시 우리 세대 사이에선 카피라이터란 직업이 되기도 어렵지만 굉장히 트렌디한 선망의 대상이기도 했다) 하지만 내가 카피라이터가 됐다고 하자 부모님은 진심으로 날 걱정하며 물으셨다. "코피… 뭐시기? 그게 대체 뭔데?"

그놈의 '인정'이 문제였다. 요즘엔 '인정 투쟁struggle for recognition'이란 말도 쓰던데, 나는 내 부모가 날 인정해주길 바랐다. 언니가 워낙 공부를 잘해서 늘 주목 받았고(내가 그 잘

난 은영이의 동생?), 그에 미치지 못했을 때의 실망스런 반응도 온몸으로 느꼈으니까(언니는 전교 1등인데 넌 뭐임?).

부모님은 이러한 팩트에 불씨를 댕겼다. 초등학교 때였나? 학교에서 돌아와 이번 시험에서 6등을 했다고 하자 엄마는 말씀하셨다. "또 6등? 5등까지 상장을 주니 늘 6등이라고 하지. 그래, 넌 그냥 쭉 그렇게 살아." 침대에 나른히 누워서 말하는 그 심드렁한 표정이라니. 그건 어린 내게 말로 표현할 수 없는 충격과 모욕이었다. 그때부터였다. 내가 하는 모든 일에 '부모님의 인정'을 받고 싶었던 게. 마치 KS 품질 마크처럼 '참 잘했어요'를 도장처럼 받고자 했던 게.

전문용어로 이걸 '타인인정 추구'라고 한단다(독일의 철학자 악셀 호네트Axel Honneth가 말했다). 인정을 해주는 사람과 받는 사람을 계급처럼 갈라서, 약자가 강자인 쪽의 기준을 충족시키기 위해 끊임없이 노력하는 과정. 물론 나도 거기서 예외는 아니었다. 내 직업을 인정받기 위해, 나란 사람을 인정받기 위해, 내 부모에게 끝도 없는 설명으로 날 이해시키려 애썼으니까. (결혼을 한 이후에도 그건 쭉 마찬가지였다)

"저는 TV에 나오는 광고를 만드는데요(일단 운 떼기)."

"응, 그래 그건 알겠다."

"카피는 광고의 문구를 만드는 거예요. 극본을 쓰는 것과 마찬가지죠(상세 설명)."

"뭐? 네가 극본을 쓴다고?"

"아니요, 상품을 팔기 위해 모델도 추천하고 콘티도 만들면서 소비자들을 설득하는 거예요(살짝 전문 용어 등장)."

"뭐가 그렇게 복잡하냐?"

"음, 그래서 간단히 말하면요(머릿속에서 설명 조정 중)…. 그게…."

"야, 됐다. 그러니까 이해하기 쉽게 언니처럼 선생을 하지 그랬냐. 근데 거긴 업계에서 몇 위 정도의 회사라고?"

직업에 귀천이 없다고는 하지만 부모님들의 머릿속에는 직업에 대한 대략 세 가지 기준이 있는 것 같다. 내가 잘 아는가, 누구나 알 만한 대중적인 직업인가, 규모나 수입 면에서 특출한가. 이 때문에 지금 다니는 회사, 그러니까 나름 다 알만한 대기업으로 이직했을 때 부모님은 정말 아이처럼 좋아하셨다. "드디어 우리 딸이 딱 맞는 직업을 가졌구나(이건 또 무슨 소리인가)." "그 회사 좋지. 대한민국 톱10 아니여(나보다 기업 순위를 더 잘 아심)!" "거기 가면 돈도 많이 받을 거 아니냐(딱히 그렇지도 않은데 말이다)."

물론 부모님은 내가 아직도 뭘 하는지 정확히 모르신다. 카피라이터보다 더 설명하기 복잡한 '브랜드 기획자'가 되었지만, '그 회사 이름을 누구나 알고 있기에' 별로 중요하지 않은 거다.

하지만 솔직히 내 현실은 장밋빛이 아니다. '이 컨셉이 좋다'는 것을 설득하기 위해 '컨셉이란 단어의 정의가 무엇인지'부터 설명해야 하는 상황이 부지기수고, '이 방향으로 가는 게 맞다'고 열심히 기획서를 써가도 "네가 뭔데 이렇게 일을 많이 하느냐"며 호통을 치는 사람들이 넘쳐난다.

신규 프로젝트를 위해 야심차게 아이디어를 준비해가면 상사들은 썩은 동태눈으로 날 제지한다. "그러니까, 이 일은 이러저러한 제약이 있어서 절대 추진할 수 없다고. 지금 하고 있는 일도 귀찮아 죽겠는데, 왜 자꾸 나서서 새로운 일을 벌이려 하는 거야?" 출근이나 회의 시간이 결코 설레지 않는 건 광고회사에서 느꼈던 열정과 배움이 없기 때문일 것이다. 표면은 대기업 다니는 여자, 실상은 잿빛 직장인?

그러니 광고회사보다 '조금 더 돈을 벌고' '더 일찍 퇴근해도' 내 실질적 업무 만족도는 점점 하락하고 있었다. 일하는 만큼 성과도 나고, 잘 하면 임원도 노려볼 수 있는 중소기업이 더 좋았던 것 같은데, 이놈의 대기업은 내 존재감을 점점 깎아 먹고 있으니 말이다. (직장도 궁합이란 게 있다)

내가 왜 그렇게 인정에 집착하게 되었을까 궁금해져 전문 자료를 찾아보니, 열등감, 낮은 자존감, 그리고 사회불안 남의 평가를 예상하며 겪는 불안 등의 요인이 있었다. 내 경우엔 '사회불안' 쪽인 것 같았는데, 대기업에 이직한 이유에는 아이를 위해 직장 어린이집이 있는 회사로 가고 싶다는 문제 외에 '우리 부모님이 내 직업에 대해 장황하게 설명하는 게 싫어서'가 있었다. "우리 딸은 ○○기업 다녀." 이 한마디로 부모님도, 주변인들도 날 심플하게 이해하길 바랐다.

하지만 재미있는 사실은 정말 그게 다라는 거다. 이런 설명은 대략 10초의 소개면 끝이다. "자네 딸은 뭐 하는가?" "어. ○○기업에 다니지." 그리고 끝. 더불어 20대에나 이런 사항이 부모의 '계모임 자랑거리'로 필요하지, 30대 중반이 된 지금은 누구의 자녀가 뭘 하는지 아무도 궁금해하지 않는다. 부모님들의 관심사는 이제 내가 아니다. 〈엄지의 제왕〉에 나온 건강식품 이름 공유, 요즘 유행하는 짤방 유머 서칭하기 등, 어느 순간 개인의 건강과 유머의 문제로 돌아섰다. 아마 부모님 계모임 멤버 중 어느 누구도 "우리 아들딸은 이런 사람이지롱"이라고 홍보하고 있지 않을 것이다. 가끔은 나조차도 내 명함이 부질없다. 그건 '내 나름대로 밥벌이를 합니다'를 이야기하는 것, 그 이상도 이하도 아니니까.

또한 세월은 사람을 변심시킨다. 얼마 전 부모님의 집에 내려가 들은 말. "4차 산업혁명 시대엔 어디 소속되기보단 자기 브랜드를 만드는 게 트렌드라는군(아빠)." "그러고 보니 네가 한 카피라이터, 상당히 유망한 직업 아니었냐(엄마)?" 이야! 이 변덕스런 부모님 같으니! '대박'이란 말이 절로 나오는 반전에 살짝 소름 끼칠 뻔했다.

그래도 이것만은 변하지 않았겠지 싶어 물어봤다. "엄마 아빠, 제가 공무원 되지 않은 거 아깝지 않으세요? 그리고 정말 대기업 안 다녀도 괜찮아요?" 그러자 의외의 답이 되돌아온다. "네 인생, 네가 사는 거지. 우리가 언제 너한테 이래라 저래라 간섭했니?" 와우, 판타스틱!

이 끝도 없는 '허무함'을 통해 깨닫는 건, 누군가의 인정을 갈망할 필요는 없다는 거다. "당신들 때문에 이런 선택을 했잖아요"라고 주먹을 휘둘러봤자, 내 얼굴에 침 뱉기만 될 뿐이니까. 내가 무얼 하는 인간인지, 얼마나 가치 있는 인간인지 타인에게 설명하는 건, 마치 '밑 빠진 독에 물 붓기' 같은 거다. 부어도 부어도 끝이 없고, 다 부었다고 생각해도 '뭔가 더 부어야 할 것 같은 강박감'에 조급하고 우울해진다.

따지고 보면 이 인정욕구를 강압적으로 주입시킨 사람은 아무도 없다. 단지 소심하고 쭈그렁바가지 같은 멘탈을 지녔던 내가 스스로 눈치보고, 스스로 그렇게 몰아붙였을 뿐이다.

영화 〈캡틴 마블Captain Marvel〉에서는 이런 장면이 등장한다. 주인공 여성은 맨손으로 자신을 이겨야 인정해주겠다는 옛 상관을 초능력으로 날려버리고 이렇게 말한다. "난 당신한테 증명할 게 없어."

우리의 자아란 나 자체의 자신감만으로도 견고해질 수 있는 것이다. 정말 그 누구에게도 증명할 필요가 없다. 서른 살이 훌쩍 넘어서도 "당신은 무얼 하는 사람인가요?"란 질문에 입부터 옴짝달싹했던 나는, 이제 당신에게 이것만은 확실히 말해줄 수 있을 것 같다.

"난 그냥 나예요. 그 누구도 아닌, 바로 나!"

참지 않는 연습

'인정투쟁'에 집착하는 모습을 누군가는 '노예'에 빗대 말한 적이 있다. 주인에 대한 봉사를 자신의 본분으로 착각하는 노예처럼, 아직 자각의식이 부족한 상태라고 지적하며 말이다. 그리고 굳이 이런 1차원적인 비유까지 언급하는 이유는, 나 역시 아직 '인정투쟁'에서 완벽히 자유롭지 못하기 때문이다. 인정투쟁은 늘 그 대상을 옮겨간다. 부모님, 남편, 심지어 내 아이에게도 "제발 날 인정해줘" 하는 욕망이 나도 모르게 도돌이표처럼 반복되고 있으니까.

그래서 그 욕심까지 비우기 위해 난 가끔 누워서 명상을 한다. "몸에서 힘을 뺍니다. 정신을 집중합니다. 발가락에 의식을 옮겨놓습니다. 절대 잠들지 않습니다…" 1분짜리 명상을 핸드폰으로 틀어놓고 따라하다 보면 어느 새 다음 날 깬 나 자신을 발견한다. 음, 비워도 너무 비워서 잠이 온 걸까?

전지적
생선시점

속된 말로 '발리는 경험'을 했다. 내가 생선이라면 앙상한 가시만 남기고 야무지게 살점이 발리는 경험. 문제는 온라인에 올린 한 개의 글 때문이었다. 시작은 이렇다. 어느 날 남편이 거래처와 저녁 회식을 했는데, 갑甲의 관계에 있는 회사의 여자 부장이 남편에게 "너무 섹시하다"며 묘하게 쳐다봤다. 집에 돌아온 남편은 "나 아직 죽지 않았다"고 좋아했고, 나는 여자 부장의 말 자체가 적절치 않다고 비판하며 이런 내용을 글로 올렸다. 당시엔 미투Me too 운동이 한창 이슈였는데 이 글의 요지는 두 가지였다. 자칫

모욕적일 수 있는 '성적 발언'에 대한 (여성 대비) 남성들의 둔감함, 그리고 남성 역시 성희롱의 피해자가 될 수 있다는 것이었다.

하지만 이 글은 시원하게 발렸다. 글을 게시한 후 두 시간 만에 댓글 200개가 달렸고, 심지어 그것은 거의 욕이었다. "섹시하다고 말한 게 뭐가 문제냐(단어 규정 물 타기)" "니 얼굴이 못나서 질투하는 거겠지(뜬금포 인신공격)" "언어능력만 발달한 인간의 씨불이기(칭찬인 듯 후려치기)" "이 페미년아(단골 일빠 공격)" 등 상당히 다양한 코멘트를 던져주셨다. 며칠을 두고 이어지는 비난에 세상의 시선이 무섭고, 글을 삭제해야 할까 잠시 고민했는데 강심장으로 유명한 친구 C가 이런 조언을 줬다. "야, 완전 축하해. 너 연예인 됐네! 왕관을 쓰려는 자, 그 무게가 무거운 법이야."

무플보다 악플이 낫다고 했던가. 친구의 격려(?) 덕분에 나의 생각은 180도 달라졌다. SNS를 경유한 악플의 파도는 실시간으로 굽이쳤건만, 그 무게를 한번 견뎌보자는 강한 다짐이 생겼던 것이다. 멀쩡했던 멘탈도 한 순간 어이없이 털리는 시대. 쉽게 털리지 않는 나만의 훈련이 필요했다. 그래서 소개하고 싶었다. 어느 소심한 인간의 멘탈 관리 임상

실험 결과를. 살점은 우수수 벗겨져나가도 난 괜찮다 말할 수 있는 심오한 정신세계를. 그렇다. 이것은 어느 생선의, 나만의 정신 승리법이다.

1단계: 악플이 많을수록 인지도는 높아지지

아이러니한 사실을 깨달았다. 악플의 분노 게이지가 높을수록 조회 수는 급속히 상승한다는 것을. 내 사적 글쓰기 플랫폼은 악플 세례 3일 만에 구독자 수 다섯 명에서 700명 돌파를 바라보고 있었다. 오호라, 이것이 바로 노이즈 마케팅인가? 이제 알겠다. 왜 그렇게 정치인들이 서로 망언을 못해 안달인 것인지.

그들은 ROI(return on investment, 투자 수익률)를 너무 잘 알고 있는 것이다. 한 개의 선플을 만드는 것보다 100개의 악플을 만드는 것이 대중의 관심을 받기 훨씬 더 쉽고 빠른 방법이란 것을. (섹스, 페미니스트, 성 역할 고정화는 후회 없는 인기 소재지) 심지어 악플을 받은 지 7일 만에 나는 내 얼굴이 반짝거림을 느꼈다. 처음엔 이 상황이 무서워서 하얗게 질렸었는데, 그 두려움조차 즐기게 되니 좔좔 윤기가 나기 시작한 거다. "왜 이래? 나 3일 만에 구독자 695명 모은 사람이야." 이렇듯 관점을 살짝 비트니 세상이 즐거워졌다. 옳거니. 이 순간만은 만인의 관심을 받는 글쓰기 스타 유시민 님도 부럽지 않다.

2단계: 아무것도 안 해도 널 약 올릴 수 있어

어느 새 나는 매일 댓글을 확인하고 있었다. "아니, 오늘도 수십 개의 악플이?" 방긋. 그렇게 기쁜 관심종자가 되어가던 즈음, 신기한 패턴을 발견했다. 그것은 악플러들도 '관심을 받기 위해' 이 짓을 하고 있다는 사실이었다.

예를 들어 'jhjr'이란 악플러는 내게 끊임없이 말을 걸며 그의 존재감을 과시하고 있었다. "페미년들은 하나같이 머리에 똥만 들어서 말이지." 그러다 한 시간 후에 또 댓글을 남긴다. "아우, 진짜 글 안 내릴래? 이런 웃기지도 않는 글을 가지고." 그는 다음 날도 또 놀러왔는데 이번엔 그의 친구도 함께였다. "위 댓글 남긴 사람의 친구입니다. 글 내려. 맞고 싶냐?"

이럴 때 무서워서 덜컥 글을 삭제하면 안 된다. 난 누구보다 '키보드 워리어'의 소중함을 잘 알고 있으니까. 그들이 계속 타자를 두드리면서 열을 낼 수 있도록, 지속적으로 나를 예의주시할 수 있도록, 그냥 조용히 응원하면 되는 거다.

절대, 그 어떤 반응도 하지 않고, '얼레리꼴레리' 그들을 약 올리면서.

3단계: 그거 알아? 난 이미 팬 관리를 시작했다는 거

난 조용히 준비를 하고 있었다. 이름하야 나의 팬클럽 창단 준비! 그건 아주 간단하다. 모바일로 댓글을 남겨주신 분들의 명단을 살짜쿵 스크린 캡처하면 된다. "XO, 미야미, 오오, 지구정복자님까지."

그리고 또 그들의 SNS 링크를 타고 들어가 하나하나 얼굴과 인적 사항을 확인한다. "'여자들은 꺼져'라고 한 이분에겐 귀여운 여자친구가 있었군." 꽤 강도 높은 호통을 치는 그들의 일상이 너무 평범해서 실망스럽지만(난 〈다크 나이트〉의 조커 즈음으로 생각했지) 엑셀에 그의 아이디, 인적 사항, 그가 남긴 멘트를 꼼꼼히 정리하며 난 팬 클럽 초청 준비를 한다.

물론 서두를 생각은 없다. 진정한 되치기는 온전히 뜸을 들여야 힘이 생기는 법. 본인이 글을 남겼다는 사실조차 잊고 있을 몇 년 후, 난 고요히 초청장을 전달할 생각이다. "미야미 님, 3년 전 '나가 죽어라'라는 말에 감사합니다. 이렇게 죽지 않고 살아 있어 오프라인에서 한번 뵙고 싶네요."

강조하지만, 난 결코 악플러들에게 화를 낼 생각이 없다. 글의 맥락을 무시하고, 끝까지 읽는 고생을 피하고, 서두에 있는 몇 개의 단어를 조합해 '이상한 성별 싸움'을 하는 그들을 난 결코 이길 수 없다. 싸움도 원래 체급이 맞아야 할 수 있다. 그 논리가 라이트급인지, 미들급인지, 헤비급인지 구분되지 않고, 그냥 허공에 마구잡이로 주먹을 휘두르고 있는 불량배를 어떻게 정교한 기술로 때릴 수 있을까.

그러니 '어느 날 생선이 된' 내가 이런 '정신 승리법'을 생각하게 된 이유는, 귀한 에너지를 덜 낭비하기 위해서다. 우리는 그들을 설득으로 이길 수 없다. 악플러들이 노리는 것은 그냥 성적 대결이 가져올 'vs' 프레임이기 때문이다. 모두가 생각해볼 수 있는 문제를 여성이 민감한 문제 혹은 남자를 공격하는 문제로 변질시키고 한결같이 그냥 욕만 쏟아붓는다. 아마 그렇게라도 하지 않으면 자신의 존재감이 약해진다고 생각하나보다. 진짜 시시비비가 필요했다면 절대 격한 말을 남발하지 않았을 텐데.

글은 게재 열흘 만에 내렸다. 너무 핫한 반응에 한번 그 글의 설정을 남녀만 바꿔 올려볼까 했는데 그건 사실도 아니요, 덧붙여 내 소중한 공간이 '악플러들의 성지'가 되는 것도 싫었다. 내가 실천할 수 있는 것은 무대응. 결국 글을 내림으로써 그 모든 분들도 함께 사라졌다.

내 정신 승리법의 영감이 되어준 것은 루쉰魯迅의 《아Q정전》이란 소설이다. 아Q는 세상의 변화에 둔감할 뿐더러, 강약약강의 전형을 실천하는 속물적 인간상이다. 그 어떤 상황도 자신에게 유리하게 합리화시키는 아Q는 좀 슬픈 최후를 맞이한다. 바로 혁명군 행세를 하다가 누명을 쓰고 끌려가는데, 자신이 글자를 모른다는 사실을 들켜 무식함이 탄로날까봐 '난 혁명군이 아니다'란 말도 못하고 포박당하는 것이다.

한편으론 비극, 또 한편으론 코미디인 이 이야기는 우리에게 큰 시사점을 준다. 그것은 일상에서 아Q 같은 이를 만났을 때는, 논리적 논쟁 대신 그냥 아Q의 방식으로 대응하면 된다는 것이다.

자신이 무슨 말을 하는지, 얼마나 실례가 되고 있는지, 그래서 얼마나 논점을 흐리고 있는지 모르는 이들을 향한 최적의 싸움은, 그냥 비슷한 수준으로 해주는 것이다. 그러니 또 언제 어디서 가시만 남기고 발려지더라도 난 괜찮다. 이런 싸움의 포인트는 날 발라내는 상대의 무지함을 한 편의 코미디처럼 즐기는 것일 테니. 혹시 당신이 나와 같은 상황을 맞이하더라도 절대 분노하거나 두 주먹 불끈 쥐지 말길. 그저 보아라. 새우깡이라도 꺼내두고 그 말도 안 되는 코미디를 알차게 즐겨보자. 혹시 아나? 빵 터지는 코미디에 스트레스가 날아갈지. 반분기 농담거리 정도는 식은 죽 먹기로 챙길 수 있을지.

참지 않는 연습

한동안 나를 괴롭히던 악플러 여러분에게 전하고 싶은 말이 있다. 바로 페미니스트란 단어를 한 번쯤 진지하게 들여다보길 바란다는 것이다. 페미니스트는 남성과 여성의 전형성을 탈피해 한 인간의 고유함을 존중하는 사상이다. 그러니 "남자가 왜 이렇게 약해?"라는 발언도 페미니스트의 입장에선 잘못된 말인 것. 결국 페미니즘은 성 대결이 아닌 개개인 고유의 특성대로 잘 살아가자는 이야기이기도 하다. 그러니 여러분, 이 좋은 단어를 제발 악용하지 말아주세요!

솔직하면
뭐 어때서

한때 연애 서적에 심취했던 내게 G 작가는 혜성처럼 다가왔다. "남자는 조신한 여자를 좋아한다" "일어설 땐 가슴 굴곡을 강조하며 S라인을 그려라"는 어처구니없는 조언들이 난무하던 그때, 그녀는 한 연애 프로그램의 메인 MC로 등장해 당당하고 개념 있는 발언들을 이어갔기 때문이다. "음, 여자 입장에서 볼 때 이건 그린 라이트죠." 명쾌한 논리에 시크한 웃음까지. 난 열광했다. 오예! 드디어 한국에도 사만다 언니가 등장했다!

난 G의 사생활이 궁금해졌다. "이분의 실제 연애 생활은 어떨까?" 때마침 그녀의 연애사를 담은 신간 에세이가 출간됐고 난 바로 구매했다. 그리고 두근 반 세근 반으로 각 장의 에피소드를 읽어내려가는데…. 응? 뭐지? 뭔가 책의 의도와 내용이 살짝 뜨는 느낌?

주체적인 연애를 하라는 얘기인 것 같은데, 모든 남자가 갑자기 G 언니에게 반하고, 그래서 이렇게 손을 잡고 썸을 타다 침대로 갈 것 같은데…. 엥? 갑자기 침대 가기 전에 뚝 끊기네? 어이쿠! 그새 헤어지고 다른 남자가 붙었어? 왜 키스 장면은 건너뛰는 거야? 뭐? 설마 또 손만 잡았다고? 근데 그 남자가 G 언니를 영영 못 잊었다고?

오 마이 갓! 난 정말 솔직한 것을 기대했다. 남자의 시선에 적당히 맞춰주지 말고, 온전히 여자의 시선으로 말하는 성경험의 다이어리 같은 거 말이다. 그런데 이건 뭐 목차만 거창할 뿐, 읽고 곱씹어보면 대략 한 가지 내용이다. '모든 남자들이 나에게 반했다. 하지만 나는 절대 침대로 가지 않았고 그 남자들은 나를 계속 그리워했다.' (물론 이것은 G 작가의 말이 아닌, 나의 해석이다) 뭐야? 이분, 왜 갑자기 조신함을 말하는 조선 후기 여성으로 돌아가지?

난 눈물 나게 사만다 언니가 그리워진다. 드라마 〈섹스앤 더 시티Sex and the City〉에 나오는 바로 그 거침없는 언니, 사만다 말이다. 드라마 주인공을 굳이 따지라면 '캐리'일 테지만 난 어쩐지 그녀가 너무 얄미웠다. 섹스 칼럼을 쓸 정도로 거침없는 여자인 척하지만 그녀의 섹스 이야기엔 늘 한계가 있다. 왜냐고? 나긋나긋한 여자 이미지를 지키면서 영원히 예쁜 척을 해야 하니까.

그러니 과감한 입담과 노출은 죄다 사만다 몫이다. "저 남자와 자고 싶다"고 말하거나, 침대에서 알몸을 보여주는 것. 나아가 그곳의 제모를 하는 모습까지도 죄다 하이라이트는 사만다. 그러면 캐리는 그 얘기를 주워 담아 칼럼을 쓴다. "사만다는 성적 관심이 조금 과하긴 하지만…"이란 비판적인 서두를 붙이면서.

일요일 밤엔 우리도 섹스를 이야기합시다

난 '과하다'는 기준이 뭔지 모르겠다. 하지만 그 '과하다'의 기준은 유명한 연애 코치도 우리 엄마도 뛰어넘길 꺼려하는 '성에 대한 스스로의 한계'라고 생각한다. 성에 대해 딱 이 정도만 알려줘야 민망하지 않다거나, 이 정도만 공유하는 것이 여자로서의 체면을 유지하는 일이라고 규정짓는 일 말이다.

결혼을 하고 애를 낳고 보니 모두가 쉬쉬했던 뽀뽀 이후 의 '침대 생활'은 사실 별 것 없다. 드라이하게 말하면 그건 남자와 여자의 성기가 결합하는 것이며 드라마틱하게 얘기 하면 그 과정을 최대한 애정의 감정을 섞어 진행하는 것이 다. 문학적으로는 이 뽀뽀부터 침대까지의 과정을 한 땀 한 땀 장인 정신으로 늘어놓았다고 생각하면 되겠다. '그 남자 의 옷을 벗겼다'는 '그 남자의 단추를 하나하나 거칠게 풀었 다'로, '그 여자에게 뽀뽀했다'는 '그녀의 부드러운 머리카락 을 쓸어넘기며 입술을 갖다 대었다'는 식으로 감정을 최대 한 섞으면서 말이다. 물론 나는 대문호가 아니니 이 정도 예 시를 든다.

그런데 이 과학적이고도 성스러운 행동을 말하는 것은 이상하게 좀 제어된다. 특히 여자들에겐 성에 대해 솔직하 게 말하는 것이 '조신하지 못한 것'에서 나아가 '좀 밝히는 여자'로 묘하게 포장된다. 난 초등학교 때 받은 성교육부터 못마땅했다. 남자들은 죄다 밖에 나가서 뛰어놀고 여자들 만 교실 안에서 비디오를 본다. 참고로 화면도 무지하게 구리다. 그 비디오를 다 보자 양호 선생님은 말했다. "그러니까 이렇게 당하지 않으려면 몸가짐을 조심해야 하는 거예요(이거, 말이냐 방구냐)." 결혼한 아줌마가 되어서도 가끔 따가운 시선을 느낀다. 성경험은 하고 싶은데 아이는 갖고 싶지 않다는 여자 후배에게 "그럼, 콘돔을 써!"라고 했다가 "어머, 부끄럽게 그런 말을…"이라는 어처구니없는 답을 받았다. (그럼 왜 물었냐?) 아마, 남자들 앞에서 이런 말을 했다면? 거의 미친 여자 취급을 받았겠지.

평균적으로 이 사회는 확실히 남자들 쪽으로 성 담론이 쏠려 있는 듯하다. 10년 이상 야동을 본 내 친구의 친구는 이런 말을 했다. "세계의 야동을 분석해보면 우리나라의 후진의식이 적나라하게 드러나. 선진국 야동은 남녀의 피지컬이나 체위가 굉장히 동등한데, 우리나라는 꼭 여자가 남자에게 당하는 시나리오로 구성돼 있어. 고시원에 여자가 누워 있는데 갑자기 남자가 들어오고, 범죄 행위와 변태 행위를 하는데도 여자가 무지하게 좋아해. 그러니까 제대로 된 성교육 없이 야동으로 성을 접한 남자들은 이게 정상이라고 여길 수 있지. 여자를 놀잇감으로 여기거나 함부로 대해도 된다고 생각할 수도 있고."

이건 너무 비약된 추론이라 반박하고 싶지만 현실을 보면 상당한 개연성이 있다. 일단 우리에겐 남녀를 동등한 위치로 인식시키는 제대로 된 성교육이 없었다. 나아가 성범죄를 경험한 여성에게 던져지는 말조차 폭력적이다. ("얼마나 꼬리를 쳤으면" 혹은 "부끄러우니까 입 다물어라" 등) 심지어 여성들은 같이 일하는 남자 동료에게 '화장실 몰카'를 당하기도 한다.

그러니 여전히 이 사회의 성의식이란 것은 남성 위주로 가다 못해 남성 중심의 거대한 포르노를 찍고 있다는 생각이 든다. PD도 각본도 남자. 배우는 거친 남자와 인형 같은 여자. 그리고 적당히 여자를 갖고 노는 이야기가 이어지다가 '오케이 컷!' 영상은 바로 디지털에 업로드!

혹시 넷플릭스를 보는 분이라면 〈거꾸로 가는 남자Je ne suis pas un homme facile〉란 드라마를 추천한다. 이 드라마는 "일부 남자들은 당장 반성하라" "여자들이여 더 많은 성 담론을 얘기하라"고 돌직구를 던지지 않는다. 딘지 바꾸어 보여준다. 여자의 역할을 하고 있는 남자와, 남자의 역할을 하고 있는 여자의 모습을 반대로 배치해서. 드라마 속 여자는 젠틀한 수트를 입고 있고, 드라마 속 남자는 온갖 치장을 하며 여자들에게 잘 보이려 애쓴다.

이 중 내가 생각하는 압권의 대사는 이것이다. 침실에서 웃통을 벗고 있는 알렉산드라란 여자를 보며 남자가 말한다. "그녀가 웃통을 벗는 건 하나도 야하지 않아요. 단지 그렇게 비추려들기 때문이지."

이처럼 성에 대한 담론은 남과 여의 이분법으로 단순하게 해석될 문제가 아니다. 남자라서 더 과감하게, 여자라서 더 조심스럽게 말하는 것이 아니라, 더 다양한 타깃과 TPO^{time, place, occasion}를 고려한 교육으로 확대될 문제다. 바로 저 바다 건너 캐나다에서 실제 현실화되고 있는 〈선데이 나이트 섹스 쇼^{Sunday Night Sex Show}〉처럼 말이다.

이 프로그램엔 전직 간호사 출신인 수 요한슨^{Sue Johanson} 할머니가 등장한다. (수많은 주름으로 추정컨대, 족히 일흔은 넘었다) 할머니는 실시간으로 일대일 성상담과 교육을 진행한다. "삽입을 어떻게 해야 하죠?"라는 전화 질문에 "정상 체위는 이런 거죠"하며 구체 관절 인형을 들고 시범을 보이고, "자위는 어떻게 하죠?"라는 말에 딜도를 가지고 친절히 설명해준다.

요한슨 할머니의 이야기는 놀라울 정도로 적나라하지만 결코 거부감이 들거나 야하지 않다. 왜냐하면 이 프로그램은 그야말로 '성에 대한 올바른 지식과 실천'을 목적으로 하기 때문이다. 판타지가 다른 신혼부부, 성기능 장애가 온 노년부부, 자위하고 싶은 남자까지. 각 타깃이 궁금한 이야기들은 그저 묻고 답해진다. 그 어떤 쭈뼛거림도 없이 너무 덤덤하다.

성에 대한 이야기들이 이처럼 더 솔직하고, 동등하고, 일상적으로 나누어지면 어떨까? 이건 결정적인 순간엔 절대 침대 이야기를 하지 않는 여자와, 여자는 무조건 조신해야 한다고 생각하는 남자의 이야기를 중간으로 가져오는 일인 것 같다. 성은 부끄럽지도 않고 폭력적이지도 않다. 까발려지지 않는 현실은 오히려 구질구질한 선입견을 만들고, 그 어설픈 지식이 서로를 재단한다. 그러니 그 모든 단점들까지도 더 당당히 말해졌으면 좋겠다. "Sex, sex, more sex"를 외치는 저 사만다나 요한슨 할머니처럼.

P.S. 아! 잊어버리기 전에 한 가지 더! 내가 지적한 G작가의 모습은 그가 쓴 어느 에세이에서의 모습일 뿐이다. 하나의 책이 한 사람을 완전히 대변할 수 없고, 내가 그의 모든 책을 읽은 것도 아니다. 난 지금도 그

가 그의 방식대로 성장하고 있으리라 생각한다.

그러니 G 작가님! 혜성처럼 나타난 그때 그 아우라처럼 당당한 여자의 시선을 많이 보여주세요. 권위 있는 여성의 말이 사회에 '말빨'로 먹히는 것처럼, 당신의 말 한마디가 많은 여성들에게 무한한 힘이 됩니다. 그러니 더 솔직하고 자유로운 의견 앞으로도 많이 부탁드려요!

참지 않는 연습

솔직한 성담론에 관심이 있다면 〈엄마와 아들의 성고민 상담소〉란 유튜브 채널을 소개한다. 이 채널은 성교육 전문가 손경이 님과 그 아들이 운영하고 있는데, '51세기에서 온 모자'란 별칭답게 네티즌들의 궁금증을 쿨하게 상담해준다. "우리 엄마가 야동을 봐요. 어떻게 하죠?" "여자친구와 껴안을 때 자꾸 발기가 되어 걱정이에요." 그들은 이런 질문에 절대 당황하지 않는다. "뭐 엄마도 어른이잖아요?" "발기는 그냥 자연스러운 거예요. 마치 생리현상처럼."

아 멋지네, 이 사람들. 가부장적인 시댁과 남편 때문에 아들만은 다정하고 솔직한 남자로 키우고 싶었다는 손경이 님의 바람은 훌륭히 이루어진 듯하다. 나는 옆에서 '뽀로로'에 푹 빠져 있는 네 살짜리 아들을 쳐다본다. "아들아, 나도 언젠가는 너와 이런 담백한 대화를 나눌 수 있을까?"

Part II

'엄마'라는 이름의
수백 가지 그림자

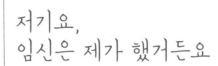

저기요,
임신은 제가 했거든요

아마 당신은 알게 될 것이다. 임신 테스트기의 두 줄이 채 마르기도 전에 융단 폭격기처럼 쏟아지는 '임신에 대한 각종 조언들'을. 심지어 "내가 임신을 한 게 맞나?"라며 임신 자체를 인정하고 싶지 않은 그 순간에도 기어코 늘게 될 것이다. '엄마라면 자고로 이렇게 해야지'라는 주변인들의 '묻지 마 참견'을.

생물학적으로 임신은 하나의 생명을 탄생시키는 신비로운 일이지만, 사회적으로 임신은 타인들의 참견에 본격적인 물꼬를 터주는 일이다. 왜냐고? 그들은 너무 잘 알고 있기 때문이다. 임신부는 아기를 위해 최선을 다할 것이란 사실을. 그리고 그 간절한 심리를 '본인들 입맛대로' 잘도 요리해 버린다.

첫 번째 참견: 제왕절개는 절대 안 된다고?

임신한 지 한 달도 지나지 않아 나는 '출산 방식'에 대한 일장 훈계를 들었다. 진료를 위해 찾아간 병원에서 의사는 침을 튀기며 말한다. "전 제왕절개를 추천하지 않습니다. 이왕이면 자연분만을 하세요. 어머님이 끝까지 최선을 다하는 게 아기에게도 좋은 경험이 될 겁니다." 난 좀 묘한 기분이 되었다. '제왕절개를 하면 최선을 다하지 않는 임신부'란 논리인가?

하지만 난 자연분만을 할 생각이 전혀 없었다. 자연분만후 눈의 실핏줄까지 벌겋게 터진 친언니를 보고 제대로 겁을 먹었으니까. 그런 끔찍한 고통을 절대 엄마의 의무로 받아들이고 싶지 않았다.

하지만 남편과 친정 부모님은 이런 내 태도를 문제 삼고 나섰다. 남편은 '제왕절개 산모, 출산 후 유방암 위험 2.8배'란 무시무시한 기사 링크를 보여주었고, 부모님은 주변에 얼마나 많은 사람들이 자연분만을 했는지에 대한 통계학적 수치를 내세웠다. 나는 이게 얼마나 말도 안 되는 강요인지 결혼을 앞둔 친구 P에게 호소했는데, P는 동의 대신 내게 새침한 표정으로 대꾸한다.

"그게 뭐, 난 임신하면 수중분만할 건데?"

두 번째 참견: 임신부는 곧 '쉬러 갈' 사람?

몇 달이 지나며 주변인들의 참견은 눈덩이처럼 불어났다. 옆 자리 남자 과장은 말한다. "이 대리, 5개월 뒤면 출산 아닌가? 곧 쉬러 가서 좋겠네."

잠시 내 귀를 의심했지만, 그 말은 곧 메아리처럼 반복되며 사람을 두 번 보내버렸다. "그래, 세상 좋아졌지. 나 직장 초기 땐 출산휴가도 눈치 보면서 썼어. 요즘 임신부들은 정말 편해졌다니까?" 앞자리에 앉은 여자 차장이 말한다. (저기, 과거에 저랑 같은 처지 아니셨나요? 세종대왕님도 권장한 출산휴가를 왜 21세기에 눈치를 보며 써야 한다는 거죠?)

그러니 나는 "임신부는 일을 대충하지 않는다"를 증명하기 위해 더 열심히 일하게 되는 악순환을 반복한다. 내 배가 앞으로 퍼졌는지, 옆으로 퍼졌는지를 따지며 '임신부가 옷을 너무 잘 입고 다닌다'는 것까지 주위에서 지적질 받고 있을 때(아니, 임신부는 멋을 내도 문제인가), "배 나오고 근무 태도가 달라졌다"를 듣지 않기 위해 눈에 더 불을 켜고 일하게 되는 것이다.

이렇듯 나의 존재감을 '증명'하기 위해 애쓰는 동안, 그것을 적절하게 이용하는 것은 역시 상사의 몫이다. 영양제는 잘 챙겨먹냐, 요즘 다크써클이 늘었다고 걱정해주는 척하던 파트장은 은근슬쩍 나에게 못다 한 프로젝트들을 떠넘겨버린다. "이번 기획서도 잘 부탁해. 엄마가 머리를 많이 써야 애가 똑똑해진대. 그리고 요즘 회사에서 근무 기강에 대해 강조하는 거 알지? 임신했다고 너무 쉬엄쉬엄 하지 말고."

세 번째 참견: '내 아이'를 온 우주가 걱정해주네

출산이 점점 다가오며 배는 남산처럼 부풀어올랐다. 숨을 쉬는 것조차 힘들었다. 걸을 때는 다리가 퉁퉁 부어올랐고, 어기적어기적 힘을 내 걸어가면 아이가 배 속에서 발을 마구 굴러 정말 밑이(당신이 생각하는 바로 그 부분이 맞다) 빠지는 고통이 느껴졌다. 잘은 몰라도, 이 상태는 햄버거를 몇 백 개 먹고 직접 비만의 삶을 실험한 다큐멘터리 〈슈퍼 사이즈

미^{Super Size Me})와 아주 흡사할 것 같다. 차이가 있다면 나는 배 속에 애를 품어서 땀이 나는 것이고, 그쪽은 배 속에 지방 덩어리를 품어서 열이 나는 거겠지.

시부모님은 "엄마의 태교가 아이의 미래에 영향을 미친다"며 임신부에게 좋은 먹거리, 클래식 음악 정보를 수시로 보내셨다. 처음엔 너무 감사했는데, 언젠가 시댁에 가서 "가끔 커피를 마신다"고 하니 정말 흠칫 놀라 날 쳐다보셨다. ("네가 감히 우리 손주에게 그런 음식을 먹여?"의 느낌)

출산 직전엔 육아박람회를 다녀왔다. 그런데 한 번의 방문에도 '신상'이 털린 것인지 각종 학습지, 교구 업체에서 전화가 왔다. 그들의 맥락은 참 한결같았다. "똑똑한 아이는 엄마의 노력으로 만들어지죠. 이 교재가 단돈 100만 원인데, 프랑스 유명 작가 그림이 들어갔고…." 살짝 혹하지만, 결국 이 말은 "빨리 돈을 쓰라"는 거다.

그리고 이 논리는 조리원 투어에서도 다르지 않았다. 조리원 원장은 말한다. "1층은 250, 2층은 300, 그리고 3층은 450만 원입니다. 자, 몇 층을 선택하시겠어요?" 그녀의 얼굴엔 돈독이 잔뜩 올라 있었다. 태어나기 전부터 아이의 계급을 나누는 상술이라니. 에잇, 퉤!

출산의 순간에도 '막장 드라마'가 연출된다

드디어 출산의 날이 왔다. 가족들과 고기를 먹다 양수가 터졌고 얼떨결에 병원에 실려갔다. 생각보다 배는 많이 아팠다. 처음엔 누군가 똑똑, 하고 문을 두드리는 정도의 미세한 아픔이었는데, 나중에는 이리 구르고 저리 구르고 남편 머리카락을 죄다 뽑아버리고 싶은 상태가 되었다.

"빨리… 무통 주사를 놓아주세요."

하지만 간호사는 아직 자궁이 많이 열리지 않았다며 더 참으라고 한다. 난 약이 올랐다.

"그냥 빨리 놓으란 말이에요!"

그렇게 무통 주사를 맞고도 고통은 더 커져갔다. 결국엔 제왕절개를 하겠다고 하니 간호사가 또 몇 번이고 만류한다.

"제발, 어머님의 힘을 보여주세요!"

이쯤 되면 정말 뚜껑이 열리지 않을 수 없다.

"어머님이고 나발이고, 그냥 수술해주세요! 지금 당장!"

그렇게 난 진통 스무 시간 끝에 애를 낳았다. 얼마나 억울했는지 시간까지 다 기억한다. 수술이 끝나고 마취가 풀리자 가족들의 얼굴이 보였다. "드디어 네가 엄마가 되었어!"라며 아이의 얼굴을 보여주었지만, 난 하나도 실감나지

않았다. '그 주름투성이 애가 제 아이가 맞나요? 근데 이럴
땐 괜찮냐고 먼저 물어봐줘야 하는 거 아니에요?'

'제발 내 인생에서 꺼지라'고 말하자

《임신! 간단한 일이 아니었군》이란 책을 쓴 프랑스 작가
마드무아젤 카롤린Mademoiselle Caroline은 인터뷰에서 말한다.
"임신과 관련된 책들은 하나같이 임신은 '마법의 순간'이며,
모두가 기뻐하는 일로 적고 있었다. 하지만 나는 입덧과 피
로감으로 침대에 못박혀 지냈으며 아주 끔찍한 경험이었
다. 임신은 소중한 순간이기도 하지만, 전적인 혼돈의 시기
이며, 그러한 경험은 기쁘게 받아들이라고만 하면 안 된다."

나는 이 일면식도 없는 외국 작가의 핸드폰 번호를 알고
싶은 충동을 느꼈다. 어쩐지 그녀와는 몇 시간이고 진솔하
게 수다를 떨 수 있을 것 같은 기분? (Call me!)

정말이지 임신이란 경험은 "나 정말 임신 맞아?"의 당혹
스러움으로 시작해 "뭐 이런 사람들이 다 있나?"의 짜증을
연속으로 겪게 하는 사건이었다. 손목이 시큰거리는 산모
에게 애를 안으라는 간호사, 분유 값을 아끼라며 모유 수유
를 권하는 친척들. 첫째 돌잔치에서 갑자기 둘째 임신 계획

을 지정해주는 어르신들까지. 그들은 임신, 출산의 주요 순간마다 내게 좀비처럼 들러붙어 혼을 쏙 빼놓곤 했지.

나는 공감을 가장한 그들의 오만함과 무례함이 너무 지겹다. 아이가 태어났을 때 보게 된 주위의 그 기쁜 얼굴을 감안하더라도, 그게 나에 대한 애정의 다른 표현이었다고 하더라도, 그 모든 참견들이 100퍼센트 미화되기엔 나에 대한 근본적인 공감의 노력이 부족하거나 아예 없었던 것 같다. 임신부니까 이렇게, 욕먹지 않게 이렇게, 이런 논리만 산을 쌓았지, "지금 심정이 어때?"라고 물어준 사람은 참 드물었으니까.

그래서 난 임신과 출산을 경험할 '미래의 엄마'들이 이 '불편한 참견러'들에게 더 주체적이고 솔직해지길 원한다. 애를 낳은 지 다섯 시간 만에 풀 메이크업에 하이힐을 장착한 완벽한 모습으로 포토라인에 선 저 영국 왕실의 맏며느리 케이트Kate Middleton 말고. "다들 내 인생에서 꺼져줘"를 외치는 평범하지만 되바라진 이들을 더 끊임없이 만나보고 싶다.

참견에 곁을 내어주면 그게 권리인 줄 안다. 참견에 근거를 만들어주면 그게 조언인 줄 안다. 혹시라도 이 지긋지긋한 참견에 몸서리치고 있는 당신. 있는 힘껏 외쳐보자.

"저기요, 임신은 제가 했거든요!"

참지 않는 연습

나도 누군가에게 밉상 오지라퍼였던 적이 있다. 특히 20대 중반에 일찍 결혼한 친구들에게 그러했다. 몸이 불어 나타난 그들에게 "임신했다고 너무 관리 안한 거 아니야?"라고 말했고, 딱 붙는 원피스를 입고 등장할 때면 "뭘 예쁘게 보이겠다고?"라며 은근히 비웃었다.

이 외에도 아이 성별에 대한 참견, 출산 과정에 대한 생각 없는 말 등, 난 정말 무례한 행동을 반복했다. 똑같은 상황이 되어 이제 그 마음을 이해할 수 있는 지금, 상상력조차 부족했던 내 과거를 고개 숙여 반성한다. "친구들아, 미안해. 내가 참 모자랐어. 앞으로 우리 더 깊이 이해하고 사랑하며 살자."

조리원의
두 얼굴

아줌마니까 말할 수 있는 주제가 있다. 그 중 하나는 '산후 조리원'이다. 남자 목욕탕, 여자 목욕탕만큼 "대중적인 호기심을 끄는 주제인가?"에 대해서는 자신할 수 없지만, 적어도 '리얼함' 측면에서는 르포 이상의 무엇을 기대해도 좋다.

다둥이 엄마로서 두 번이나 조리원에 다녀왔고, 슈퍼와 병원에 다녀온 이틀을 제외하곤 한 달 이상 정해진 합숙 생활을 했으니 '정말 겪을 일은 다 겪었다'고 보면 된다. 그리고 무엇보다 귀가 트일 지점은, 나는 '점잖은 척'하는 아줌마는 아니란 사실이다. 순도 100퍼센트의 묘사를 자신한다. 부끄러움은 당신의 몫이 될 것이다.

그럼 오늘의 말하고자 하는 주제. 물론 '어떤 조리원이 좋으냐'는 아니다. 그런 정보는 이미 포털 사이트에 우후죽순으로 널렸다. 오히려 출산 후 몸도 마음도 다운된 한 명의 엄마 입장에서, '조리원은 얼마나 불편한 곳이 될 수 있느냐'에 대해 말하고 싶다. 조리원에서 불리는 호칭, 대접, 그리고 새롭게 요구되는 능력 밖의 의무감까지.

혹시 오해가 될까 싶어 밝히는데, 조리원 원장님과 그 구성원들에 대한 일방적 불평은 아니다. "저 잘 쉬었습니다. 잘 쉬었는데요, 그래도 이건 찜찜했어요" 하는 것이다. 인간이란 원래 생각하는 동물이니까.

여기는 조리원일까, 동물원일까

"가슴이 참 좋으시네요."

이건 내가 조리원에서 처음 들은 말이다. 병원에서 갓 조리원으로 옮겨 힘없이 누워있는데, 조리원 원장과 마사지사가 상태를 좀 보자 하더니 내 가슴을 보고 이렇게 이야기했다. 그 말을 직역하면 이거다. "가슴이 참 좋아서, 아이가 우유 먹기 편하겠네." 사실 엄마로서는 다행스러운 일이다. 젖이 안 돌아 모유를 먹이기 어려운 이들도 있다는데, 몸에 좋은 초유를 먹일 수 있다니 얼마나 행복한 일인가. 하지만 그것은 여자로서 좀 혼란스러운 상황이기도 했다. 아무리 동성이라지만, 내 가운을 거리낌 없이 여는 것도 그러했고, 건강보다 가슴 안부를 먼저 묻는 게 솔직히 익숙지 않았다. 뭔가 진짜 '동물'이 된 것 같은 느낌?

그래, 우리는 동물이 맞다. 하지만 하나의 목표를 향해 이처럼 본능적 동물이 된 것은 처음이었다. 다시 가슴 얘기다. 매일 두 시간마다 유축을 하고, 모유 얘기만 하는 조리원의 단면 이야기. 난 그 이후 '가슴 산모'이자 '모유 여왕'으로 불리게 되었다. 정말 모유가 샘처럼 솟아 나왔다.

분홍 유니폼을 맞춰 입은 산모들을 유축실에서 만나면 서로가 무심하게 상의를 풀어헤치고 유축을 했다. 난 30밀리리터 나왔다, 넌 100밀리리터네, 우와! 이런 대화를 반복하며 하루가 갔다. 조리원 간호사들도 독려했다. "어머, 301호는 오늘 큰일하셨다! 306호는 노력 좀 하셔야겠어." 미묘한 경쟁 구도에 어떤 엄마들은 울음을 터뜨리기도 했다. 이게 그럴 일인가?

어떤 집에게는 실제 그럴 일이 맞는 것도 같았다. 그들은 '개인적으로 차이가 있을 수 있는 일'을 '노력의 일'로 만들고 있었다. 실제 306호 산모의 시댁은 매일 같이 조리원을 들락거렸다. 처음엔 대단한 분들이라 생각했는데, 실체를 알고 좀 놀랐다. 그들은 며느리가 얼마나 유축을 했는지 감시하고 있었던 것이다.

가족 면접실에서 "오늘은 애를 얼마나 먹였니?"라고 묻는 질문을 듣고 있자면 뭔가 숨이 턱 막혔다. 매일 산모는 잠도 못 자고, 유축실에서 안 도는 젖을 짜며 충분히 힘들어하고 있는데 말이다. 하루는 그분들이 쐐기를 박았다. "분유 값도 아껴야지. 그것도 다 네 능력이야." 엄마에게 요구하는 능력은 왜 이리 많은 것일까.

이런 갈등 속에서도 우리는 매일 미역국을 먹었다. 미역국이 회복에 좋은 줄 알아 열심히 먹었는데, 나중에 알고 보니 오히려 모유 양을 높여주는 목적이라 해서 어느 순간 끊었다. 그래도 이놈의 모유는 줄어들 생각을 하지 않고, 가슴통증만 커져갔다.

하루는 306호, 310호 엄마가 내 방에 찾아왔다. 유독 모유가 안 나오는 그 둘은 내게 이런 청을 했다. "모유 좀 팔아요. 우리 애먹이게." 놀라서 말을 못하는 내게 그들은 친절하게 엄마들이 자주 가는 커뮤니티 사이트를 보여주었다. 실제 모유를 사고파는 게시판이었다. 값을 후하게 쳐준다며 계속 설득을 하는 그들을 보며 머리가 어지러웠다. 좀 이상한 나라에 던져진 것 같아서.

사실 아주 어려운 일도 아니었지만, 결국 난 모유를 팔지는 못했다. 옆 방 산모는 '모유가 만병통치약'이라는 조리원 간호사들의 조언을 받들어 모유비누도 만들었다. "아는 사람들에게 나눠줘야겠어요"라고 맑게 웃는 그녀를 보며, 나는 왜 저토록 구김살 없이 살지 못하는가 반성하기도 했다.

생각이 많아서 그런지 이후에도 불편함은 종종 찾아왔다. 두 시간 간격으로 일어나야 하는 피곤함에 낮잠이라도 자려면, 꼭 밖에서 문을 두들긴다. "애를 많이 안아줘야 엄마를 따라요." 그러면 손목 관절이 쑤셔도 애를 안아야 했다. 싫다는 말보다, 그런 말을 할 때 느껴지는 암묵적 눈총이 싫었다. 결국 조리원의 시간은 그렇게 무한 반복됐다. 판다 눈이 된 날 남긴 채.

내 딸아, 언젠가 너도 엄마가 된다면

언젠가 이 주제에 대해 친구들을 붙잡고 이야기한 적은 있지만, 본격적으로 글로 쓰는 건 이번이 처음이다. 그만큼 어떤 주제는 시간이 지나면 쉽게 휘발되기에 어떻게든 붙잡고 남겨둬야 한다. '우유 짜는 기계'처럼 감시당하는 듯했던, '엄마'란 이름으로 족쇄가 채워지는 듯했던 조리원의 이중성은 어떻게든 마음에 새기고 싶었다.

그리고 내 친구와 미래의 딸에게 말해주고 싶었다. 이 세계에 들어가기 전에 너만의 중심을 잘 잡으라고. 출산 후 펼쳐지는 이상한 세계에서 너의 방식으로 '엄마 됨'을 정립하라고. 그것이 앞으로의 인생을 좌우하게 될 거라고.

어영부영 그 세계를 버티다 나온 나는, 더 이상 '가슴 여왕'이 아니다. 오히려 그런 가슴이 있었는지 기억이 잘 나지 않을 정도로 이젠 '흔적 기관'이 된 가슴과 '손목 산후풍'을 지닌 채 살아가고 있다. 통통하게 살이 오른 두 아이를 바라보며 가끔 그때를 돌이켜본다. 그때 내가 좀 더 나 자신을 챙겼더라면, 내가 좀 더 나 자신을 아낄 수 있었더라면.

돌이킬 수 없는 '라면'의 과거는 무의미하다. 이 무의미한 한숨까지 덤으로 얹어 '혹여 조리원에 입성하게 될 당신에게'라도 용기를 주고 싶다.

"엄마도 '내'가 있어야 있는 거야. 싫으면 싫다고 해."

참지 않는 연습

내 주변엔 조리원을 가지 않는 산모도 있었다. 그녀는 내 대학교 선배였는데 시어머니가 직접 조리를 해주겠다는 말에 "아이고, 감사합니다"라며 아무런 예약을 하지 않았다. 하지만 조리를 해주겠다고 온 시어머니는 삼시 세끼 며느리가 차리는 밥상을 얻어먹었고, "몸을 움직여야 젖이 돈다"는 이상한 말을 했다고 한다. 결국 시어머니가 잠시 외출한 사이, 분노한 선배의 친정 엄마는 시어머니의 짐을 싸서 택배로 부쳐버렸다.

이렇듯 조리원을 이용하든 이용하지 않든 '모성에 대한 편견'을 마주할 기회는 많다. 그리고 이 당혹스런 논리들에 흔들리지 않기 위해, 우리가 기억해야 할 것은 단 한 가지다. 삶의 중심은 바로 '나'로부터 시작된다는 것.

질문하는 여자의
이혼 확률

일본 작가 사노 요코佐野洋子의 에세이《열심히 하지 않습니다》를 보면 〈책 좋아하는 여자의 이혼 확률〉이란 글이 있다. 여기엔 두 명의 여자가 등장한다. 한 사람은 문학상의 특징을 구별할 정도로 책을 좋아하는 여자, 다른 이는 가끔 잡지책을 들추어보는 것 외엔 책에 딱히 관심이 없는 초절정 미녀다. 작가는 말한다. 전자는 어느 순간 남편과 이혼을 했고, 후자는 엄청난 사랑을 받으며 살고 있다고. 그것이 본인 주변의 현실이라고.

물론 이에 대한 정확한 통계는 없다. 하지만 분명 심정적

공감은 간다. 내 주변의 남자들이 입버릇처럼 하는 얘기는 이것이다. "자꾸 지적하는 여자는 너무 피곤해." 그리고 덧붙인다. "본인들이 엄청 똑똑한 줄 아는데, 따따따 얘기하는 말투도 짜증나." 이 말은 팩트와 감정을 분리해야 한다. '자꾸 지적한다'가 팩트, 나머지는 모두 감정이다. '엄청 똑똑한 줄 안다'는 일방적 가정과 '말투가 거슬린다'는 개인의 견해가 섞여있는 상태. 결국 이 발언을 분석하면 내용은 아주 심플하다. 그냥 여자가 지적하는 게 싫다는 것.

나와 내 주변의 여자들은 요코 작가의 미녀 친구처럼 '바라만 봐도 시간이 멈춘 듯한' 미모를 지니고 있지 못하다. 보통 여자들이고, 대부분 책을 좋아하며 책에서 배운 상식, 철학, 태도들을 현실과 비교하며 살아간다. 그런 배경은 우리에게 '자꾸 질문을 던지는 본능'을 만든다. 왜 남자와 여자는 어렸을 때부터 다른 기준을 학습받는지, 왜 똑같이 육아를 해도 남성은 더 착한 사람이 되며, 왜 일은 내가 하고 승진은 저 남자가 하는지 등. 따지고 보면, 이것은 한 인간의 상식적인 궁금증일 뿐이다. 왜 21세기에도 조선 후기식 사고가 여전히 부유하는가에 대한 호기심 어린 질문.

하지만 이런 것들은 '성^性 대결'로 해석되기 쉬운 질문들이기도 하다. 단지 인간 대 인간으로 의문을 제기하는 것뿐인데 '남성에 대한 여성의 불만' 정도로 쉽게 간주된다. 한마디로 콘텐츠 자체에 대한 해석보다는 '지적하는 상황의 불쾌함'에 더 주목하는 격이랄까. 일부 남성들은 이런 지적에 대해 절대 아니라고 손사래 치겠지만, 진짜 그렇지 않다면 다들 그 유사한 말을 들을 때마다 왜 이렇게 대답하는 것일까? "그렇게 안 봤는데, 너 정말 기가 세구나!"

여성들의 이 같은 질문은 과거부터 계속되어왔다. 교육과 참정권에서 제외된 여성들은 "우리에게도 똑같은 권리"를 달라고 수 세기를 거쳐 주장했고, 그 권리가 획득된 후에도 여전한 차별에 시달려야 했다. 프랑스의 여권 운동가 시몬 드 보부아르^{Simone de Beauvoir}는 《제2의 성》이란 책에서 말한다. "여자는 태어나는 것이 아니라 만들어진다. 이해할 수 없는 본능이 여자 아이를 태어날 때부터 수동성, 교태, 모성애와 어울리게 해버렸으며 아이는 처음부터 그 인생의 직분을 떠맡지 않으면 안 되게 되어버렸다."

프랑스의 지성이자 사르트르^{Jean Paul Sartre}와의 계약결혼으로 유명했던 보부아르 역시 사회의 차별을 고스란히 겪어야 했다. 소르본 대학의 수석은 보부아르였다는 정설이 있지만 여자란 이유로 사르트르에게 그 공을 양보해야 했으며 《제2의 성》이란 책 역시 '남성을 조롱하는 책(알베르 카뮈Albert Camus)' 혹은 '위험한 책(교황청)'으로 불리며 끝없이 수난을 당해야 했으니까. 성생활이 문란하다며 그녀의 사상 자체를 깎아내리려는 움직임도 만만치 않았다. 그녀는 "남녀가 끝없는 노력을 통해 우애를 확립해야 한다"고 주장했을 뿐인데 말이다.

정당한 질문은 엉뚱한 대답으로 돌아오기도 한다. 여성의 권리를 주장하는 질문에 "당신의 얼굴은 너무 못생겼다"며 외모 비하가 이루어지거나, "잘난 척하고 있네"라고 발언하는 것이 그러하다. 지하철에서 성추행하는 남성들이 너무 많다는 어느 여성의 고백에 "그러게 짧은 치마를 입지 말았어야지"라고 말했다는 국회의원의 답변은 질문 자체를 쏙 삼키게 하는 기막힘을 선사한다. 기타 미디어에서 다루어지는 여성에 대한 시선들(테니스 선수의 가슴을 도드라지게 확대한다든가, 관공서 포스터에서 예쁜 웃음만 짓고 있는 여성 경찰)은 한숨 그 자체다. "단 한 번도 성차별을 경험한 적이 없습니다"라는 여성을 찾는 것이, 도심에서 공룡 화석 발견하기보다 더 어렵지 않을까.

'생각하는 여자'를 무서워하는 남자들

슈테판 볼만Stefan Bollmann의 《책 읽는 여자는 위험하다 Frauen, die Lesen, sind gefaehrlich》라는 책이 있다. 저자는 13세기부터 21세기까지 독서하는 여자의 그림과 사진을 소개하며 책을 읽는다는 의미에 주목한다. "책을 읽는다는 것은 자신만의 자유공간을 확보하는 것뿐만이 아니라, 그것을 통해 독립적인 자존심을 얻게 되는 것이다."

그리고 이를 위험하게 여긴 남자들의 반응도 함께 적어놓는다. "책을 읽을 때 생기는 신체 활동 부족은 상상력과 감정이 억지로 뒤바뀌는 것과 결부되어서 근육을 무기력하게 만들고, 가래가 들끓고 가스가 차고 변비가 생기도록 만들 것이며, 잘 알려진 것처럼 여자의 경우 특히 생식기에 영향을 주게 될 것이다1791년, 카를 바우어."

18세기 교육가가 했다는 이 말은 아주 유치하고 또 유치하다. 하지만 21세기에도 그 단어의 선택만 교묘히 바뀌었을 뿐, 기저를 흐르고 있는 맥락은 전혀 달라지지 않았다. "책 좋아하는 여자들은 귀찮아. 자꾸 질문을 하고 따지려 들고. 저 까다로운 여자, 어떻게든 좀 밟아줘야겠어!" 이 책에서는 마릴린 먼로Marilyn Monroe가 단순한 섹스 심벌이 아닌 상당한 독서가였다는 점도 함께 소개한다. 그녀가 실제 삶의 철학이 뚜렷한 여성이었다는 점은 〈라이프Life〉란 잡지와 진행한 인터뷰에서도 발견할 수 있다.

"나는 섹스 심벌에 대해 완전히 이해하지 못한다. 그리고 무엇의 심벌이 되었든 이 심벌은 갈등을 일으킬 소지가 있다. 나는 물건 취급당하는 것이 싫다. 하지만 내가 어떤 심벌이 되어야 한다면 기꺼이 섹스 심벌이 되겠다. 어떤 여자들은 스스로의 결심이든 유혹에 의해서든 나처럼 되고 싶어 한다. 그런데 그 여자들은 전방이나 후방에 있지 않기 때문에 그럴 수 없다. 그러니까 그들은 그 중간에서 살고 있다."

언젠가 한 칼럼을 읽은 적이 있는데, '남자들이 바람을 꿈꾸는 순간'이란 제목이었던 것 같다. 그중 1위 상황은 이것이었다. 자신이 괴롭고 힘든 상황에서 낯선 여자가 "나는 다 이해해요"라는 위로를 하며 고요히 손을 잡아줄 때.

괴로운 상황에서 왜 모르는 여자와 손을 잡고 있는지 잘 이해되지 않지만, 내가 그런 여자가 되어줄 수 있는지도 의문이다. 왜냐하면 내 남자가 괴롭다고 할 때, 난 그 원인을 따져 묻고 함께 해결책을 찾을 것 같으니까. 필요하다면 '괴로움을 주는 대상'을 찾아가 적극적으로 따져 물을 자신도 있다. "지금 내 남자에게 뭐 하는 짓이냐!"하고 고성이라도 지르면서 말이다.

하지만 대다수의 남자들은 이런 적극적인 방법을 딱히 좋아하지 않는다. 지금 내 옆에서 자고 있는 동거인이자 남편도 내가 디테일하게 묻고 지적하는 것을 별로 좋아하지 않는다. 좀 듣는 듯하다가도 막상 본론이 시작되면, "아 좀 고만!"하며 귀를 막아버리지.

서두에 언급한 요코의 에세이를 다시 한 번 언급해본다. "자고로 여자는 예쁘고 말 수가 적어야 한다." 책을 좋아하는 여자와 결국 이혼을 했다는 남성이 강조한 말이란다. '이혼'이란 말이 이렇게 심각하게 들리지 않기는 처음인 것 같다. 슬프고 비관적이라기보단 약간 "그럴 줄 알았어"라는 생각이 드는 코미디 느낌? 이 코미디의 진부함이 반복되지 않길 바란다. 남성들에게 말해봤자 어차피 이해 못할 것이란 여성들의 비관적 발언이 더 이상 확대되지 않길 바란다. '책 좋아하는 여자의 이혼 확률'만큼 '귀가 닫힌 남자의 이혼 확률' 역시 적극적으로 따져볼 때다.

참지 않는 연습

나는 〈동치미〉란 TV 프로그램을 좋아한다. 이 프로그램엔 결혼 20년 차는 기본인 기혼녀들이 등장해 결혼 생활에 대한 속 시원한 얘기를 들려준다. "다시 태어나면 지금 남편이랑 결혼할 거냐고? 웃기고 있네. 하하하!" 뭐 하나 빼는 것 없이 말하는 그들의 솔직함이 좋다. 곰국처럼 푹 익은 생활의 감정들이 솔직하게 전달되니까.

만약 내가 정말 괜찮은 사람이 되어, 〈라이프〉와 같은 곳에서 인터뷰할 기회가 있다면, 난 먼로의 멘트를 좀 더 구수하게 소화해 말하고 싶다. "원래 남자들이 따지는 여자들을 좋아하진 않지. 그래도 자꾸 뭘 말해야 세상이 바뀌지 않겠수?"

호칭에 대하여

추석 명절을 쇠고 서울로 올라가는 자동차 안. 남편이 운전을 하며 말했다. "이렇게 소소하고 편안하게 사는 게 행복인 것 같아. 당신도 그렇지 않아?" 순간 그 말에 확 짜증이 났다. "편한 건 당신만 편했지. 솔직히 명절 때 아무 것도 안 했잖아. 잘 먹고 잘 쉬다 오니까 당연히 기분이 좋겠지. 그런데 그런 생각은 안 해 봤냐. 부인이 뼈 빠지게 같이 벌어서 울타리를 만들어주니까 이렇게 행복할 수 있다는 거."

아닌 밤중에 홍두깨라고. 솔직히 남편도 당황했을 거다.

이런저런 대화 좀 나누고 싶어서 운을 뗐을 텐데, 그야말로 '갑툭튀갑자기 툭 튀어나옴'로 자기 말만 하는 여편네라니. 결국 남편도 발끈했다. "당신, 분노조절 장애가 있는 거 아냐? 진짜 내가 뭔 말을 못하겠다. 아니 도대체 거기서 왜 그런 말이 나오는 거야?"

음, 그 변명을 여기서 하자면 나는 사실 일이 힘들어서 그랬던 건 아니다. 시댁엔 끽 해야 일 년에 서너 번 내려가고, 그마저도 설거지 외엔 크게 요리를 하는 일이 없다. 평소 집에서도 맞벌이 부부의 특성상 일을 나누어서 하는데, 빨래랑 청소도 나보단 남편이 더 많이 하는 편이다. 물론 돈 좀 번다고 유세 떨고 싶었던 건 맞다. "나 좀 알아줘" 하는 자기애적 시각이 분명 있었지만, 그것도 진짜 핵심은 아니다. 사실 더 직접적인 이유는 명절 내내 시어머니에게서 들은 말 때문이었다. '너, 이것 좀 해라. 너, 이리 좀 와보라'며 '너' 라는 호칭을 반복해 쓰는 것이 내겐 너무도 거슬렸기 때문이다.

좀 맺혀 있었다. 첫 아이를 낳고 조리원에 누워 있었을 때, 조리원 방문 후 시댁과 친정이 한 자리에 모여 식사를 한 적이 있었다. 그 자리에 다녀오신 아버지가 돌아와 말씀하셨다. "사돈 어르신이 아리 아빠를 '김 서방'이라 불러 달라더라. 내가 이름을 부르는 게 대접해주지 않는 것 같다고. 그리고 아리 아빠가 집에 혼자 있으니 먹을 반찬 좀 챙겨달라 하셨어." 그 말을 옮기는 아빠의 얼굴은 좀 벌게져 있었다.

대충 그 장면이 상상 갔다. 아빠는 아마 사돈에게 이런 기대를 했을 거다. 출산을 한 며느리와 새로 태어난 아가에 대한 이야기. 혹은 그동안 서로 어떻게 살았는지에 대한 사소한 근황 토크. 하지만 그런 예상엔 좀 맞지 않게 갑자기 '김 서방'이란 호칭 이야기와 '김 서방이 먹을 반찬' 이야기가 나왔으니 좀 섭섭하고 당황했을 수 있다. 팬티까지 다려 입히며 기른 딸내미의 미래가 심히 걱정되었을 수도 있고.

아무튼 이후 아버지는 남편을 '김 서방'이라 불렀는데, 난 그때마다 어쩐지 약이 올랐다. 그리고 친정과 시댁을 번갈아 다녀오는 명절 때면 그야말로 약 오름이 하늘을 찔렀다. 만만한 게 남편이니까 그때마다 난 남편에게 소리를 질렀다. "시댁에선 만날 나를 '너'라고 하던데, 왜 당신만 '김 서방'이지?" "이봐, 김 서방님! 시댁에도 제 호칭에 대해 신경 좀 써달라 부탁하시죠" 등. 그러면 그럴 때마다 남편은 참

평온한 얼굴로 이렇게 받아치는 것이었다. "어른이 편하게 부르는 건데, 당신 너무 민감한 거 아냐?"

참 의문이다. 대체 민감하다는 기준을 어떻게 잡아야 할까. 네이버에 '며느리 호칭'이란 말을 검색해 보았다. 일단 국어사전 탭에 '아들과 며느리를 부르는 말'이란 글이 나온다. '자녀가 어릴 때는 '철수야'처럼 이름을 부르지만, 장성하여 혼인을 하면 자녀를 대우해주어 남 앞에서 함부로 이름을 부르지 않는 것이 우리의 전통입니다. 자녀가 혼인을 하고 아이를 낳으면 '○○ 아비' 또는 '○○ 아범'이라 부릅니다. 며느리를 부르는 호칭어는 '아가', '새아가'와 '어미' '어멈' 그리고 손자 손녀의 이름을 넣은 '○○ 어미'를 상황에 따라 적절히 쓸 수 있습니다.'

나와 비슷한 고민을 지닌 어떤 이의 익명 카페 글도 보인다. "결혼한 지 2년 됐고, 아기는 백일이 되었는데 시어머니가 '야'라고 불러요. 다른 분들은 시어머니가 뭐라고 불러주시나요? 저는 그냥 ○○아, 하고 이름을 불러주셨으면 좋겠는데, 너무 많은 걸 바라는 걸까요?" 댓글을 보니 여러 의견이 있었다.

"제 이름 불러요. 가끔 야, 이러시기도 하고요_{솔비사랑님}."

"○○ 애미야~ 또는 애! 늙어서 그러신 것 같아요. 저희 시부모는 칠순도 넘으심_{어쩌다ㅇ님}."

"저도 이름 부르실 때도 있고, 야, 하실 때도 많아요. 근데 너무 신경 안 쓰시는 게 좋을 것 같아요_{인생뭐있어님}."

많은 이들이 비슷한 고민을 털어놓을 때, 와중 염장을 지르는 의견도 있었다.

"귀염둥이라고 하시더라고요. 신랑이 '둥이'라고 저장해놔서 그런 건지, 아님 제가 귀여웠던 건지. 히히_{행복맘유진님}."

댓글을 잘 안 남기는데, 갑자기 극심히 불행해져 답을 남겼다.

"저는 '너'라고 부르십니다. 동병상련이네요_{gixxx}."

상황을 보니 '너'라는 하대는 정당한 호칭도 아니오, 나와 비슷한 상황을 고민하는 며느리들이 현실에 꽤 많은 것 같은데(그것도 숨어서 말하는), 과연 무엇을 '민감하다'고 말하는지 모르겠다. 반대로 내 남편이 친정 부모에게 '김 서방' 대신 '너'라는 호칭을 당한다면 과연 가만히 있을 수 있을까. '○○ 아~' 하고 이름을 부르는 것도 불편하다 태클 거는 판국에, 한 단계 더 내려간 하대에 정말 열받지 않을 자신이 있을까. 아니, 그보다 '너'라는 호칭을 실제로 한다면 우리 시댁 어르신들이 미간 주름 하나 잡지 않을 자신이, 정말 있을 수 있을까?(부지깽이를 들고 쫓아오는 두 어르신 모습이 상상된다)

시댁은 '시댁'인데 처가는 '처가'?

언젠가 우리 언니가 이런 이야기를 한 적이 있다. "웃기지 않냐. 시댁은 '도련님' '아가씨'로 존칭하면서 친정 쪽은 '처남' '처제'로 부르는 게. 사람 위에 사람 없고, 사람 밑에 사람 없는데, 무슨 도련님과 아가씨냐. 우리나라는 호칭부터 싹 바꿔야 해. 다 뜯어 고쳐야 해." 분노하는 언니를 보며, 나는 언니가 시댁에서 뭐라고 불리는지 솔직히 궁금했다. 하지만 차마 묻지 못했다. 그걸 물으려면 '너'라고 불리는 내 상황부터 까야 할 것 같았는데, 솔직히 쪽 팔렸다. 그리고 좀 두렵기도 했다. 혹시 우리 언니도 '야'라고 불리고 있을까봐. 만약 '야'와 '너'의 천민 자매가 된다면, 그건 너무 서글프고 코미디 같은 일 아닌가.

　나처럼 호칭에 민감한, 아니 비판적 시각의 여성들이 많아졌는지 최근엔 이런 움직임도 있다. 여성가족부가 가족 호칭을 정비해 새로운 이름을 마련한다고 한다. 가령 '도련님'과 '아가씨'는 그냥 '○○씨, 동생(님)'으로 부르고, '시댁—처가'도 남편의 집만 높이지 않고 '시가—처가'로 수정하겠다는 방안 말이다. 이에 대한 네티즌들의 의견도 분분하다. "여성 인권이 신장되었는데 당연한 조치다"라는 찬성측이 있고 "갑자기 잘 살아오다가 왜 갑자기 난리냐"는 반대파가 있다. 뭐 각자 생각이 다르겠지만, 나는 '바뀌어야 한다'는 쪽에 적극적으로 한 표 던진다. 우리의 인격은 의외로 규정하는 말에 좌지우지되기 마련이니까.

　그 와중 '며느리'를 부르는 호칭에 대해서는 별다른 얘기가 없음에 심기가 좀 불편해졌다. 그래서 국민들의 의견을 허심탄회하게 받아들이겠다는 여성가족부에 소리 높여 이야기하고 싶다. "며느리를 당연히 며느리라 부른다고 생각하시는데요. 그래서 별 연급이 없으시던데. 그렇지 않은 사례가 우리 주변에 참 많습니다. 며느리가 '야' 또는 '너'로 불리지 않도록, 절대 쓰지 말아야 할 호칭도 함께 정리해주시죠."

남편이 말한 것처럼 삶은 평화로울 수 있다. 우리 부부가 '김 서방'과 '너'가 아닌, '김 서방'과 '며느리'로 공평히 호칭될 수 있다면. 솔직히 분노조절 장애는 괜히 생기는 것이 아니니까. 뜬금없는 포인트에서 분노를 표출하지 않도록, 맥락 없는 개소리에 상처받지 않도록 공평히 공감할 수 있는 언어가 필요하다.

참지 않는 연습

내가 생각하는 올바른 가족 호칭어를 적어보자.

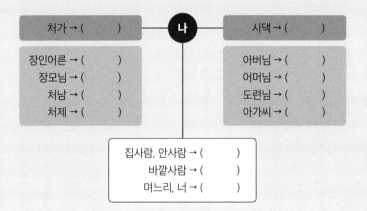

시월드의
언어폭력

세상에 의외로 막장 시댁은 많다. 무일푼으로 장가를 왔는데, 아들이 바람을 피우고 이혼을 요구당하자 "우리가 준 중고 전자레인지를 택배로 부쳐라"라고 한 시댁. 부잣집이라 집도 사주고 다달이 용돈도 주지만 "그 돈은 사실 우리 돈"이라며 매일 초인종을 누르고 며느리 계좌를 추적한다는 시댁 등. 이들은 누가 들어도 눈살이 찌푸려지는 '대놓고 나쁜 시댁'이다.

하지만 누가 봐도 폭력적인 것보다 무서운 건 '은근한 폭력'이다. 특히 언어를 통해 일상적이고 지속적으로 가해지는 '시댁의 언어폭력'은 정말 무섭다. "시어머니 비위 맞추다 화병이 났어요"라며 커뮤니티에 호소하는 글에 공감 댓글 3천 개가 달리는 것은 요즘 시대 '며느라기'들의 현실이다. 나 또한 "너는 키가 작은데, 왜 디스크가 생기니?"라는 말을 듣고 사는 며느라기의 한 사람으로서, 그 울화를 풀어내기 위해 적어본다. 시월드의 언어폭력에 도대체 어떻게 대처할 수 있는지.

처음 겪는 폭력 앞에서 얼어붙지 않기

드라마를 보다 알게 되었다. 정답은 의외로 가까운 곳에 있었다는 걸. 우리에겐 살짝 자신을 놓아버리는 기술이 필요하다. 김치 싸대기를 불사하는 악독한 시어머니를 뒷목 잡게 하는 건, 똑똑하고 사려 깊은 여성 캐릭터가 아니다. 백치미를 발산하며 하고 싶은 말 다 하는 약간 '돌아이' 같은 캐릭터다. 타인의 마음이 상할까봐, 혹시 예의에 어긋날까봐 당신이 할 말 못하고 끙끙댈 때, 이들은 그냥 질러버린다. 그러니 화병이 날 틈이 없는 것이다.

온몸의 점잖은 기운을 떨쳐내자. "나는 푼수다, 나는 푼수다" 하고 최면을 강력히 반복한다. 강력한 페르소나를 이입

하는 것만으로도 뭔가 자유로워지는 기운을 느낄 수 있다.

도돌이표를 활용하자. 갑자기 훅 들어온 말에 어떤 대처도 생각나지 않는다면, 그대로 되풀이하는 것도 방법이다. 시댁에 김장김치를 보내놓고 안부전화를 드렸는데 갑자기 이런 말이 돌아온다. "그래, 먹을 만은 하더라."

욱할 필요가 없다. 침묵할 필요도 없다. 가급적 상냥하게 생글거리며 이야기한다. "아, 먹을 만은 하셨다고요? 어머, 고마워라!" 이는 상대가 의도적으로 한 비꼼을 그대로 주지시키면서, 감사하다는 의례적 인사로 맥을 끊는 방식이다. 뒤이어 나올 문장들을 미연에 차단하라. 동시에 당신의 마음 상함도 끊긴다.

질문과 침묵도 하나의 전략

질문도 하나의 방법이다. 이는 의도적 비꼼을 넘어 대놓고 나를 무안 주려할 때 사용하는 방식이다. 시어머님 생신에 맞춰 선글라스를 가져갔다. 칭찬까지 바라지는 않았지만, 이런 반응을 마주하게 될 때가 있다. "어머, 이거 누구 쓰라고 가져온 거야? 취향이 아주 촌스럽네."

그러면 이렇게 답한다. "네, 어머님 쓰시라고 가져온 거예요. 취향이 아주 촌스러울까요?" 물음에 대한 답은 제대로 하고, 말끝은 물음으로 처리한다. 더 이상 질문을 하지 않는다면 그나마 본인이 한 말에 대한 책임감을 느끼는 것이다. 하지만 만약 여기서도 "어, 그래" 내지 "아주 촌스러워" 하는 식의 답이 나온다면 고이 접어라. 그것은 '선물'을 하는 한 인간의 기본적인 성의를 모르는 것이다. 아주 고이, 마음속에서 그 관계를 접어라.

어떤 일에는 침묵을 추천한다. 주로 나를 넘어 내 가족에 대한 인신공격이 올 때 유용한 대처다. "사돈어른이 자꾸 애를 보려 하시는 거 보니, 돈이 필요하신가 봐" 등의 밑도 끝도 없는 모욕 말이다. 요즘 같은 육아전쟁 시대에 육아는 도와주지 않으면서, 이런 말을 하는 시댁이 종종 있다고 한다. 친정에 드리는 보상 자체도 상당히 아까워하면서.

그럴 때는 조용히 눈을 깜박이고 상대를 응시해야 한다. 2, 3초 정도. 마치 "이거, 큰 실수 하신 거예요"라는 걸 상기시키듯. 그러고 무시해라. 정말 그 어떤 말을 꺼내는 것도 아깝다.

때론 아주 큰 수긍도 필요하다. 가령 아이들을 돌보는 전업주부에게 "신랑이 힘들게 가져다주는 돈, 밥충이처럼 쓰지 말고 나가서 돈 벌어라"라거나 백수를 전전하는 시동생과 함께한 자리에서 "애한테 한 달에 용돈 100만 원은 꼬박꼬박 줘라" 하는 식의 발언들이 그것이다.

이렇게 답 안 나오는 말들은 아주 크게 수긍해주자. 내가 기분이 상한 어떤 부분만 뚝 떼어서, 맥락 없이 수긍하는 것이 이 기술의 포인트다. "아, 맞아 맞아. 나 밥충이지" "맞아 맞아. 용돈 100만 원 필요하지. 나에게도" 아니면 그냥 웃기만 해도 좋다. "하하하하!" 그러면서 그 말을 바람에 정말 날려버린다.

내가 좋아하는 작가 정문정 님도《무례한 사람에게 웃으며 대처하는 법》에서 비슷한 얘기를 했다. 그러고 보니, 시월드와 개인이란 관계를 떠나 이것은 '무례한 사람들'과의 관계에서 일어나는 이야기란 생각도 든다. 나도 아들이 있으니 언젠간 시어머니가 될 것이다. 싱식적이던 사람도 '시' 자만 들어가면 비상식적 사람이 된다는 우스개가 있던데, 나부터라도 그 '시' 자의 비상식을 깨기 위한 실천을 시작해보고 싶다. 그리고 이런 개인들의 집단 실천이 미래엔 좀 더 다른 결과를 만들어내길 기대한다. 그렇게 변하는 맛이라도 있어야, 세상은 좀 더 살 만한 가치가 있을 테니까.

화병 며느리가 많은 현실, 하지만 미래에는 멋진 시어머니가 많은, 어떤 유토피아를 꿈꾼다.

참지 않는 연습

1) "나 TV 좀 봤다" 하는 사람이라면 이 캐릭터들을 누구보다 잘 알 것이다. 언어폭력을 당하는 순간, 이들에 빙의되었다고 생각해보고 다양하게 대처해보자.

· 〈왔다! 장보리〉의 연민정: 눈빛마저 살벌한 악녀
· 〈SKY 캐슬〉의 진진희: 살짝 제어 기능 상실한 푼수
· 〈최고의 사랑〉의 김숙: 앞통수 후려치는 돌+아이

2) 당신은 잘 나가는 막장드라마 작가다. 다음에 알맞은 지문과 대사를 작성하시오. (3점)

시어머니: 넌 친정에서 과일 깎는 법도 안 가르쳐주셨니?
며느리: (   )

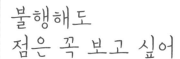

불행해도
점은 꼭 보고 싶어

내겐 이혼의 위기가 있었다. 첫 아이 육아 문제로 남편과 충돌했고(친정에 아이를 맡기기 싫다 vs 당분간 도움을 받자), 그 사이에 시댁이 끼어들며(친정이 왜 육아 간섭이냐) 더 큰 감정싸움으로 번졌다. 결국 내 부모에 대한 미안함, 남편에 대한 괘씸함에 이혼을 결심하기 이르렀다. 아이를 데리고 친정에 갔고, 남편과 연락을 끊었다. 이혼 전문 변호사도 여럿 만났다.

하지만 모든 것이 명료한 상태는 아니었다. 진짜 이혼을 해야 하나? 이혼을 하면 아이와 어떻게 살지? 당장 아이가 어린이집 입소할 때 아빠 칸엔 이름을 쓸까 말까, 등. 하늘이 꺼질 것 같은 비운의 선택 앞에서 우습게도 내가 빠져든 건 '점'이었다. 《죽고 싶지만 떡볶이는 먹고 싶어》라던 어느 책의 제목처럼 '불행해도 점은 보고 싶어'라는 스핀 오프 버전이랄까.

갑자기 궁금해졌다. 나의 운명, 미래, 그리고 장기적 결말까지.

무속인과 역술인 60만 시대. 타로, 사주, 영매, 신점, 점성술까지. 뷔페처럼 선택의 폭도 다양한 요즘이다. 한때 점집 탐방에 올인했던 친구 C가 조언했다.

"타로는 단기 결정에 적합하지. 이건 중요한 문제니까 좀 더 맥락을 짚어주는 사주나 신점을 추천해."

"이런 상황에서 점 보는 게 웃기지 않아?"

"뭐, 이미 점 보기로 마음먹었잖아. 네 심정 잘 알아. 아마 지푸라기라도 잡고 싶겠지."

그 말이 맞았다. 그리고 나는 마구 돈을 쓰기 시작했다.

점을 보는 '이유'를 묻는 한 설문 조사에 따르면, '삶의 위기가 찾아왔을 때31.1퍼센트'가 1위를 차지했다고 한다. 덧붙

여 이런 조사도 진행하면 흥미로울 것 같다. '개인의 위기의
식과 점집 지출의 상관관계.' 분명 그것은 가파른 우상향 곡
선을 그릴 것이다. 왜냐하면 위기에 대한 처방엔 결코 '만족'
이 없기 때문이다.

나도 그러했다. 처음엔 ○○도령, ○○보살 등에 복채 5만
원만 줘도 아까웠지만, 어느 순간 이 세계에 익숙해지며 돈
에 대한 개념 자체가 없어졌다. "이혼해. 그 남자는 아니야"
하는 말을 들으면 뭔가 우울해져 다른 점집에 갔고, "이혼은
안 해. 하지만 네가 숙여야지" 하는 말을 들으면 짜증이 나
서 또 다른 점집을 찾았다.

이렇게 점집을 여기저기 철새처럼 옮겨다니는 사이 5만
원 하던 복채는 10만 원, 15만 원, 20만 원으로 통이 커졌고
나중엔 정확히 얼마를 썼는지도 알 수 없었다. 하지만 가슴
은 여전히 답답했다. 내가 원하는 답은 아직 나오지 않았으
니까.

선녀님은 말하셨지, 남편 팬티가 필요하다고

사실 난, 이런 말을 듣고 싶었다. "남편이 반성하고 돌아
오겠어. 적당히 봐주고 다시 시작해" 뭐, 이런 류의 말. 겉으

로는 이혼을 외쳤지만 마음 한편으론 절실히 행복을 찾길 원했다. 특히 남편에게만은 진정한 사과를 받고 싶었다. 이 와중, 나는 여러 점집을 거쳐 '목소리만 들어도 팔자를 알 수 있다'는 ARS 신점에 빠지게 되었는데, 어느 날 아무개 선녀란 분이 전화기 너머로 무시무시한 말을 던졌다.

"이 부부는 마가 꼈네. 이혼을 하는데 각자 더 불행해지겠어. 거지꼴을 막으려면 3일 내에 확실한 부적을 써야 해!" 그녀는 본인의 주소와 계좌번호를 알려주었다. "이 주소로 내일까지 남편 팬티를 부쳐. 내가 열심히 기도할 테니 촛불 비용 50만 원도 입금하고. 조상신께 빌어서 어떻게든 사단은 막아야지."

팬티와 촛불이라. 잠시 망설였다.

공교롭게도 짐을 싸 가지고 나올 때 섞여온 남편 팬티가 있긴 했다. 50만 원의 촛불 비용? 그 돈이 없진 않았다. 사정이 좀 궁하긴 했지만 직장생활을 열심히 하고 있었으니까. 근데 이건 나를 더 절박하게 만든다기보단, 뭔가 많이 웃겼다. 딱 들어도 보이스 피싱처럼 돈을 뜯기는 느낌이었다.

원래 인간은 "네 인생은 A일 수도 있고, B일 수도 있다"는 미묘한 진단에 오히려 애가 타는 법이다. 그런데 "네 인생은 진짜 구린데, 팬티와 50만 원이면 해결되지"라는 초간단 해결책을 받으면? 너무 확실해서 그걸 더 못 믿는 거다. 이상하게도 인간은, 지나친 확신 앞에서 한없이 의심하고 또 약해진다.

그 후, 나는 한동안 점집에 가지 않았다. 아무개 선녀에게 팬티와 촛불 비용을 붙이지 않았음은 물론이다. 답답함에 속은 타 들어갈 것 같았지만 대신 나에게 묻고, 묻고, 또 물었다. 이건 마치 하루에 0.1밀리미터 움직이는 수레를 힘들게 끄는 기분이었다. 점쟁이들에 묻던 인생의 답을 스스로에게 물으니, 이 '선택'이란 것은 정말 쉽지 않았다. 제길. 내 삶은 한 번도 쉬웠던 적이 없다. 아마 당신의 삶도 그럴 것이다.

내가 끙끙 앓고 있는 사이 남편은 돌아왔다. 미안하다고 했고, 결국 우리는 이혼을 하지 않았다. 인생의 막다른 골목에 갔던 피로감 때문인지 나는 남편에게 그동안의 마음고생을 말하지 않았다. 오히려 이 일을 일부러 잊고 살았다. 말하기조차 조금은 창피한, ARS 신점 선녀의 팬티와 촛불 비용도.

얼마 전 유튜브에서 법륜스님의 '즉문즉설'을 시청하는데, 한 청년이 등장해 스님에게 이런 질문을 던졌다. "정말 인간에게 운명이 있나요? 사주팔자대로 흐르는 게 인생일까요?" 이 추상적 물음에 스님이 현답을 했다. "뭐 있다고 하면 있겠죠. 근데 만날 담배 피우는 사람이 나에게 물어요. 스님, 제가 내일 담배를 필까요? 안 필까요? 그러면 내가 과연 뭐라고 할까?" 청년은 더 이상 아무 말도 하지 않았다.

타계하신 성철 스님이 이런 말씀을 하셨단다. "인생은 네 손안에 있다." 불안감에 찾게 되는 게 점집이고, 거기서 어떤 답을 바라지만, 결국 그 답은 내 손 안에 있다는 말일 테다. 화가 쌓여 의지하고 싶은 게 점집이지만, 그것이 화를 풀어내는 절대 진리는 아니라는 말과도 같을 것이다. 오히려 '점'은 '내 안의 말들을 정리하는 수단'으로 적당한 것 같다. 스스로 의심하고 있는 것들에 대한 물음, 그리고 상대의 답을 통해 내 안의 문답법을 끊임없이 지속해 나가는.

그렇다고 내가 점을 완전히 버린 것은 아니다. 가끔 사소한 궁금증에 용한 점집 전화번호를 아직도 기웃거린다. 흥미롭게도 내가 이처럼 숱한 점집을 다니며 가장 위로가 되고 머리에 남는 한 마디가 있다면 이것이다. 복채 5만 원조차 거부하고 나보고 그냥 집에 가라고 했던 어느 역술인의 말. "니 인생 별 거 없어. 그리고 너 어차피 니 맘대로 할 거잖아."

참지 않는 연습

매일같이 점집을 기웃거리지만 속 시원한 답을 듣지 못했는가? 그렇다면 내가 용한 방법을 알려주겠다. 이른 새벽 미운 사람 팬티를 들고 촛불 앞에서 기도하라. 내가 아는 유명한 선녀님이 내려준 처방이다. 아! 촛불 비용 50만 원은 S은행 1X0-XX2-9XX415로 입금해주면 고맙고. 근데 이거 누구 계좌번호냐고? 흐흐, 물론 나지롱! 어차피 입금 안 될 거 잘 알고 있고, 점에 대해 내 생각은 이미 말해버렸다. "당신, 어차피 니 맘대로 할 거잖아!"

할마 할빠의
노동의 대가는 얼마일까

할마 할빠. 누군가에겐 최근 알게 된 신조어일 뿐이겠지만, 다른 누군가에겐 듣는 것만으로도 가슴 한편이 먹먹해지는 단어이기도 하다. 육아정책연구소의 〈맞벌이 가구의 가정 내 보육실태 및 정책과제〉에 따르면 조부모와 친인척의 육아 참여율은 2012년 50퍼센트에서 2016년 63.8퍼센트로 무려 13.8퍼센트포인트나 증가했다고 한다.

비단 문서상의 이야기만은 아니다. 햇살 좋은 날, 손주를 업고 나온 할아버지의 모습이나 놀이터 혹은 놀이공원에서 늙은 할머니와 옥신각신하고 있는 아이들의 투샷은 우리가 주변에서 목격하고 있는 황혼육아의 적확한 증거니까. 그리고 그런 모습을 마주할 때마다 나 역시도 마음이 자못 쓸쓸해지는 건 어쩔 수 없다. 바로 내가 그 '다른 누군가'의 한 사람이기 때문에.

기댈 곳은 친정 엄마밖에 없었지만…

나는 결혼하자마자 아기가 생겼다. 이건 축복이기도 했지만 걱정스러운 일이기도 했다. 사기업의 특성상 1년 이상 육아휴직을 낸다는 건 퇴사를 말하는 것과 같았다. 그래서였을까. 만만한 게 친정이라고, "딱 100일만 도와주세요"라고 들어간 부모님 집에 어느 순간 딸아이를 아예 맡겨버리고 말았다.

시댁은 지방에 있어 심리적 거리가 있었고, 도우미 아주머니를 구하는 것은 하늘의 별 따기였다. 특히 한국말도 제대로 못하는 조선족 분들과 수십 차례 면접을 진행하다 보면 내 속이 터지기도 했지만, "살림은 알아서 하세요. 난 이 돈으론 애만 봅니다"라고 선을 긋는 그들에게서 내 아이를 온전히 믿고 맡기고 싶은 따뜻한 정을 찾을 수 없었다. (계산은 맞되 너무 무 자르듯 냉정해서) 그러니 결국 안정성, 온정성 측면에서 최상인 친정은 내 마지막 선택일 수밖에 없었다.

하지만 문제는 곧 여기저기서 터져나왔다. 일단 남편이 그 시작이었다. 주중엔 아이를 친정에 맡겼기 때문에 주말에만 아이를 데려왔던 우리 부부. 그 때문에 몸도 마음도 편했던 나와 달리 남편은 "딸이 보고 싶다" "왜 가족이 떨어져 살아야 하냐"며 불만을 토로했다.

주말마다 짬짬이 부딪히는 친정 부모와의 갈등도 한몫했다. "김 서방, 아리는 아침에 꼭 사과를 갈아 먹여야 해" "요즘 M사 교재가 그렇게 좋다는데, 한번 시켜보지?" 등의 육아에 관한 반복된 조언들은 남편에겐 어느 순간 잔소리로 느껴졌으니까.

친정의 입장도 복잡하긴 마찬가지였다. 아이 수발에, 어느 순간 뒷전이 된 살림으로 본인들 식사 챙겨먹을 시간도 없었다. 언젠가 월차를 내고 친정에 방문해보니 집은 여기저기 던져진 장난감과 책 따위로 아수라장이었고, 얼굴은 채 씻었을까 말까 한 엄마 아빠가 딸아이를 쫓아다니면서 밥을 먹이느라 난리였다. 마치 군대가 휩쓸고 간 듯한 전쟁터 한복판에서 평화로운 건 내 아이 한 명뿐이었다. 소고기 뭇국에 계란찜, 각종 나물과 생선 반찬 식탁을 마주하고.

자식의 자식을 기른다는 것

난 가끔 그런 생각을 했다. 이 아이의 진짜 부모는 누구일까. 생리적으로 그 아이를 낳은 나와 남편일까, 아니면 아이를 키워주고 있는 친정 부모님일까. 하지만 우리가 부모의 권리를 주장하기엔 아이와 떨어져 있는 시간이 너무 많았고, 간혹 아이의 얼굴에 스크래치라도 나면 은근히 친정 부모님 탓을 하기 바빴다.

딸이 그 누구보다 삼시세끼 밥 잘 먹고, 즐겁게 놀길 바랐지만 그 역시도 나의 희생을 바탕으로 하기보다는 부모의 손에 의지했을 뿐이다. 때로는 아이의 상태와 육아 상식을 전해주는 부모에게, '얘기가 길다'며 짜증을 내기도 했다. 한편으론 고마우면서도 '생물학적 부모'인 내 영역을 침범하는 것 같다는 불만이었다.

그렇다고 친정 부모님이 내 아이에게 완벽한 부모도 아니었다. 아이에겐 누구보다 정성을 다했지만, 아이는 커가면서 엄마와 아빠를 종종 찾았다.

더하여 주말마다 아이를 데리러갈 때면, 친정 부모님은 아이 씻기기, 집안 치우기는 물론 나와 남편을 위한 식사 준비에 바빴다. 마치 '이런 환경에서 잘 지내고 있어'라며 안심시키기라도 하듯, 혹시나 딸자식 떼어놓고 신경 쓰일 우리 부부를 위해 긴장을 하는 모습이 역력했다.

결국 그 누구도 '내가 진짜 부모다'라고 주장할 수 없는 상황에서 늘 미묘한 긴장이 흘렀고, 서로가 하고 싶은 불만을 침묵으로 삼켰다. 그리고 이 상황에서 내가 유일하게 부모님께 할 수 있는 일은, 그 노력의 보상을 월급 형태의 용돈으로 챙겨드렸던 것뿐이었다. "그래, 이 정도면 됐어" 하는 스스로에 대한 읊조림과 함께.

이후, 딸아이는 세 살 무렵 직장어린이집에 들어가며 우리와 살게 되었다. 아이와 이별할 때도 친정 부모님은 별 말씀이 없으셨다. 단지 옷과 장난감, 반찬 등을 싸주시며 "할머니 할아버지가 많이 보고 싶을 거야. 자주 놀러갈게"라고 했을 뿐이다.

서로에게 너무 갑작스러운 상황이었고 난 그 상황을 제대로 수습하지 못했다. 이 말을 해야 하나, 저 말을 해야 하나 밤새 여러 생각을 하며 뒤척였지만 막상 부모님 앞에서는 그 어떤 말도 쉽게 꺼낼 수가 없었다.

결국 나는 아무 말 없이 돌아섰다. 자동차가 모퉁이를 돌아설 때까지도 자리를 떠나지 못하는 그들을 백미러 너머로 지켜보며 그저 가볍게 손을 흔들었다.

　그리고 한두 달이 지났을까. 주말에 무심코 돌린 TV 프로그램에서 한 할아버지의 사연이 나오고 있었다. 몇 년 간 손주를 키우고 떠나보낸, 한 홀아버지의 이야기였다. 할아버지는 눈에 눈물이 가득 차서 담담히 인터뷰를 이어나갔다. 손주가 떠나던 날, 마음이 너무도 허전해서 화장실에 손이라도 씻을까 하고 들어갔는데 갑자기 눈물이 마구 쏟아졌다는 것이다. 그리고 그렇게 그냥 주저앉아 한 시간 정도를 통곡했다고 한다. 가끔은 손주의 이름을 부르고, 가끔은 매정히 아이를 데리고 간 딸을 욕하면서 말이다.

　손주가 채워버렸던 시간표를 이제 지킬 필요가 없는 할아버지. "이제 무얼 하죠?" 하고 제작진에게 되묻는 그의 모습에 그만 마음이 쿵, 하고 내려앉았다.

　얘기했던 것처럼 정말 어쩌다가 틀게 된 화면이었을 뿐이다. 남편이 아이를 데리고 나간 사이, 이제 좀 편해졌다며 마루를 뒹굴다 보게 된 이야기였다. 하지만 그 여파는 너무 컸다. 어느 새 똑바로 앉아 TV를 응시하던 나는 조용히 울고 있었다. 애써 밀어냈던 가슴속 응어리가 세게 뿜어져나오는 느낌이었다.

또한 그것은 지난 2년 동안 나에 대한 합리화로, 남편에 대한 어설픈 눈치로, 애써 외면했던 내 부모에 대한 진심을 마주하는 순간이기도 했다. 단돈 몇 푼을 쥐어주는 것만으로 그들의 노력을 보상해줄 수 없음을. 그들이 잃어버린 시간과 건강을 대신해 줄 수 없음을. 그리고 무엇보다 내 아이와 나를 위해 우주처럼 정성을 쏟았던 그 마음을, 그 무엇으로도 대신할 수 없음을 절실히 깨달으면서 말이다.

할마 할빠의 노동의 대가. 빠져나간 통장 액수만큼 그 보상을 채워넣으려 했던 내 부끄러운 과거는 아직 다 청산되지 못했다. 친정은 내가 바쁠 때마다 나의 빈자리를 말없이 채워주는 분들이며, 멘붕 육아에 부닥친 나머지 가끔은 이 모든 게 너무 쓰리고 지칠 때마다 내가 찾는 제1의 구원자들이다.

애들 키우느라 바쁠 텐데 맛있는 밥이라도 사먹으라며, 아이들에게 재미있는 장난감이라도 사주라며, 내 손에 꼬깃한 돈을 쥐어주고 가는 친정 부모님께 나는 그때 그 시간의 이야기를 화해하듯 웃으며 꺼낼 자신이 도저히 없다. 오히려 텅 비어버린 듯한 이 마음의 상태를 그대로 유지하는 게 내가 할 수 있는 유일한 예의가 아닐까 한다.

한 번 더 그들을 돌아보기 위해. 한 번 더 그들을 생각하기 위해.

참지 않는 연습

할마 할빠의 실태, 그리고 그들과 소통하는 보다 현명한 방법을 알고 싶다면, 아래의 책과 다큐를 추천해본다. 나 역시도 너무 미숙하고 배워야 할 부분들이 많아 반복해서 보고 또 기억하고 싶다.

· 《네가 기억하지 못할 것들에 대하여》, 정석희, 황소자리, 2011.
· 《엄마, 내 아이를 부탁해》, 임영주, 물주는아이, 2015.
· 〈다큐 시선 — 육아 생태 보고서〉, EBS, 2017.

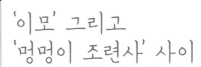

'이모' 그리고
'멍멍이 조련사' 사이

아이를 이렇게 키워야 한다는 '카더라'는 산처럼 넘쳐난다. 엄한 아버지 밑에서 자란 친구 미정이는 아이에게 "하지 마"란 말조차 하지 않는다. 그녀는 아무리 화가 나는 상황에서도 "○○아, 그렇게 하지 않아요"란 친절한 듯 두루뭉술한 화법을 사용한다.

또 다른 친구는 외동딸과 서로 존대를 한다. 무슨 말을 할 때마다 "○○님, 오늘도 그렇게 하셨어요?"라고 하는데, 옆에서 보다 보면 그게 좀 과잉 존대 같다는 생각이 든다. 그래서 내가 "굳이 '님'이란 단어를 붙여야 해?"라고 지적하면 친구는 두 눈이 시뻘게져 나를 째려본다. "너, 존중 육아란 말도 모르니? 아이는 우주야. 우주처럼 모셔야 나까지 귀해지는 거라고."

솔직히 잘 모르겠다. 방정환 선생님도 "어린이들을 귀하게 여기라"며 어린이날까지 만드셨지만, 솔직히 내 주변의 거의 모든 집은 매일이 어린이날이다. 당장 나 같은 경우도 아이들에게 별다른 나쁜 짓(?)을 하고 있지 않지만 친정 부모로부터 거의 매일같이 감시의 전화를 받는다. "얘, 애들은 절대로 혼내지 마. 무조건 예쁘다, 예쁘다 키워야 성격도 좋아지는 거야. 그게 또 아이들의 창의성을 결정하는 거라고!"

《엄마 반성문》이란 책의 저자도 친정 부모님과 비슷한 이야기를 한다. 대신 이 저자는 조금 전문적인 용어를 쓰는데, 바로 '코칭'이란 단어다. 저자는 주장한다. 아이는 무조건 '코칭'으로 키워야 한다고.

이러한 가이드는 저자 자신의 경험에서 우러난다. 저자는 아이들의 성적에 집착하는 굉장한 극성 엄마였는데 어릴 때부터 철저히 감시하며 키우다 보니 아이들이 모두 비뚤어졌다고 호소한다. 모범생이던 큰아들은 수능을 7개월 앞

두고 자퇴를 선언하고, 둘째 딸도 "이젠 자유롭게 살겠다"며 학교를 그만두었다는 것.

그러니 이 엄마는 '아이는 무조건 존중하고 기다려줘야 한다'며 코칭이란 대화의 구체적 방법까지 소개한다. 그것은 총 5단계다. 첫째, 공감(아, 네가 그랬구나). 둘째, 가능성 발견(그럼 이런 상황에선 어떻게 할까?). 셋째, 실행계획 수립(그럼 이건 어떨까?). 넷째, 장애요소 제거(이런 문제는 내가 해결해 줄게). 다섯째, 요약 및 마무리(이런 과정을 거쳐 결정했으니, 앞으로 이렇게 하면 되겠다. 참 잘했어!).

이 이야기에 감흥을 얻어 오늘도 "한글 놀이가 싫다"는 첫째 딸아이에게 한번 실험을 해보았다.

딸: 엄마, 한글 놀이 하기 싫어.
나: 저런, 한글 놀이가 하기 싫구나. 그럼 어떻게 하면 좋을까?
딸: 그냥 TV 보며 누워있고 싶은데?
나: (조금 끓어오르며) 그래, TV를 보고 싶었구나. 그럼 한글은 TV 보고 머리 식힌 후에 할까?
딸: 음, 싫어!

나: (더 끓어오르지만 일단 참으며) 계속 TV를 보면 눈도 피곤하고 머리도 아프잖아. TV 한번만 보고 같이 한글 시작하는 건 어떨까?

하지만 이 과정을 수십 번 반복해도 아이는 계속 고집을 부린다. 싫어. 됐어. 절대 안 할 거야. 난 계속 자애로운 웃음을 짓다가 결국 막판에 터지고 말았다. "지금 뭐 하는 거지? 빨리 아, 야, 어, 여 외우라고!"

"나, 엄마 말고 이모할래"

이스라엘 부모가 아이들에게 가장 많이 하는 말은 '마타 호쉐프'라고 한다. '너는 어떻게 생각해?'라는 뜻이다. 스스로 생각하고 행동하는 것을 몸에 익혀주는 교육이라나? 이런 이스라엘 교육의 원리가 '코칭'의 바탕이라던데 그 취지는 이해하겠다. 아이들의 생각을 누구보다 존중하고 기다려주라는 것 아니겠는가.

하지만 뭐랄까, 그 존중에도 예외나 한계가 있는 것 같다. 함께 책을 읽은 내 친구도 분노하며 말한다. (그녀는 여섯 살 쌍둥이 아들이 있다) "이건 책 앞에 해당 연령을 써줘야 되는 거 아니냐? 적어도 대화가 원활한 15세 이상 사춘기 자녀 전용이라고. 우리 집 애들한테 써먹어 보니 아주 날 물로 보더라."

이 지적에 200퍼센트 공감한다. 존중이란 것도 아이의 이성이 어느 정도 여물어서 대화가 될 때 가능한 것이다. "절대 글자를 익히지 않겠다"며 도망만 다니는 6세 아동에게 "아무렴, 그러시죠!"라고 웃기만 할 수 있는 엄마가 몇이나 될까. (특히 그 아이가 유치원에서 혼자만 한글에 관심이 없을 경우)

일상생활의 영역으로도 들어가보자. 슈퍼에 갈 때마다 티라노사우르스를 사달라며 벌러덩 누워버리는 두 아이가 있다. 그런데 이런 일들이 계속 반복되어도 과연 이해와 존중만으로 대할 수 있을까? 특히 장난감을 사주지 않을 경우, 집에 와서 일부러 장난감을 집어던지거나(딸아이) 거실 바닥에서 쉬야를 하고 그 물로 손장난을 하는 아이를(아들 녀석) 발견했을 때, "아! 그랬구나. 너희 마음이 정말 슬펐구나"를 너그러이 외칠 수 있을까?

난 오히려 살짝 핀이 나가 버린다. 그리고 얼굴까지 빨개져 외친다. "야! 이노무 자식들아!"

상황이 이렇다 보니, 난 "아이가 원하는 건 다 들어주라"

는 육아서적은 기피하는 편이다. 오히려 얼마 전 서점을 기웃거리다 깊은 감흥을 준 책을 발견했는데, 글자도 거의 없이 만화 위주로 구성된 애완견 조련서였다.

이 책엔 총 세 가지의 원리가 등장한다. 1) 주인의 위엄을 보여줘라. (절대 강아지와 같은 눈높이에 앉지 않는다) 2) 잘못된 행동을 할 때는 철저히 무시하라. (아무리 애교를 떨어도 절대 반응하지 않는다) 3) 착한 행동을 하면 굉장한 칭찬과 보상을 줘라. (공을 잘 물어오면 꼭 껴안아주며 맛있는 과자를 준다) 나도 모르게 이 책의 내용에 빠져들며 생각했다. 음, 이게 훨씬 더 현실적인데?

떠올려 보면 〈우리 아이가 달라졌어요〉란 프로그램에 등장하는 아동 심리학자 오은영 선생님도 비슷한 방법을 썼다. (이 프로그램엔 온갖 말을 안 듣는 아이들이 등장한다) 밥을 안 먹겠다고 떼를 쓰는 아이에게 그녀는 철저한 무시 기법을 쓴다. 다른 가족들과 조용히 식사를 하며 눈길 한번 주지 않는 것이다. 그러다 마침내 지친 아이가 식탁에 올라오면 꼭 안아준다. "잘했어. 이제 식탁에서 밥을 한번 먹어볼까?"

제압의 경우에도 강아지 조련과 유사한 방법을 사용한다. '미친 다섯 살'이란 말이 절로 나오는 남자 아이가 출연했는데, 아이가 '못돼 처먹은' 행동을 반복하자 선생님은 그 아이를 자리에 눕히고 두 팔로 꾹 제압했다. 아이는 처음엔 마구 저항을 하다가, 아무리 발버둥쳐도 벗어날 수 없게 되자 곧 양순해졌다. 그때 선생님은 단호하게 눈을 맞추며 말한다. "옳지, 잘했다. 이제 이런 행동은 그만 하는 거야."

좋은 엄마가 되는 방법엔 왕도가 없을 것이다. 하지만 '아이의 욕구를 무조건 다 들어주는 것'이 진정한 존중은 아닌 것 같다. 물론 나는 내 아이들을 깊이 사랑한다. 하지만 "엄마니까 당연히 다 수용해야지" 대신 "차라리 이모가 되겠어요"를 선택하고 싶다. 그래야 좀 한 발짝 물러서서, 조금 더 객관적으로 내 자식들을 바라볼 수 있을 것 같으니까.

그러니 내 자녀교육이란 것은 '이모와 멍멍이 조련사 사이' 어디 즈음이다. 성격이 워낙 급한 편이니 "너의 말을 무조건 들어주겠어"라며 미소 짓는 마더 테레사는 못 될 것 같고, "나는 이모다. 나는 이모다"를 반복하며 떼쓰는 속사정만은 한번쯤 들어줄 생각이 있다.

하지만 또 언제까지나 통 큰 이모가 되어줄 수는 없지 않은가. (나도 좀 살아야 하기에) 매일 로보카 폴리를 사내라고 울어대는 아이에게, 매일 호텔을 방문하겠다고 길바닥에 드러눕는 아이에게 "아, 그렇구나"라며 마냥 들어만 주는 것은 좋은 해결책이 될 수 없을 것이다. 이럴 때 나는 있는 힘껏 아이의 두 손을 잡는 강아지 조련사가 되어본다.

"얘야, 안 돼. 매번 원하는 걸 다 살 순 없지. 사고 싶은 것이 있다면 앞으로 계획을 세워보겠니? 참, 생각해보니 이 참에 용돈을 모아보는 건 어때? 엄마도 잘하지 못한 재테크를 지금부터라도 네가 한번 실천해주련?"

참지 않는 연습

강아지 조련 전문가로 유명한 강형욱 훈련사도 육아는 쉽지 않다고 털어놓았다. 그러니 우리의 말빨이 먹히지 않더라도, 우리의 뜻대로 아이가 제재되지 않는다 해도, 쉽게 좌절하거나 포기하지 말자.

강형욱 훈련사는 말한다. "개들은 1년이면 다 키우는데, 내 아이는 16개월이 지났는데도 아직이다." 30개월, 60개월의 두 자녀를 키우고 있는 나는 그의 말에 솔직히 '허걱'했다. "우리 집 강아지들은 도대체 언제까지 키워야 인간이 될 수 있을까?"

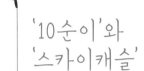

'10순이'와
'스카이캐슬'

"그러니까 이건 '아' 자가 아니라 '10'이잖아. 여섯 살이면 자기 이름 정도는 쓸 줄 알아야지. 시우 봤지? 걘 벌써 책도 술술 읽던데, 도대체 어린이집에서 뭘 하는 거야?"

키즈노트를 본 게 화근이었다. (키즈노트는 매일 어린이집에서 사진과 함께 보내주는 온라인 알림장이다) 다른 아이들이 모두 칠판에 정확히 본인 이름을 쓰는 반면, 우리 아이 혼자 엉뚱한 그림을 그리고 있었다. 그것도 '아리'란 이름 대신 '10순'이란 좀 모자라 보이는 이름으로!

한글 교육이란 건 하면 할수록 속 터지는 일이었다. "아리야! 또 틀렸잖아!" 어느새 눈은 충혈되고 목소리는 잠겼다. 속에서 끓어오르는 불을 참느라 후, 하고 한숨을 쉬었더니 옆에서 놀고 있던 네 살배기 아들이 이런 말을 한다. "엄마는 위 올 라이^{We all lie}야!"

"위 올 라이~!" 순간 살짝 올라가는 음계의 노래가 귓가를 맴돈다. 이것은 대한민국 상위 0.1퍼센트의 치열한 입시전쟁을 담은 드라마, 바로 〈SKY 캐슬〉의 OST? 한때 나도 이 드라마에 푹 빠졌었는데 특히 입시전문가에 가까운 한서진_{염정아 역}에게 감정이입을 했었다.

"예서야, 서울 의대를 가야 네 인생 펴는 거야_(그럼, 맞는 얘기지)."

"쓰앵님, 우리 예서 꼭 내신 1등급 받아야 해요_(돈 있으면 나도 부탁하고 싶다)."

"_(예서 싸가지 없다는 친구의 말에) 이게, 아갈머리를 확 찢어버릴라_(오, 우리 어머님 호통 보소!)."

내 새끼를 위해 물불 안 가리는 그녀의 모습은 기똥찬 라이딩 실력만큼 공감이 갔다. 아무리 세상이 바뀌었다지만 솔직히 공부를 기본으로 잘해야 인정받는 게 우리 사회 아닌가? 그러니 "이 정도 공부해야 예서도 나만큼 살 수 있다"고 주장하는 한서진의 외침은 대한민국 엄마들의 욕망을 저격하고도 남았을 것이다. 이 때문에 입시 과열을 비판하며 "이렇게 하는 게 정상이니?" 하고 한서진에게 일침을 놓는 이수임^{우주 엄마, 이태란 역}이 등장할 때마다 나는 나도 모르게 한 손에 들고 있던 오징어를 던지고 싶은 충동을 느꼈던 것이었다. "꺼져! 네 자식은 잔소리 안 해도 스스로 공부를 잘하니 그런 거잖아!"

감히 말하건대, 불안하지 않은 부모는 없다

아무튼 둘째 녀석의 '위 올 라이' 발언 이후, 자식교육에 대해 많이 생각하게 되었다. 여섯 살, 네 살 두 아이의 엄마로서 내 자식들에게 바라고, 해주고 싶은 것은 무엇인지. 그리고 그게 정말 맞는 것인지 등. 그래, 이것은 일종의 진실게임이다. 교육에 대한 욕망을 탐색해보는 일종의 거짓말 탐색?

일단 '부모의 이기심' 부분에선 절대 거짓말을 하고 싶지 않다. 자식이 공부를 잘하면 당연히 좋은 거지, 왜 안 좋겠나? 그 아이가 판검사가 되든 아이돌이 되든, 일단 공부를 잘 한다는 건 절대적으로 유리한 일이다. 그런데 가끔 어떤 부모들은 이 '이기심'에서조차 거짓말을 한다. 개중엔 "한글을 늦게 배울수록 창의적이다"며 해탈에 가까운 듯한 논리를 전파한다. 하지만 늦게 익힐수록 좋을 건 또 무언가. 그리고 요즘 애들이 어디 한글만 배우나? 차라리 영어와 한문까지 하느라 한글이 늦는다는 발언이 더 솔직한 게 아닐까? 그러니 이기심 자체는 나쁜 것이 아님을 그냥 인정하자는 거다. 너무 착한 척 말고.

하지만 난 아이의 교육에 대해 '절대 불안하지 않다'는 거짓말은 하고 싶지 않다. 충분히 불안하고 가끔은 너무 불안해 미칠 지경이다. 당장 〈SKY 캐슬〉을 본 이후에도 "상위 0.1퍼센트 아이들은 저렇게 살고 있군"이라며 씁쓸히 곱씹게 되고, 나는 왜 부자 부모가 아닌가 자책하기도 한다. 내가 돈이 많았다면 아이를 오전 8시부터 오후 6시까지 어린이집에 풀로 맡기는 일은 없었을 것이며, 주중엔 아이와 문화센터도 다니며 더 고상하게 살 수 있었을 텐데.

그러니 나도 잘 안다. 내 후달리는 시간과 비용의 불안감을 아이에게 윽박지르고 있다는 것을. "그러니까 네가 좀 특별히 잘 해줬음 좋겠어!"란 참 어려운 주장을 에둘러 화로 표현하고 있다는 것을.

동시에 계속 화를 내보니 알겠다. 화를 내서 아이가 나아질 수 있다면 백 번, 천 번이라도 더 화를 내겠지만 아이는 화를 낼수록 엉뚱한 곳으로 튀어버린다. "자, 한글 놀이 해야지" 하는 말에 "나 갑자기 배가 아파" 해버린다거나, "그건 놀이가 아니잖아. 공부시키려는 거잖아"라며 메롱 하고 도망가버린다. 그리고 결정적으로 내가 어떤 사람인지 아이는 자신의 '놀이 화법'을 통해 적나라하게 보여준다. "(분홍색 토끼 인형에게 인상을 팍팍 쓰며)너, 이거 외우라고 했지? 몰라? 아직도 몰라? 나 참 속 터져서."

그 장면은 언젠가 내가 들은 인기 강사 김창옥 씨의 말이 생각나게 했다. "고집 센 우리 어머님들은 자식들에게 가끔 이상한 방울뱀 소리를 내요. 너 이거 내가 하랬어? 하지 말랬어? 스읍!"

그 후에도 딸아이의 이름 쓰기는 나아지지 않았다. 그리고 방울뱀 소리까지 방전되어 "더 이상 못해먹겠다"는 말이 나온 어느 날, 〈영재 발굴단〉이란 프로그램을 보게 되었다.

아, 나 이거 알지. 절대 음감 피아노 영재, 국보급 수학 영재 등, 잘난 아이들은 죄다 출연해 위화감을 조성하는 바로 그 프로그램? 그런데 보다 보니, 이번엔 좀 달랐다. 영어를 잘하는 영재 편이었는데 이상하게 아이보다 엄마에게 더 눈길이 갔다. 그녀는 나처럼 워킹맘이었는데 아이만큼 영어 실력이 출중했다. "원래 영어를 잘하셨나요?"란 제작진의 질문에 그녀는 말했다. "아뇨. 저도 아이와 함께 영어 동화를 읽고 공부하면서 이렇게 됐죠."

순간 뒤통수를 탁, 얻어맞은 것 같았다. 아이의 공부 방식을 고민하고 함께 성장하는 엄마라니! 매일 동화책을 읽어주고 잔다는 이 엄마의 하루는 아이가 잠든 이후에도 계속됐다. 공룡 책을 읽다가 "화산 실험을 하고 싶어!"라는 아이의 말에 밤늦게까지 실험법을 검색하는 모습은 또 한 번의 쇼킹이었다. 그리고 그 다음 날, 실제 실험에 성공하며 행복해하는 둘의 모습은 내겐 얼마나 큰 부끄러움이었던지. 어쩐지 그 위로 자꾸 어른거렸다. 한글 쓰기를 하며 화를 내던 내 모습과 이상하게 위축됐던 여섯 살 딸아이의 큰 눈망울이. 한글을 어떻게 가르치면 좋을지 고민도 하지 않으면서 방울뱀 소리만 버럭 지르던 내 모습이.

이거 하나는 확실한 것 같다. "최소한 내가 엄마로서 최선을 다하고 있다"는 거짓말은 하지 말자는 것. 그것은 내 기준에서 나의 힘듦에 대한 징징거림은 될 수 있을지언정, 절대 아이 입장에서의 최선은 아닐 것이다. 이건 어릴 적 나를 떠올려봐도 그러하다. 다섯 살 때였나? 영어 단어를 외우라는 엄마를 피해 도망가며 난 이런 생각을 했던 것 같다. "아 진짜. 우리 엄마는 왜 벌써부터 이 난리야?"

노래 〈We All Lie〉의 가사는 말한다. 'We all lie. … People cheat each other, right? 우린 모두 거짓말을 해. … 속고 속이는 게 인생이 잖아?'

이토록 냉혹한 현실에서 꿈을 이루는 것은 만만치 않을 것이다. 감정이 상하게 되는 일들도 상당히 많을 것이다. 하지만 그 힘든 길을 서로 존중하며 손잡고 갈 수 있다면 그 과정만은 좀 더 즐겁지 않을까? 같이 공부하고, 성장하고, 그렇게 쭉 감정을 나누고.

근데 딸아! 엄마는 사실 '서민판 한서진'이야. 나 절대 **뼛속까지 착한 엄마는 아니다?** 일단은 더 노력할게. 네가 공부에 관심을 가질 때까지 기다려주고, 그 길을 좀 더 잘 헤

쳐갈 수 있게 같이 연구도 해보고.

근데, 딸아! 이왕이면 좀 잘했으면 좋겠다. 엄만 절대 1등 반대하는 사람은 아니에요. 그리고 이왕이면 1등도 돈 안 들이고 하면 좋지. 사교육비도 아끼고 돈도 모으고 좀 좋아? 아, 물론 절대 부담감은 갖지 말고. 절대 뭘 꼭 해내라는 말은 아니고. 그냥 지금부터 같이 시작해보는 거야. 오케이?

참지 않는 연습

나는 유독 '공부하라'는 엄마의 말을 싫어했다. 둘째라서 그랬을까? 언니를 끼고 한글이며 영어를 가르치는 엄마의 등 뒤로 몰래 '메롱'을 하기 일쑤였다. 여섯 살 땐 가출을 꿈꾸기도 했다. 멕시코에 보물을 찾으러 가겠다며 이모에게 출발 전 롯데리아에서 햄버거나 사달라고 했는데 ("이모, 난 공부가 하기 싫으니 보물을 찾아 떠나겠어") 이모가 엄마에게 이르는 바람에 현관문 앞에서 잡혀버렸다.

그런 내가 "제발 한글 좀 하라"며 딸에게 소리를 지르고 있으니 인생은 돌고 도는 것 같다. 나도 안다. 좀 적당히 해야 애가 스스로 뭘 하고 싶어 한다는 걸. 그러고 보니, 언젠가 우리 엄마가 말한 저주가 생각나네. "야, 너랑 똑같은 애를 낳아 한번 키워봐라. 내가 얼마나 고생했는지 알고 정신 차리게."

아버님은
참 위대하시다

내가 늘 뭔가를 끄적거리고 있으면, 지켜보던 남편은 말했다. "남편 얘기도 좀 써줘. 이왕이면 가사를 잘 돕는 멋진 아빠로 말이야."

그에 대한 답으로 이번 에피소드를 쓰기 시작했다. 남편은 그의 말처럼 빨래, 청소, 요리 등 가사 일을 참 잘한다. 일단 참을성 측면에서 '더러운 걸 두고 보지 못한다'는 장점이 있고, (저녁 11시에 퇴근해도 새벽 1시까지 빨래를 널고 잔다) 미식으로 다져진 입맛은 죽어가던 북엇국도 살려낸다. 또한 섬세함과 힘의 조합은 푸석했던 바닥도 윤기 있게 만들어주니, 아마 객관적 능력으로만 따지면 '남편이 살림을 더 많이 하는 것'이 가정 경제에 더 효율적인 일일 수도 있다.

하지만 내가 남편의 위대함을 다소 위대하지 않게 말하고 싶은 포인트는 그 다음 등장한다. 남편은 가끔 웃으면서 이렇게 말했다. "얼마나 좋아. 당신이 해야 할 일들을 내가 이렇게 열심히 도와주고 있으니까."

"…………."

잠시 할 말이 없어 침묵했다. 이렇게 웃으며 훅 들어오는 말엔 어쩐지 뇌가 멍해지는 기분이다. 그래서 냉수도 마시고, 산책도 하며 생각을 정리했는데, 덕분에 지금 난 굉장히 차분하고 이성적인 상태임을 밝힌다.

함께 가사 일을 하는 그의 노력은 정말이지 고맙다. 정말, 정말이다. 하지만 번번히 "내가 할게" 대신 "내가 도와줄게"라 말하는 표현만은 영 껄쩍지근하다. 나는 남편보다 손톱만큼도 살림을 더 잘하진 않지만 (웃은 뱀의 허물처럼 벗으며, 설거지 그릇에도 미끈한 기름을 모셔두지) '가사 일은 기본적으로 여자가 하는 것'이란 남편의 생각은 솔직히 좀 짜증난다. 나의 프레임으로 해석하면, '남편의 자부심 = 남편의 과시'로 느껴져서 늘 그의 말이 거슬리는 것이다. "나는 대한민국 평균 남자 이상이야." "이렇게 도와준다는 걸 친구들도 알아?" "어때, 다들 부러워하지?" 그럴 때마다 반감이 든다. 엑! 정말 어쩌라고!

물론 나는 가끔 주변에 남편의 말을 전한다. "이번 주에 제 남편이 집안 빨래와 설거지를 세 번 했는데, 대한민국 평균 남자 이상이라며 주변에 좀 홍보해달라 하더군요." 그러면 그에 대한 지인들의 반응도 놀랍다. "어머! 자상하기도 하지." "좋겠다. 남자가 일도 많이 도와주고." "우와! 청소, 빨래, 그리고 요리까지?" 그들이 '남편이 내게 시혜한 도움'을 한 목소리로 칭찬하는 사이, 나는 속으로 다른 생각을 한다. '그럼 내가 일하는 건 왜 아무도 칭찬 안 하죠? 나도 설거지 하고 빨래 개고 욕실 청소도 하는데. 내가 한 일은 그냥 당연한 것이고, 남편이 한 일만 굉장히 대단한 일이 되는 건가요?'

우리가 무의식적으로 받아들이고 있는 고정관념은 무섭다. 이처럼 '위대한 엄마'가 되는 것은 어렵지만, '위대한 아빠'가 되는 것은 상대적으로 쉬운 일이니까.

그건 마치 "나 설거지 했쪄요"를 여자가 SNS로 인증하면 '웃기고 있네'가 되지만, 그 반대의 경우엔 좋은 남편, 자상한 아빠란 타이틀을 칭찬딱지처럼 획득하는 일 같다. 사실 우리 집이 깨끗하거나 맛있는 음식이 많으면 가족 구성원 모두에게 좋은 일 아닌가. 하지만 왜 '우리'를 위해서 행해지는 일들이 굳이 '여자의 일을 도와주는 것'이며 '칭찬되어야 하는 일'로 포장되는 걸까. 굳이 그런 생각을 꺼내지 않아도 내 남편이 나와 함께 노력하고 있다는 사실만으로도 더 든든하고 최선을 다해 노력할 텐데.

남녀 가사 분담에 대해서는 얼마 전 이런 기사를 본 적이 있다. "아내와 남편의 연봉이 동급인 경우, 왜 가사 분담이 50 대 50에 이르지 않느냐"는 비판적 내용이었다. 맞벌이를 하는 입장에서, 그리고 많지 않은 월급을 비슷하게 벌고 있다는 점에서 한번 정도 주목해볼만한 내용이었다.

하지만 사실 난 '연봉에 비례해 정확히 가사 분담이 이루어져야 한다'고는 생각하지는 않는다. 집안일이란 것이 그렇게 수학적인 계산으로 무 자르듯 해결될 수 있는 것이 아니다. 아내가 지칠 땐 남편이, 남편이 피곤할 땐 아내가, 서로서로 '눈치를 보며' '적극적으로 배려를 해주는 것'이 가사의 본질 아닐까? '검은 머리 파뿌리 되도록 살아가라'는 결혼 서약은 결코 여자에게만 강요되는 것은 아니었을 것이다. 그것은 남편과 아내가 모두 가정을 충실히 가꿔가라는 '애정과 헌신'의 정신이 아니었던가?

그 많던 여학생들은 어디로 갔는가

미국의 여성 저널리스트 제시카 발렌티Jessica Valenti는 지적한다. "여성의 일과 삶을 주제로 한 담론들은 여성이 일과 가정살림을 어떻게 '조화'시키고 있는가에만 주목하고 있다"고.

이렇듯 일과 가정을 '조화'시키는 역할이 '슈퍼우먼'이란 새로운 신화까지 만들어내는 오늘, 여성들은 마치 그 슈퍼우먼이란 목표를 향해 달려야 할 것 같은 부담을 안고 살아간다. 이 때문에 가사, 양육에 대한 문제가 불거질 때마다 죄책감을 갖는 쪽 역시 여성이다. 워킹맘은 워킹맘대로 직장에 다녀서, 전업맘은 전업맘대로 가정에만 있었는데, 하는 식으로 자신의 존재감이나 노력을 스스로 격하시키는 것이다.

난 회사에서 전화를 받을 때가 많다. "지금 어린이집인데,

애가 다쳐서 빨리 오셔야 할 것 같아요." 늘 이럴 때 달려가는 쪽은 나다. 상사의 눈치를 보며 차 키를 집어 들고, 부리나케 액셀을 밟아 다녀오면 언제나 마음속엔 깊은 눈치와 허망함이 남는다. 아이의 사고와 회의가 겹치는 날은 "제발 좀 와달라"며 남편을 부르지만 "당신이 엄마니까 얼른 가봐"가 열 번 중 여덟 번이었다. 피치 못할 사정으로 남편이 대신 간 날엔 "내가 이렇게 좋은 남편이야"란 말을 몇 번이고 반복해 들어야 했다.

이처럼 '가사와 양육'의 1인자가 여성으로 포지셔닝되면서, 자연스럽게 '경제적인 능력'에서는 여성이 2인자가 되어버린다. "여자는 그저 애들 잘 키우며 반찬값 정도만 벌면 되지"라는 생각은 여전히 우리 사회에 고착되고 있는 논리다.

〈그 많던 여학생들은 어디로 갔는가〉라는 문정희 시인의 질문처럼, 세상은 확실히 나아졌지만 일상은 아직도 수상하다. 대한민국 여성의 삶을 현실적으로 그려낸 책《82년생 김지영》의 주인공 김지영도 이와 같았다. 고만고만한 전셋집 살림, 맞벌이를 해야 하지만 자녀가 생기며 지영 씨는 가정살림을 도맡는다. 살림과 양육 비용을 계산할 때 '여자가 집에 있는 게' 나아서다.

절대 계산 같은 것은 하고 싶지 않았지만, 상황이 이렇다 보니 한번 꼭 따져보고 싶다. '위대한 아버님'을 내세우기 전, 우리가 기억해야 할 것은 '계속 손해 보는 어머님'이라고. 〈차이나는 클라스〉란 프로그램에서 사회학자 오찬호 박사가 한 말이 생각난다. "사회가 줄타기를 하고 있는데, 그게 너무 남성 쪽으로 기울어져 있어요. 그러면 여성이란 쪽에 힘을 실어서 평균을 맞추는 게 당연하지 않나요?"

아버님들에게 섣불리 '위대하다'는 찬사를 보내고 싶지 않다. 가사, 양육에 관한 책임이 모두에게 공평한 무게로 느껴지는 그날까지 그 칭찬을 조금 아껴두고 싶다. 칭찬의 논리로만 무장된 사람은 조금만 손해를 봐도 화를 내지 않던가.

"내가 이런 것까지 할 시간이 어디 있어?" "평소에 많이 도와주니 이런 것까지 시키려 하는 거야?" 하고 으르렁 이빨을 드러낼 수도 있겠지. 그러니 조금만 그 칭찬을 미뤄두자는 거다. "여자는 언젠가 집에 있을 사람들이잖아"라는 엉덩이 몰아내기 작전 대신, "여자들은 우리와 함께할 사람들이지"라는 '엉덩이 붙이기 작전'에 보다 발전적인 계획이 수립 되는 그날까지.

참지 않는 연습

우리 집은 가사와 육아를 어떻게 분담하고 있을까? 아내와 남편이 둘러앉아 빈칸을 채우고 누가 먼저 빙고를 외치는지 실험해보자.

	욕실 청소	고지서 담당		다림질
빨래	쓰레기 버리기		장보기	
방 청소		설거지		
			아이 등원(등교)	
가계부 정리	아이 하원(하교)			요리

제가 왜
동태전을 부쳐야 하죠?

〈맘스라디오〉란 인터넷 라디오 프로그램이 있다. 초보 엄마, 경력단절 여성 등 엄마들이 직접 만든 프로그램답게 주제도 꽤 다양하다. 자녀교육, 자기계발, 재테크, 독박육아에 대한 한탄 등, 그녀들의 수다를 듣고 있으면 속 안의 응어리가 쑥 내려가는 느낌이다. "어머, 당신도 그랬나요?" 하며 잃어버린 우리 언니 혹은 동생과 맘껏 수다 떠는 느낌이랄까.

그중 가장 재미있게 들었던 에피소드는 '동태전, 니가 부쳐'였다. 명절이 전혀 기쁘지 않은 며느리들의 진심이 리얼

하게 표현된다. "왜 전 하나 부치는 게 우리의 능력이죠?" "산 사람의 고충보다 죽은 사람에 대한 예의가 더 중요한가요?" 하지만 주걱까지 들고 시위하듯 말한 그녀들의 결론은 어느새 현실 세계로 돌아온다. "여러분, 이번 연휴도 잘 버티세요. 일단 부치고 와서 얘기합시다."

수다는 끝나도 여운은 남는 법이다. 나에게 제사, 차례란 단어는 낯설지 않은데 아버지가 외동아들이었기 때문이다. 엄마는 30년 간 동태전을 부쳤고, 언니와 나는 기름 냄새에 헛배가 불러가며 엄마를 도왔다. 아빠는 가끔 어이없는 말씀을 하셨다. "상차림이 이거 밖에 안 돼?" "반찬 위로 젓가락 없는 건 언제 다했지?" 어느 날 부모님은 대판 싸웠고 더 이상의 제사는 없어졌다. 이후엔 아빠 혼자 절에 기도를 드리러 가셨다.

제사나 차례를 간소화하는 문제는 명절을 장식하는 고정 뉴스이기도 하다. '요즘 세대는 차례를 콘도에서 모신다고 한다' '그럼에도 불구하고 전통을 고수하자는 목소리가 있다' 하는 단신 일색이다.

하지만 난 기사의 접근 방식부터 맘에 들지 않는다. 이건 여성의 선택 문제로 해석되어야 하는 기획기사다. 내 의사가 개입되지 않은 상황을 맞이했을 때, '예스 혹은 노를 외칠 것이냐' 하는 의지의 문제다. 프레임 자체를 남성 쪽에 두고 얼마만큼 기쁘게 받아들일 것인가를 말하는 건, 그야말로 어불성설이다.

내 남편은 장남인데 결혼 이후 이런 말을 하곤 했다. "난 꼭 제사를 모셔야 해. 그러니 제사를 지내지 않는다는 말은 하지 않는 게 좋아." 바로 이런 경우가 전략을 잘못 짠 대표적 케이스다. 일명 '묻지 마 전략'으로 의무감을 강조하는데, 이런 강압적 태도를 마주할 때 나올 수 있는 말은 오직 하나다. "난 이씨고 당신은 김씨인데, 내가 왜 김씨 제사를 당연히 모셔야 하지?" 동태전을 부치기 싫은 건 세대의 변심이 아니다. 우리 모두가 얼마만큼 이성적, 감성적으로 설득될 것인가의 인간적인 문제다.

결혼을 일찍 해 10년 간 제사를 지낸, 그것도 한 달에 두 번을 지낸 내 친구는 이런 말을 한다. "차라리 고아랑 결혼할 걸 그랬어. 아님 기독교로 개종하든가 해야지." 워킹맘인 그녀는 제사로 발생하는 문제 때문에 심각하게 이혼을 생각하고 있는데 시대의 강압과 남편의 모르쇠가 주요 원인이다. 한번은 쿠데타를 일으켰다가 혼자 바보가 되었다고 했다. "이번 제사는 가지 않겠다고 동서랑 약속했는데, 알고 보니 나 몰래 시댁에 갔지 뭐야." 남자의 의식도 문제지만, 이렇듯 여성끼리의 협동도 쉽지 않은 게 현실이다.

요즘 전 세계적으로 양성평등이 이슈가 되고 있는데, 그중 'Fearless Girl두려움 없는 소녀'이란 설치물이 칸 광고제에서 수상을 했다고 한다. '여성의 날'을 기념해 세워진 이 소녀상은, 월가의 상징인 황소상의 '거기'를 째려보듯 대치하고 있다. 설치물에 대한 SNS상의 반응도 뜨겁다. "이건 남성 중심 사회에 대한 정면 공격이다" "여성들이여, 보이지 않는 벽을 허물어라" 등. 소녀상의 설치 배경과 과정, 그 결과를 담은 동영상의 조회 수도 꽤 높은 편이다.

이 작업을 지켜보며, 한때 광고쟁이었던 내 상상력에도 큰 자극이 되었다. 만약 제사에 관한 논란을 영상으로 담으라면 'The War, 동태전戰'이란 제목으로 이런 스토리텔링을 할 수 있을 것 같다.

고아와 중매를 원하는 여자들이 많아지고, 결혼을 앞둔

여자들의 기독교 개종이 줄을 잇는다. 하지만 그 흐름에 끼지 못한 기혼 여성들은 무지하게 괴로워한다. (시간 스킵 되고) 갑자기 비장한 얼굴이 된 아줌마들. 그들은 동태를 하나씩 들고 광장에 집결한다. 저 멀리 그들과 대치할 적군이 눈에 띈다. 알고 보니 적군은 제사의 주인공인 조상신들이다. 북이 울리며 마치 〈반지의 제왕〉 같은 전쟁의 서막이 알려진다. 이어 마무리 카피 등장. "일면식도 없는 이들의 싸움은, 과연 누가 만들었을까?"

전 부치라면 부칠 수 있어, 다만…

모든 사회문제의 시작은 '일방적 해석'에서 비롯된다. 동태전에 대한 싸움 역시 마찬가지다. 당사자와 일면식도 없는 조상신에 빙의해 "그들이 원하니까"를 우격다짐처럼 외치지 말자. 제사의 유지가 필요하다면 뜻만 남기고 절차를 간소화할 수 없는지 살펴보라. 그도 아니라면 그 의미를 보다 바로 세울 수 있도록 가족 간의 협업과 존중 의식을 보일 때다. "너는 우리 집에 시집 온 며느리니까 당연히 일해야지"라며 의무를 떠넘기는 얕은 수는, 서로의 화병만을 돋울 뿐이다.

따져보면 왜 굳이 명절 때 시댁부터 가야 하는 것일까. 그리고 왜 시댁은 그걸 너무도 당연하게 여기는 것일까도 생각하게 된다. 고려 시대엔 여자의 사회적 위상이 남자와 동등했고 심지어 데릴사위제가 있었다고 한다. 재산도 동등하게 상속받았다. 그런데 조선 후기 성리학이 들어오면서부터 우리의 전통은 오직 이 '조선 후기의 폐습'만을 바라보고 있다. 바라건대 나는 우리의 의식 있는 조상신들이 저 하늘에서 꽉 막힌 조선 시대 성리학자들과 싸워주길 바란다.

"아니 왜 근본 없는 중국의 풍속은 받아들여서, 내 후손들을 쓸데없이 괴롭히시오?!"

까짓 거, 동태전은 얼마든지 부쳐줄 수 있다. 아픈 팔에 파스를 붙여가면서라도 부치라면 얼마든지 부칠 수 있다. 하지만 동태전을 부치는 것은 '능력의 문제'가 아니다. 사람을 움직이게 하는 건 '왜 그것을 해야만 하는지에 대한 설득과 이해의 문제'인 것처럼, 왜 며느리만 이 반복된 노동을 해야 하는지 이제는 답을 얻고 싶다. 그리고 굳이 일해야 할 상황이라면 적어도 그에 대한 인정은 얻었으면 한다. "아가, 아가도 우리 가족이다. 이렇게 시간 내 일을 해주어 정말 고맙다"는 인간적인 위로 말이다.

힘들게 일을 하면서도 눈치 보는 세상. 힘들다는 말 자체도 '며느리'이기 때문에 하지 못하는 일상. 세대는 바뀌지만 구습은 변하지 않고 있다. 우리가 왜 동태전을 부쳐야 하는지, 이제는 모두가 그 답을 얻었으면 한다.

참지 않는 연습

동태전 부치기 싫은 며느리를 위한 여러 가지 방법을 제안한다.

· 전통시장에서 전을 예약해둔다. (우리 동네는 한 팩에 만 원)
· 이젠 '모둠전'도 마트 냉동식품으로 판다. 피X크 대강추!
· 그들이 나를 포기하게 만들자. 음식을 크게 망쳐서 부엌을 탈출한다.
· 그냥 전 부치기 싫다고 벌러덩 누워 말해본다.
· 시댁 어른들과 '전 부치기'에 대한 끝장토론을 시도해본다.

뭐, 그 어느 것도 딱히 정답이라 말할 수 없을 것 같다. 이건 어디까지나 당신의 눈치, 코치, 그리고 담력에 맡겨볼 일!

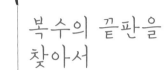

복수의 끝판을
찾아서

세상에서 가장 은밀하고 치졸한 싸움은 부부싸움이다. 디테일을 모두 말할 수 없어 은밀하고, 복수를 위한 각종 유치한 방법이 동원되기에 치졸하다. 덧붙여 나는 '뒤끝이 좀 많은 성격이라' 다른 싸움은 못 이겨도 이 싸움만은 꼭 이기고 싶다는 생각을 하고 산다. 스포츠로 따지면 '한일전' 같은 느낌인데, "너만은 꼭 부숴버리고 말겠어" 하는 비장한 각오가 있다.

가끔 미혼 친구들이 묻는다. "결혼하면 왜 싸워?" 음, 이유가 굉장하진 않다. "빨래가 너무 많다" "똥 기저귀 좀 갈아

줘" 하는 말다툼으로 시작했다가 각자 자존심에 불이 붙으며 싸움이 커진다. 서로의 단점 들추기, 과거로의 시간여행, 다시 떠오른 안 좋은 기억, 상처를 건드리는 판도라의 상자까지. 나와 남편 사주의 핵심은 둘 다 화火라는데, 한마디로 화병 환자들끼리 싸우는 거다.

싸움을 반복하다 보니 '통쾌하게 복수하는 법'에 대한 내 연구도 진화하고 있다. 용서, 이해 등의 단어는 잠시 미룬다. 그런 지혜는 체력이 다 하는 날, 절로 찾아올 것이다. 지금은 내 안의 불을 끄는 일이 더 시급한데 그런 의미에서 그간의 연구를 공유하며 집단지성을 찾고자 한다.

말빨 vs 말빨

처음엔 말로 복수했다. 되로 주고 말로 받는다는 속담을 응용해 '되로 받고 말로 주는' 말싸움을 유치하게 이어갔다. 가령 상대가 "바보"란 단어로 공격하면 "논리는 없고, 목소리만 큰 완전 바보"라고 받아치는 식이다.

이 공격의 묘미는 말을 내뱉는 순간 참 후련하다는 것인데, 상대의 역공이 계속되면 끝말잇기처럼 싸움이 늘어진다는 단점이 있다. 게다가 상대가 내 말을 듣지 않고 "엘렐렐레" 하며 귀를 막으면? 정말 제대로 엎어치기 당하는 거다. 분노가 정수리를 콱콱 찌른다.

공격 난이도 ★	공격 효과성 ★★
평가 소모적 공격만 반복하다 더 큰 상처를 입을 수 있음	

물건 집어던지기(feat. 집안 살림)

난 아이가 화가 났을 때 땅바닥에 구르는 심정을 이해한다. 말로는 안 되니 행동으로 표현하는 거다. 한번은 싸우다가 너무 약이 올라 남편이 아끼던 스탠드를 발로 확 찼다. 와장창, 조각난 스탠드. 대학시절부터 10년 이상 함께한 물건이었기에 상대의 충격은 컸다. 애인을 잃은 듯한 그 멍한 표정이라니. 무지하게 고소했다.

하지만 문제는 후속 응용이 쉽지 않다는 거다. "으으" 하며 후려칠 것을 찾다가 "비싼 거 깨트리면 어쩌지?"라는 본전 생각이 들 때가 있으니까. 그리고 이렇게 계산이 개입되는 순간, 후속으로 이어지는 행동은 뭔가 소극적이고 위협적이지 않다.

| 공격 난이도 ★★ | 공격 효과성 ★★★ |

| 평가 | 지속적 활용이 난감함. 더 강한 자극을 찾아야 하는 어려움. 비용 감당의 난제가 있음 |

아끼는 물건 숨기기

나에게 한 방 먹었을 때 남편의 '텅 빈 동공'이 잊히지 않았다. 한 사람의 정신적인 충격은 애정과 비례한다는 사실을 그때 깨달았다. 서둘러 머리를 굴렸다. 그의 애정, 그의 관심…. 오, 그의 시계가 있었군! 서둘러 결혼 예물로 선물한 고가의 시계를 숨겼다. 매일 허술하게 옷장 위에 두는 걸 치밀하게 노렸다.

"혹시 내 시계 못 봤어?"라며 안색이 변한 남편. 어! 그건 내 옷장 안 코트 주머니 속에 있지. 하지만 절대 알려주지 않는다. "아니, 모르겠는데?" 난 시치미를 뗀다. 허둥지둥하는 남편을 지켜보며 십 년 묵은 체증이 쑥 내려가는 것 같다.

| 공격 난이도 ★ | 공격 효과성 ★★★★ |

| 평가 | 혹시 발각되면 나만 우스워진다. 한두 번 실행으로 충분함 |

지속적이고 장기적인 주문

주문의 효과를 믿는가? 만약 '주문'이 전혀 효과가 없는 것이라면 시크릿 법칙, 데스노트, 각종 영험한 부적 등은 대중에게 회자되지 않았을 것이다. 주문의 핵심은 간단하다. 적에 대한 집요하고, 집요하고, 또 집요한 공격. 한마디로 주문의 효과는 단기적 '쇼부'가 아닌, 장기적 결과를 기다릴 인내심이 있을 때 가능하다.

난 내가 바라는 복수를 온 우주에 간절히 빌어본다. "제발, 남편이 다음 생엔 여자로 태어나 보수적인 남편과 시댁을 만나 애 다섯 낳고 독박육아 하길 바랍니다." 난 혼자 중얼대고 낄낄댄다. 생각만 해도 통쾌하네. 문제는 주문의 성사 여부를 다음 생에나 확인할 수 있다는 것.

공격 난이도 ★	공격 효과성 X
평가 생각만 해도 무지하게 후련하지만, 그저 생각에만 그칠 수 있다는 단점	

언젠가 이 이야기를 결혼 10년 차 유부녀 친구와 주고받은 적이 있다. 그녀는 내 방법에 공감도 하고 혀를 차다가 한마디 했다. "넌 그래도 애정이 있나 보네. 난 남편이 들어

오면 오나보다, 나가면 나가보다 그러고 산다." 마음을 비운 듯, 현자의 표정으로 이야기하는 그녀의 말을 들으며 생각했다. '이것이 열폭열등감 폭발의 증거인지, 열정의 증거인지는 알 수 없지만 나는 이 친구 같은 표정은 절대 가질 수 없을 것' 같다고.

나는 우리 집 방문을 기어나갈 수 있는 그날까지, 내 안의 화를 어떻게든 풀어내야 하는 여자다. 한때는 '수선화'란 별명을 가지고 있었으나(믿거나 말거나 그 정도로 말수가 없고 순수했다), 결혼이란 사건을 통해 '산천동 욕쟁이'가 된 만큼, 내 변화의 이유만은 분명히 마주해나가고 싶다. 어떤 말, 어떤 행동들에 화가 나며, 그것들을 내 남편과 어떻게 풀어가야 할지에 대한 끝없는 연구와 대처 말이다.

아! 내가 누군가로부터 들은 어떤 복수의 방법이 있었는데, 좀 오싹했다. 그것은 늙어서 자리에 누워 있는 남편에게 조용히 귓속말로 말하라는 것이다. "(속삭이며) 영감, 내가 당신 이럴 줄 알았어…. 흐흐흐."

미안한데, 내가 생각하는 복수의 동의어가 잔인함은 아니다. 복수는 내가 싫어하는 상대의 행동을 '내 의지와 노력으로 종료시키는 것'일 테니. 가능한 내 남편은 나랑 오래 살았음 좋겠다. 그래서 내 남편과 웃으며 손 잡을 수 있을 때까지. "여보, 평안하게 좀 삽시다"라고 말할 수 있을 때까지. 매일 영양제를 한 움큼씩 먹어가며 힘을 비축해나갈 것이다. 소통을 위한 이 싸움이 오래오래 지속될 수 있도록.

참지 않는 연습

가끔은 '복수'란 말이 우스울 정도로 싸움이 어설프게 끝날 때가 있다. 가령 화를 내다 너무 배가 고파서 "잠깐! 밥 좀 먹고 다시 하자"며 맥을 끊는다거나 "에베베, 니 말은 안 듣겠어" 하며 서로 목소리를 높이다 그 다음에 무슨 말을 하려 했는지 깔끔히 잊어버리니까. 특히 낮잠을 자던 아이가 일어나 아장아장 걸어오면 "아유, 귀여워!" 하며 함께 방긋 웃는 나와 남편을 발견한다.

머리가 나쁜 건지, 집요함이 부족한 건지 아직 감정의 골이 '끝판'에 이르진 않은 것 같다. 부부싸움은 칼로 물 베기라던데, 옛 어르신들은 어쩜 이렇게 말도 잘 지었는지 몰라.

Part Ⅲ

나는 어쩌다 직장의 '호구'가 되었나

워킹만 하는
여자의 미래

우리가 보는 현상엔 늘 이면이 있다. 요즘 한창 주가를 올리고 있는 코미디언 송은이, 김숙의 경우도 그렇다. 각각 데뷔 23년차, 21년차인 이들의 제2전성기는 '방송국에서 아무도 불러주지 않아서'라는 아이러니에서 시작한다. JTBC 〈썰전〉에 나온 PD들이 이야기하듯, "남자들만의 의리가 케미스트리로 발산되는 예능의 특성상" 중견 여성 코미디언이 설 자리는 의외로 많지 않기 때문이다.

일반 직장 여성의 현실도 만만치 않다. OECD 국가 29개국 중, 한국의 '유리천장지수'는 25점으로 단연 꼴찌라고 한다. 단지 결혼, 육아 등의 문제 때문일까. 30대 그룹의 여성 임원 비율 역시 3퍼센트에 그치고 있다는 사실은 어떤 똑똑한 여자들도 뚫어내지 못한 두꺼운 벽을 짐작케 한다.

크리에이티브 디렉터 김진아씨가 쓴 칼럼엔 흥미로운 대목이 등장한다. "여자가 보이즈클럽에 끼는 방식엔 네 가지가 있다. 똑같이 남자처럼 행동하는 남자 전략, 별 일 없어도 임원실에 들어가 호소하는 여동생 전략, 모든 문제를 챙겨주는 엄마 전략, 독보적 존재감을 뽐는 미친년 전략까지." 이 글을 읽고 생각했다. 이 모든 전략의 여집합인 '워킹만하는 여자의 미래'는 어떻게 될까?

그 집단의 대표인 나, 그리고 내 주변의 많은 여성들을 보면 '현실은 호구'인 것이 현재까지의 버전이다. 인도의 카스트제도로 비유하면 한마디로 수드라다. 권력층 남성이 브라만, 그 아래에 정치적 야심을 가진 여성 크샨트리아가 있고, 그냥 남자인 바이샤를 거쳐, 맨 밑바닥에 위치한 존재. 일을 못해도 손해, 잘해도 손해다. 일을 못하면 정말 과감히 제쳐질 것이요, 일을 잘하면 누군가에게 이용만 당하거나 강한 견제를 받을 테니까. 만약 이 말에 아직도 고개를 갸웃

댄다면, 당신은 순진하거나 참 행운아다.

한번은 이런 일이 있었다. 모바일 앱을 만드는 팀에 파견되었을 때, 새로 만나게 된 남자 팀장이 물었다. "거기 팀장님은 누구 라인이죠?" "라인이요?"라고 해맑게 묻다가 멈칫했다. 그의 눈에서 "이 순진한 것아, 넌 아웃이야" 하는 이상한 느낌을 읽어버려서. 이후, 실무는 90퍼센트 도맡아했으나 상부 보고에선 늘 뒷전이었다. 나중에 알고 보니 내 밑에서 행정처리를 하던 남자 사원이(아버지가 모 계열사 사장이라던) 팀장에게 대단한 신임을 받고 있었다. 모든 업무적인 공로도 그에게 돌아갔음은 물론이다.

"과장님은 좀 억울하다고 생각한 적 없어요?" 하루는 존경하는 여자 과장에게 물었다. 그는 실력과 인덕을 두루 갖춘 인물이다. "솔직히 좀 짜증나긴 하지. 그렇다고 그 개판에 끼는 것도 싫다." 지극히 쿨한 발언이다. 하지만 현실도 그렇게 쿨할 수 있을까. 야심이 있는 팀원은 그녀의 자리에 와서 "내 일 좀 봐주세요" 하며 번호표를 뽑고, 파트장은 무엇을 지시해야 할지 길을 잃을 때마다 그녀에게 상담을 청한다. 하지만 결국 그렇게 도움을 받은 그들이 정작 뒤에서 말하는 진심은 다르다.

"황 과장은 야심이 없어서 승진을 바라지 않아." "이번 승진은 남자가 하는 게 맞지!"

"왜 여자들만 빼놓고 회식 하나요?"

투명성과 효율성을 부르짖는 21세기에도 쌍팔년도 논리는 불쑥불쑥 튀어나온다. 문유석 판사의 《개인주의자 선언》에 나온 말을 빌자면 이건 거의 '조폭의 의리' 수준이다. 핵심 권력자인 노른자를 위시해 그와 친한 몇몇이 있고, 그 몇몇의 호가호위로 일이 진행되는 세상. 이렇듯 '누가 더 일을 잘하는가'보다 '누가 어제 새벽까지 술을 마셨는가'가 중요시되는 구조에서 정당한 신분 상승은 기대하기 어렵다. 오히려 가위바위보나 땅 따먹기를 해서 승진하는 게 더 공정한 룰이 될 수 있지 않을까.

어떤 남자들은 적극적으로 뒷담화도 한다. "그 여자 과장, 일을 참 잘 한다던데"라고 누군가 칭찬의 운을 떼면 혹시나 그 이야기가 조직에 널리 퍼질까봐 일부러 더 인상을 팍 쓰며 흥을 본다. "무슨 소리에요. 완전 독불장군이죠. 일은 좀 한다고 들었는데 성격이 그렇게 괴팍해서 도대체 누가 따르겠어?"

아무리 훌륭한 남자 상사도 이 부분에선 판단이 밝지 않은 경우가 많다. 괜찮은 여자 직원에 대한 평가를, 본인 스스로의 판단이 아닌 주변 남자들을 통해 확인받으려 하기 때문이다. 그래서 결정적일 때마다 엉뚱한 결론이 나와버린다. "일은 일단 둘째고, 조직과 무난하게 어울릴 수 있는 사람이 최고지." 그러니 이런 과정이 반복되다 보면 일 좀 한다는 여자들 사이에서는 꽤 자조 섞인 이야기도 나온다. 아무리 열심히 일해봤자, 승진하는 건 임원과 술자리를 함께한 귀여운 남동생이라고.

물론 조직마다 편차가 있을 것이다. "요즘 시대에 이런 일이 가능해?"라며 질문을 가질 분도 꽤 많을 것으로 예상된다. 나도 당신과 같았다. 이 조직에 입성하기까지는, 비교적 자유로운 싱글일 때는 '여초 조직'에서 꽤 존중받고 살았으니까. 그러니 이런 일들은 쌍팔년도에나 일어났을 법한, 아니 호랑이 담배 피우던 시절의 일이라고만 생각했다. 하지만 이것은 100프로 내가 겪고 있는 현실이다. 21세기에 일어나서 더 놀랍고, 비교적 세련된 조직이라며 포장되는 곳에서 일어나 더 놀라운 현실.

워킹만 하는 여자의 미래는 아직도 암울하다. 그렇다고 가만히 침묵을 하고 있는 것도 싫다. '양성평등 직장 만들기'란 설문조사가 회사 메일로 날아들 때마다, 난 보다 더 적극적으로 답을 한다. 하나마나 한 객관식 답변은 빠르게 패스하고 글자 수 제한 없는 주관식 문항을 일부러 꽉꽉 채우면서.

"왜 여자들만 빼놓고 회식을 가나요?" "인사평가 시즌마다 일부 남자 직원들이 인사팀과 식사를 한다던데, 그게 사실인가요?" "승진에 대한 기준이 불분명합니다. 인사 기준표를 한번 공개해주시죠." 대략 이런 것들이다.

이건 나도 당하고 있지만 내 주변의 많은 여자들이 실제 궁금해하는 문제이기도 하다. 왜 우리는 할 일을 다 하면서도 도약의 순간마다 '체념과 포기'를 반복해야 하는 것인가.

이젠 적극적인 답이 필요하다. '양성 평등 설문조사를 실시했다'는 시행 자체에 만족하지 말고, 제발 '그 설문의 구체적인 결과'와 '실질적 개선안'을 공표해 달라. 어쩐지 패스트 패션은 ZARA에만 있는 것이 아닌 것 같다. '양성 평등'에 대한 회사의 인식 수준이란 것은 패스트 패션 그 이상도 이하도 아니다. 사회적인 붐이 불 때는, '우워어' 하고 달려가다가 숨이 좀 죽으면 빠르게 다른 이슈로 갈아타버리니까.

원론이 튼튼해야 각론이 튼튼하다. 애자일 조직이든, 팀 조직이든 제발 각론에만 주목하지 말자. (조직원들에 대한 평등한 의식이 없이 어떻게 이런 조직을 꾸릴 수 있을까?) 나보다 똑똑하신 양반들이 이를 모를 리는 없고, 솔직히 알면서도 고의로 숨기는 것 같다. "야, 이 정도 액션을 취했으면 이제 그만 좀 하라고" 하며 어디서 방해의 고사라도 지내고 있을지 모르겠다. 남성 중심으로 지어놓은 그들의 견고한 성을 무너뜨리기 싫어서. 그 성에 들어갈 멤버들에 똑똑한 여자들을 절대로 끼워주기 싫어서.

그 때문에 중요한 건, '화내는 것'의 끈기다. 내 주변의 이상한 놈들이 사라질 때까지, 치졸한 행동을 더 이상 반복하지 않을 때까지, 묵묵히 일관되게 화를 내보는 것 말이다. 따지고 보면 이건 그냥 내 밥값 찾기의 문제이기도 하다. 요즘 조폭들도 개인적 이익에 따라 움직인다는데(수상한 이익 배분에 "형님! 내 밥값 내노쇼"를 외치며), 힘들게 챙긴 내 밥에 적어도 구린 똥물은 튀지 말아야 하는 것이 아닐까?

낙수가 바위를 뚫듯, 우리에겐 그 견고한 성에 '끝없는 기스 내기'가 필요하다. 난 어차피 임원이 되긴 글렀으니,

이 참에 더 적극적으로 기스를 내보고자 한다. 자꾸 하다 보면 "웃기고 있네"에서 "얘, 뭐지?" 정도는 될 수 있겠지. 피곤하고 성가셔서라도 신경 쓰이게 만드는 누군가 정도는 말이야.

워킹만 하는 여자의 미래는 달라질 수 있다. 끝까지 화를 낸 워킹녀와 그런 워킹녀들의 의리 있는 담합이 실천된다면.

참지 않는 연습

최근 영국 시사주간지 〈이코노미스트The Economist〉가 발표한 '유리천장지수'에서 한국은 OECD 29개국 가운데 최하위 수준이었다. 유리천장지수는 여성의 노동환경을 종합적으로 따져 매긴 평점으로, 교육과 경제활동, 임금, 관리직 진출과 임원 승진, 의회 진출, 유급 육아휴가 등의 자료가 포함된다. 스웨덴은 80점으로 1등을 차지했고, 노르웨이, 아이슬란드, 핀란드가 그 뒤를 이었다. 우리나라는 회원국 평균 60점보다 40점이나 뒤쳐진 20점이었다.

미국 투자은행 뱅크오브아메리카Bank of America는 실제 성 평등이 이루어진다면 2025년까지 28조 달러의 부가가치가 창출될 것으로 예상했으나, 동시에 불평등이 해소되기까지 적어도 202년이 걸릴 것이라 지적했다. 여성에게 참정권이 주어진 지 고작 100년 안팎임을 감안할 때, 200년이란 시간에 담긴 무게를 느낄 수 있다. 그 시간을 하루라도 더 앞당길 수 있도록 모두가 책임감을 느낄 때다.

술이란 핑계로
변신하는 여자들

내가 아는 한 여자 부장님은 '어떤 술자리'에서 180도 변신한다. 팀원들과 함께하는 술자리에서 그녀의 주량은 무한대지만(소주, 맥주, 양주 등 주종을 가리지 않는다), 이상하게도 남자 상사들과 함께하는 자리에서는 소주 석 잔에도 만취가 되어버린다.

평소 술과 담배를 즐기며 걸쭉한 욕을 하는 그 부장은 술자리에선 '그냥 헤픈 여자'다. 일단 목까지 채운 블라우스 단추를 세 개 푸르고, 단정히 묶은 머리는 산발로 흐트러뜨린다. 술 한 잔이 들어가면 별 것 아닌 이야기에 까르르 웃고,

술 두 잔이 들어가면 "아유, 우리 상무님이 그러시구나" 하며 살포시 머리를 기댄다. 그러니 술 석 잔이 들어갈 즈음엔 이 쇼는 '눈 뜨고 보기 힘든 지경'에 달한다. 남자 임원들은 "박 부장이 수고가 많아" 하며 술을 따라주는 척 가슴을 훔쳐보고, "힘든 거 있음 우리에게 얘기해" 하며 팔을 쓰다듬기도 한다. 그러면 그녀는 마지막 코맹맹이 소리를 짜내어 이렇게 이야기하는 것이다.

"오빠들, 그럼 애들 떼어놓고 우리끼리 2차 갈까?"

나는 이 부장이 안쓰럽다. 그 2차란 것을 빌미로 다시 일 이야기를 반복할 그녀가 뻔히 보이기 때문이다. 이렇듯 헤픈 연기를 해야 일 이야기를 편하게 할 수 있다는 나름의 전략은 제법 먹히는 듯하나(거의 모든 남자 임원들이 술자리에 그녀와 동석하길 원한다) 막상 그녀 자신도 이 전략을 딱히 자랑스럽게 여기지는 않는 것 같다. "어제 술자리에서 무슨 일이 있었는지 아시죠?"라고 물으면, 민망한 듯 얼굴을 다른 쪽으로 돌리고 딱 잘라 이야기한다. "아니, 술을 많이 먹어서 하나도 기억나지 않아!"

'섹슈얼리티sexuality를 연기하는 것'은 비단 이 부장만의 이야기는 아니다. 내가 아는 많은 여자들이 술이 들어가면 자발적으로 변신한다.

상사와 껄끄러운 문제가 있었다면 노래방에서 그의 춤 상대가 되어주는 것도 서슴지 않고, 갑자기 가녀리게 어깨를 떨며 흐느끼기도 한다. 평소에는 절대 사용하지 않던 피웅피웅 하트 보내기는 기본. 4살 어린아이의 혓바닥을 장착해 "그랬쪄, 저랬쪄"를 말하는 이도 많다. 혹자는 너무 덥다고 옷을 벗어 제치거나 오징어가 맛이 간 듯한 섹시 댄스를 선보이기도 한다.

요약하면 이것은 "나 지금 좀 달라졌어요"를 어필하고 있는 건데, 내가 목격한 이 모든 이들은 사적 자리에서 '말술'을 마시기로 유명하며, 더 결정적으로는 여자 상사 앞에서는 절대 이렇게 행동하지 않는다.

결국 이 모든 연기는 '남자 상사 맞춤용'이다. 그리고 이들이 이런 행동을 보임으로써 상대적으로 피해를 입는 쪽은 '연기를 하지 않는 여자들'이다. 한 남자 상사는 묵묵히 술만 마시고 있는 나와 내 주변의 여자들에게 이런 말을 던진다.

"어째 그쪽에는 죄다 귀엽지 않은 여자들만 모여 있는 것 같네?"

이 귀엽지 않은 여자들의 철학은 "맨 정신으로 할 수 없는 일은 술이 취해서도 하지 마라"다. 그러니 어떤 실수도 하지 않기 위해 우린 아무리 술을 먹어도 취하지 않는다. 얼굴이 허옇게 질리고 술을 몰래 뱉어버리는 한이 있더라도, "내 흐트러진 모습을 보이지 마라"가 (마치 이순신 장군처럼) 하나의 철학이기 때문이다.

우리는 이 '섹슈얼리티 연기'가 유독 여자 직원과 남자 상사 사이에서 일어나는 클리셰란 점에서 상당히 짜증이 난다. 남자 직원들은 술에 취했다고 여자 상사에게 몸을 던지지 않는다. 기본적인 상식을 갖춘 여자 상사가 '남자가 스스로 다가와 안길 것'이란 기대를 품지 않는 것처럼.

술 마시는 여자에 대한 어떤 실험은 개개인의 일상을 넘어 사회가 생각하는 섹슈얼리티의 통념을 보여준다. 디킨대학교Deakin University의 에릭 코코나스Eric Koukounas 교수는 '여자 앞에 술이 놓여 있으면 사람들이 어떻게 생각하는지'에 대한 실험을 시도했다고 한다. 연구팀은 남녀 147명에게 남녀가 대화를 하고 있는 A, B 동영상을 보여주었는데 A 동영상 속 여자 앞에는 맥주잔이 놓여 있었고, B 동영상 속 여자 앞에는 물잔이 놓여 있었다. 영상은 음소거가 되어 있어 대화가 들리지 않았다. 그럼에도 불구하고, "동영상 속 여자가 남자를 유혹하는 것 같나요?"라거나 "여자가 스킨십을 원한다고 생각해요?"라는 연구팀의 질문에 많은 이들이 A 동영상 속 여자가 그런 것 같다는 대답을 했다.

'여자와 술잔'이란 조합 하나로 이런 결과를 만들어낼 수 있다는 것은 신선하다 못해 충격적이다. 연구팀의 결과는 '실제 그 사람의 특성이 아닌, 그 사람을 둘러싼 맥락의 해석'에 더 주목하고 있으니까 말이다. 그리고 그 맥락이 남성의 시선이나 통념에 힘이 실려 해석되는 것 역시 (여자가 좀 쉬워 보인다, 저 남자에게 홀리고 있네) 이 사회를 살아가는 여자로서 좀 씁쓸한 결론이기도 했다.

이 때문에 '술 마시고 연기하는 여자들'에 대한 짜증은 하나 더 추가된다. 본인의 원래 특성이 아닌 것을 연기하는 것도 짜증나는데, 이런 헤픈 행동들을 '여자의 특성'으로 고착화시켜버린다는 점이다.

술에 취했을 때 이들이 할 수 있는 연기가 의외로 창의적이지 않다는 점은 우리 모두 생각해보아야 할 대목이다. 그들은 왜 바지 앞 춤을 잡고 쉬를 할 것 같은 행동은 하지 않는가? (술을 많이 마시면 요의가 느껴지는 법인데) 인상을 풀며 삿대질을 하는 표현은 왜 자제되는가? 왜 남자 상사를 자기 무릎에 앉히려 하지 않고, 꼭 고양이처럼 그 위에 앉으려고만 하는가? (둘 다 있어선 안 될 일이지만)

특히 이런 연기를 통해 어떤 정보를 '임시방편으로' 얻을 수는 있어도, 그것이 근본적인 대처는 아니란 점은 참 명확하고 슬픈 사실이다. 그 여자들은 남자들과 더 끈끈한 관계를 만들기 위해 지금껏 해온 '그 이상의 연기'를 해내야 할 것이며 (전진은 있어도 후퇴는 없으니까), 그 '보이즈 클럽'에 낀다고 한들 그때까지 한 행동에 대한 일종의 낙인이 생길 것이다. (저 부장은 말이야, 사실은 그렇고 그런 여자라니까)

무엇보다 이들은 창창한 여성 후배들의 앞길도 막아놓는다. "김 사원, 술 좀 따라 봐" "여자가 좀 나긋나긋해야지" 하는 이상한 멘트들을 적극적으로 막아주지 못하니까. 본인들이 걸어온 길을 스스로 알기에, 그 정도면 예전보다 나아진 편이며, 적당히 비위 맞추는 게 뭐가 어렵냐고 화를 내기도 한다.

언젠가 여자 선배와 식당에서 밥을 먹는데, (그녀 역시 술을 마시면 블라우스 단추부터 풀어버린다) '국립병원 간호사 노출 댄스' 뉴스를 보고 이렇게 말했다. "와! 진짜 싸구려네. 어떻게 저런 일이 있지?"

"난 저것보다 심하지 않아"란 생각은 얼마나 많은 것을 합리화시키는가. 난 벌거벗지 않았으며, 어떤 BJ처럼 가슴을 통째로 보여주지 않았다는 의식들이, 상대적으로 그들을 안심시키고 있다는 사실이 너무도 싫다.

나는 '나비효과'라는 제목의 영상이라도 하나 만들어주고 싶다. 당신이 오늘 연기한 그 이상한 여성성이 누군가에게 얼마나 이상한 고정관념을 심어주었으며, 여성에게 이상한 행동을 기대하게 하고, 그렇게 고정된 잘못된 성 의식이 건강한 여성들에게 강요와 선입견을 마주하게 하는 것이라고.

오늘 회식은 자체 패스한다. 그 여자 부장의 꼴을 한 번 더 보느니, 그걸 '헤' 하고 좋아라하는 남자들을 보느니, 차라리 집에 가서 발 닦고 자겠다. 아님 어디다 확 신고라도 할까?

"저기요, 회사 근처 술집에서 지금 음란파티 벌어졌어요.

가슴 좀 풀어헤친 여자와 헤벌쭉하게 웃고 있는 남자들 다 잡아가세요. 젊은 것들이 요즘 밖에서 쪽쪽 댄다고 꼴불견이라 하던데, 그것 이상의 저질 수준이거든요? 제발 이 이상한 장면 좀 걷어가 주실래요? 작은 불씨도 다시 보자는데 이 불장난 정말 장난 아닌 것 같거든요."

참지 않는 연습

보통은 스무 살 무렵 술을 배우겠지만, 나는 대학교 때 술을 마신 기억이 거의 없다. 여대라 그런지 주로 차를 마셨고, 간혹 주당인 선배들을 만나도 강권을 당하진 않았다.

'술'에 대한 안 좋은 기억은 신입사원 회식 때 시작되었는데 한 여자 팀장은 "저기 남자 부장님 옆에 가서 술 좀 따라봐" 하며 "그게 사회생활 능력이야"라는 다소 충격적인 말을 던졌다. 그 팀장은 직접 소주 한 잔을 들이켠 후, 머리 위에서 잔을 터는 제스처를 보여주었는데 끝까지 따라하지 않은 나를 3년 내내 미워했다.

하지만 뭐 어때서. 그런 구습을 따라하느니 차라리 미움받는 게 낫다. 나 하나 소외되어 흘리는 눈물보다, 뻔히 보이는 연기를 억지로 관전하는 것이 더 슬프고 눈물겨우니까.

'똥'이되
'똥'이라 불리지 않는다

사실 이건 좀 진부한 얘기다. 어느 회사에 나 한 명쯤 있을 법한, '사내 정치에 미친' 한 나쁜 년에 대한 이야기니까. 그래서 이 이야기를 쓰기 전에 한참을 고민했다. "네, 이년!" 하고 욕만 하다 끝나기엔 '그래서 뭐' 하는 허무 결론이 될 것 같았고, "사람이 그럴 수도 있죠" 하고 넘기기엔 그 행동이 너무 짜증나서 울화통이 터졌기 때문이다.

그래서 최대한 이성적으로 생각한 이 글의 중심은 이것이다. 똥 같은 행동을 골라 하면서도 절대 똥이라 들키지 않는 그의 비결을 분석해보자는 것. 한마디로 '똥'이되 '똥'이라 불리지 않는 그(이하 '똥님')의 약 5년간의 행적을 담담히 기술하는 게 이 글의 목적이다.

토양분석기: 똥이 크는 환경은 중요하니까

내가 '똥님'을 만난 건 이직한 직장에서였다. 똥님은 나보다 8개월 먼저 입사한 30대 중반의 경력직 과장이었는데, 입사 후 회의실에서 진행한 일대일 오리엔테이션 때 내게 이런 말을 했다. "회사는 일을 잘하는 게 중요하지 않아. 누구와 친한지가 훨씬 더 중요하지."

그때는 왜 그런 말을 하는지 몰랐다. 하지만 지금 돌이켜보니 그 직장은 '계급'이 너무 확실한 곳이었다. 임원급 이상의 추천으로 입사하면 금수저, 힘 있는 계열사의 공채 혹은 경력직으로 들어오면 은수저, 일은 잘 못해도 튀지만 않으면 동수저, 끈도 없는 주제에 지 주장까지 강하면 흙수저 등.

나중에 안 사실이지만, 똥님은 이런 정보를 회사에 지인이 많은 자신의 남편을 통해 이미 수집하고 있었다. 자신이 클 수 있는 환경, 즉 똥이 활개를 칠 수 있는 환경을 누구보다 빠르게 간 본 것이다.

똥똥연대기: 똥은 똥을 알아본다

똥님의 하루 일과는 단조로웠다. 아침마다 남편에게 "요즘 누가 실세인지"를 전화로 묻고, 오후엔 직접 그 실세를 찾아가 술 약속을 잡기 바빴다. 한 책상을 나눠 쓰는 옆자리 짝꿍으로서, 나는 속으로 생각했다. '저런다고 뭐가 달라지지?' 하지만 똥은 똥을 알아보는 법이다. 무수한 까임 끝에 그녀와 밀착한 실세가 있었다. 소문에는 똥님 이상으로 정치욕이 강하고 우리 팀장을 꽤 미워하는 실세라 했다.

그와 결탁한 후, 똥님의 행보는 좀 과감해졌다. 팀장이 자리를 비울 때면 "부장님, 제 자리 좀 만들어주세요" 하며 자리에서 전화를 하거나, 모두가 들으라는 듯 "내 앞길 막는 것들은 죄다 쓸어버리겠어" 하고 독백을 하기도 했다. 이 즈음엔 "팀장이 전 회사에서 횡령을 했다"는 소문도 여러 사람과 함께 설파하고 다녔는데, 공감 대신 눈을 동그랗게 뜨는 나를 보고 똥님은 한참을 웃었다. "너, 참 순진하구나!"

똥세확장기: 한쪽으론 아부, 한쪽으론 결탁

재미있는 것은 모두가 똥님의 행보를 알면서 팀장에게 알려주지 못했다는 사실이다. 왜냐하면 당시 똥님은 팀장의 지극한 총애를 받고 있었기 때문이다. 입사 초기부터 혀에 사탕을 문 듯 '사탕발림'에 능한 그녀였기에, 그 까다로운 팀장도 똥님이 예뻐 어쩔 줄을 몰랐다. 일주일 내내 팀장과 밥을 같이 먹고, 같은 차를 타고 퇴근하는 등. 좀 상식 밖의 일이 실제로 조직에서 벌어지고 있었다.

아무튼 똥님이 팀장의 눈과 귀를 막는 사이, 그녀의 심복들은 역할을 수행했다. 팀장에 대한 더러운 소문을 '복붙^{ctrl+c, ctrl+v}'처럼 전파하고, 더 큰 실세에 붙어 팀을 두 파트로 나눈다는 프레임을 짠 것이다. 일찍이 똥님 눈 밖에 난 나는 개인적으로 문자를 받았는데 내용은 이랬다. "이제 난 더 큰 파트에 가. 못 데려가서 미안!" 이후 팀장은 사임했다. 똥님과 그의 심복, 더 큰 실세는 한데 뭉쳐 한 파트가 되었다.

이후엔 짐작하듯 화병 나는 일들이 참 많았다. 새로운 팀장이 왔고, 하필 똥님이 결탁한 실세 부장과 친밀한 분이라 오직 똥님 파트만 총애했다. 가령 이런 구조였다. 똥님 파트가 못하는 일은 우리 파트에오고, 그 일을 아무리 잘해서 던져줘도 똥님 파트의 공으로 돌아가는 구조. 반대로 똥님 파트는 일을 못해도 욕먹지 않았다. 왜? 그 파트는 힘 있는 금수저였으니까. 결국 '직장 내 똥이 말도 안 되게 커지는 비결'은 이 과정을 통해 화룡점정이 된다고 생각한다. 권력을 쥐고 상대를 똥으로 만들어, 내가 똥임을 피한다는 전략. 소위 선 긋고, 똥 세탁하기 전략 말이다.

독자들이여! 나의 긴 하소연을 들어주서 감사하다. 남의 직장에서 벌어지는, 그것도 유명인이 아닌 듣보잡 과장의 이야기를 이렇게나 길게 써서 한 편으론 죄송하다. 하지만 그 '똥님'의 얼굴을 여러분이 볼 수 있다면, 아마 이런 생각을 하게 될 것이다. "진짜 수더분하게 생겼네. 근데 저 사람이 그랬다고?" 여기서 내가 말하고 싶었던 또 한 가지 핵심이 추가된다. "그저 그렇게 생겨서 그런 행동하는 사람, 의외로 많지 않나요?" 똥의 얼굴은 똥 같지 않다는 게 문제다. 어, 하다 보면 어이쿠, 하고 꼭 밟게 된다.

언젠가 똥님과 같이 식사할 기회가 있었다. 똥님은 "잘 지내냐"는 물음에 동문서답을 했다. "새 팀장은 근본이 없는 사람이야. 경력이 지저분하잖아? 나랑 일하는 부장도 완전 짜증나. 멘탈이 쿠크다스라니까."

그 길로 끝이었다. 똥님의 두 얼굴이 소름 끼치게 싫었던 나는, 그와 인연을 끊었다. 이후 팀장 앞에서 수줍게 웃는 그녀를 보며, 가끔 팀장과 함께 골프를 친다는 소문을 들으며, 속에서 뭔가 울컥할 때가 많았지만, 시간이 지나고 나니 그녀의 이중성이 크게 놀랍지 않았다. 오히려 똥님이 쿠크다스라고 부르던 부장과 뭔가 얘기를 하며 지나갈 때면 이런 존경심마저 들었으니까. '똥님이, 참 난 년일세.'

가끔은 똥님 같은 스타일을 지녀야 인생 편하다는 생각도 한다. 똥님처럼 '쇼잉showing'되는 일을 잘 해야 (위에서 시키는 일만 잘하고, 아래에서 필요한 일은 묵살하는) 상사들이 주목한다는 것은 직장 상식이니까.

하지만 대다수의 사람들이 이렇게 못하는 이유는 아마 최소한의 양심 때문일 것이다. "그래도 사람인데, 그러면 못 쓰지"하는 일말의 가책 말이다. 나는 가끔 회사가 똥님의 실체를 알고 있을까 궁금했다. 처음엔 "모르니 내버려 둘 수 있다"고 생각했지만, 최근엔 좀 생각이 바뀌었다. "알고도 모른 척 할 수 있다"는 쪽으로.

생각해보면 조직은 힘 있는 자에게 빌붙기 마련이다. 처음엔 "어? 얘 좀 보소"하고 지켜보다가, 그 똥이 너무 커지니 차마 밟지 못하는 거다. 정치판도 이와 똑같지 않은가. 유착에 유착에 유착이 되면 도대체 어디부터 잘라야 할지 모르겠는 상황. 아마 똥님도 이런 계산을 염두에 두고 있지 않았을까?

이 글을 쓰는 과정에서 대상포진이 두 번이나 왔다. 뭔가를 떠올리는 것만으로도 화가 나는 DNA라니. 그래서 똥님이 내게 그렇게 솔직할 수 있었던 게 아닌가 한다. 내가 이런 이야기를 여기저기 떠들고 다닐 빅 마우스가 아니라는 걸 아마도 일찌감치 간파했을 테니. 혹은 회유 좀 하려다가 포기했을 수도 있다. '이 여자, 진짜 머리 회전이 똥 같네'하면서. 마지막으로 똥님에게 하고 싶은 말을 전하며 이 글을 마치려 한다.

똥님, 당신의 전략은 참 영리하네요. 매일 입에 달고 살던 '프레임'이란 단어가 결국 무엇을 위해 쓰였는지 잘 알 것 같아요. 저는 당신 덕분에 아무 짓을 하지 않아도 똥이 된 삶을 살았어요. 일도 남이 버린 일만 하고, 승진도 줄줄이 막히면서요.

근데요. 제가 이 글을 뭐라고 끝내야 많은 분들이 만족할까요. 똥님처럼 살아라, 하기엔 좀 껄끄러운 일들이 많고, 똥님처럼 살지 말아라, 하기엔 세상이 똥 같다는 거 우리는

알잖아요? 맞다. 말이 나와서 말인데, 혹시 저만 꺼리는 건
가요? 얼굴이랑 실명 화끈하게 공개할 생각 있으세요? 우리
한번 끝장 토론하면 뭐든 결론이 나올 것 같은데, 유튜브 영
상 주제로 진짜 괜찮지 않아요? 혹시 생각 있으면 연락주세
요. 조회 수 잘 나오면 수익은 반땡 할게요. 좋은 게 좋은 거
라던데, 이것도 신개념 공생 아닐까요?

참지 않는 연습

몇 번이고 나를 자기편으로 회유하려던 똥님은 내게 이런 말을 했다. "승주 대
리는 정말 자기 고집이 있어. 정말 또라이 같다니까!" 내가 또라이라 생각한 사
람에게 또라이란 평가를 받는 것은 정말 기분 나쁜 일이다. 나는 마음을 가라
앉히고 웃으며 말했다. "그쵸, 또라이 맞죠. 근데 진짜 또라이는 별로 계산이 없
어요. 그러니 본인은 크게 성공하진 못해도 남의 앞길엔 확 스크래치 낼 수 있
다? 어때요. 저 진짜 또라이 같죠?"
생각해보니, 그런 말을 하고 난 후 이렇게 또 글을 쓰는 내가 정말 또라이라면
또라이인 것 같다. 극과 극은 통한다는 말처럼, N극의 또라이는 S극의 또라이
를 알아보는 걸까? 계속 충돌하면서?

친하다면서
왜 뒤통수를 칠까

그의 첫 인상은 참 다정했다. "무슨 일이 있음 말해. 내가 다 해결해 줄게." 이미 한 번의 이직 경험이 있었던 나는 그의 친절에 감동했다. 이직을 해본 사람이라면 알겠지만 회사를 옮긴다는 건 마치 10단계까지 이룩해놓은 왕국 건설이 1단계 황무지 개척 수준으로 초기화되는 것과 같다. 그래서 보통 이 시기엔 타인의 관심이 그렇게 고마울 수가 없다.

그러니 그, 아니 K 과장의 한 마디는 내 호감을 사고도 충분했던 것이다. 그리고 그 이후로도 쭉 그는 종종 내 자리로

와 안부를 묻고 업무를 살피고 가곤 했다. 아! 이렇게 고마울 데가.

그 사이 난 K 과장에 대해 꽤 많은 것을 알게 되었다. 그는 계약직을 전전했으며, 입사 후 2년 만에 경력직으로 전환되었다는 것. 그 사이 상당히 서럽고 치사한 일들이 많았지만 그는 '캔디'처럼 이 과정을 이겨냈다고 한다. 왜? 불행히도 그의 남편이 경제활동을 하지 않는 음악인이었기 때문이다(그는 늘 이 대목에서 눈물과 한숨을 지었다)!

그렇게 10년을 버틴 결과, K 과장은 회사에서 탄탄한 인맥을 구축했으며 최고의 브랜드의 권위자가 되었다. 물론 이 이야기는 똑같은 레퍼토리로 수십 번 반복되었지만, 난 진심을 다해 그 말을 들어주었다. 그가 내 친구라고 생각했고, 굴곡 많은 그의 삶이 너무 불쌍해서였다.

그리고 또 어느 순간, 나는 그의 일을 대신해주고 있었…다? 그건 정말이지 마법 같은 일이었다. 그가 내게 호통을 친 적은 없었다. 단지 "나 이거 못하겠어"라고 울상을 지으며 살포시 회의 자료를 놓고 갔을 뿐이다. 근데 가만! 그녀는 분명 브랜드 권위자라고 했는데?

이 이야기를 읽으며 혹시 당신 머릿속에 누군가 떠오른다면? 축하한다! 당신도 완벽히 당하고 계신 거다. 소위 회사 일을 거저먹으려는 '거지족'에게 눈탱이 밤탱이 되도록 맞고 계신 것. 거지족들의 첫 인상은 대체로 호감이다. 매력적이고, 사교적이고, 심지어 유머러스하다. (이 부분에서 난 K 과장이 이야기한 그 많은 농담과 시시덕거림을 생각한다) 하지만 이들이 적극적으로 누군가에게 접근하는 이유는 알고 보면 꽤 무시무시하다. 자신이 기생충처럼 피를 쪽쪽 빨아내야 할 '숙주'의 대상으로서 사람들을 공략하고 있는 것이니까.

거지족이 극도로 공포스러운 이유는 누가 자신의 숙주가 되어야 할지도 빠르게 판단한다는 점이다. 그들의 주 타깃은 바로 '동정심이 강한 사람들'이다. 누군가 기회를 갖지 못한 것에 안타까움을 느끼고 진심을 다해 변화의 계기를 주려는 이들 말이다. 하지만 반전은 이것이다. 쨍그랑 하며 우리가 동전을 준 그 거지가 막상 퇴근길에는 벤츠를 타고 갈 수도 있다는 사실! 그리고 그가 사는 집은 강남의 으리으리한 빌라라는 〈유주얼 서스펙트The Usual Suspects〉 급의 반전 말이다!

거지를 떨쳐내는 데 걸린 시간, 1년 6개월

나의 동정심이 누군가에게 악용되고 있다는 사실은 심한 불쾌감을 준다. 나 역시 그랬다. 어느 순간 나는 내 일을 다 마치고도 집에 가지 못하고 있었다. "오늘은 우리 딸 학부모 면담을 가야 해서…" "자기야, 나 눈이 너무 침침해서 글씨가 잘 안 보인다. 이 엑셀 좀 대신 채워주겠어?"

그가 슬그머니 맡기고 간 일은 어느 새 나의 주 업무만큼 방대해졌다. 처음엔 그를 돕고 있다는 기쁨이 있었지만 갈수록 그 기쁨은 천불이 되었다. 특히 퇴근 네 시간 전부터 칠렐레 팔렐레 놀러 다니는 K 과장의 모습은 더 이상 못 봐줄 지경에 이르렀고 모든 업무를 대신한 후에도 '나에게 돌아오는 보답이 없다'는 것은 한참 후에 깨닫게 된 사실이었다.

그리고 한 가지 더 중요한 팩트가 있었다. 숙주는 나 한 명이 아니었다는 거다. 그가 많은 일을 할 수 있었던 이유는 나 같은 숙주들의 공동 작업 덕분이었다. 마치, 기계를 완성하기 위한 공장의 분업처럼 하나씩 하나씩 일거리를 나누어 줬던 거다.

모니카 비트블룸Monika Wittblum이란 심리학자는 거지족들의 전략을 다음과 같은 순서로 정리한다. 1) 신뢰 구축하기,

2) 호감 얻기, 3) 동정심 유발하기, 4) 결국엔 이용해먹기. 오! 과연 심리학자다. '눈탱이 밤탱이 되도록 맞기'란 나의 저속한 비유를 이렇듯 논리적 과정으로 쉽게 이해시켜주신다. 심지어 이 권위 있는 심리학자는 거지족의 추가 패턴 또한 예리하게 찌르고 있다. 바로 이러한 수법을 주변 사람들에게 골고루 사용하고 있다나? 그래야만 그런 행동이 오랜 기간 사람들 눈에 잘 띄지 않는다나?

나는 술자리에서 K 과장의 뒷담화를 하며, 나와 똑같은 수법으로 당한 숙주들의 이야기를 들어본다. "자꾸 본인은 못한다 하며 부탁하더라고요." "오늘 옷차림이 예쁘다, 언제 밥 한번 사겠다고 계속 알랑대요." "야! 난 저번에 한번 거절했더니 엄청 화내던데? 거의 회사에서 날 매장시킬 것처럼 말하다가, 결국 해줬더니 또 달라지더라. 역시 김 대리밖에 없다고 굽실대면서."

난 K 과장을 향한 동정심이 완전히 잘못된 것임을 깨달았다. 진짜 불쌍한 사람은 바로 나였다. 그리고 K 과장에게 당한 사원, 대리급의 동료들까지. (아! 대기업 피라미드의 짠내 나는 저주여!)

대개의 학자들은 K 과장과 같은 거지족들의 원인을 그의 성장 환경에서 찾는다. 가령 "모든 것을 가져야 직성이 풀리는 3~4세 연령에서 부모가 모든 것을 다해줬기 때문일 것이다"라고 추측한다. 하지만 그런 식으로 따지면 우린 그 이상한 사람의 행동을 또 다시 눈감아주게 된다. 두 주먹 불끈 쥐다가도 스르르 힘이 빠진다. 이건 정말 앙앙 울어대는 4세의 아기와 맞짱 뜨는 꼴이 되어버리니까.

하지만 제발, 제발, 제발! 그들은 그냥 거지일 뿐이다. '기브 앤 테이크'가 명확한 사회에서 늘 테이크만 하려는 나쁜 사람들이다. 더 심하게 말하면 이건 유사 범죄 행위이다. 누군가의 물건을 직접 훔치는 대신, 그 사람에게 최면을 걸어 _(난 너의 친구지롱) 보석을 스스로 내어놓게 만드는 범죄 행위! 심지어 그를 위해 삼각김밥을 먹으며 야근을 자처했던 그 순간에도 그들은 우리의 친구가 아니었던 거다. 아마 그들은 회사를 벗어나 이런 말을 하고 있었을지도 모른다. "이거 뭐야? 너무 쉽게 속잖아?"

모든 걸 거저먹으려는 이 거지족들에게 더 이상의 동정은 필요 없다. 우리는 하루라도 빨리 "더 이상 안 돼!"를 외처야 한다. 물론 이것은 쉽지 않다. 왜냐면 그들이 우리에게 무언가를 뽑아먹기 위해 장기 투자를 한 만큼 떼어내려는 그 순간에도 찰거머리처럼 들러붙기 때문이다.

나는 K 과장에게 말했다. "죄송한데, 이번엔 안 되겠습니다." 하지만 그는 쉽게 나가떨어지지 않는다. "자기, 갑자기 왜 이래?" 하지만 절대 마음이 흔들리면 안 된다. 이후로도 K 과장은 끈질기게 매달렸다. 달래고, 윽박지르고. 상사를 이용해 압박하기도 했다. (부장님은 말했다. "K 과장 인맥이 장난이 아니라던데, 그냥 좀 해줘") 하지만 결국 안 되니 제풀에 지쳐 떨어졌다. 정확히 1년 6개월 만에 겨우!

앞서 언급한 모니카 비트블룸이란 학자는 거지족들에 대한 대처로 '희생자들의 공동 연대'를 주장한다. 함께 힘을 모으면 대항하기 훨씬 수월하다는 것이다. 하지만 문제는 그 연대의 과정에서 꼭 배신자가 생긴다는 점이며, 그럼 나를 향한 불이익은 두세 배로 커질 수 있다. 그리고 안타깝게도 난 그 정도로 지금의 조직을 믿지 않는다.

그리고 이 같은 대처가 함축하는 가장 명확한 의미는 "거지족은 절대 변하지 않는다"는 사실이다. 수년 간 사자를 잡지 않고도 맛있는 고기를 먹어온 이들에게 갑자기 사자를 잡으라는 말은 웃기지도 않는 난센스다. 그러니 기억하자. 혹시 잊으면 반복해 암기해보자. 거지족들과의 이별은 바로 이 한마디로 시작한다. "내 인생에서 제발 꺼져달라고!"

동전을 던져주지 않는다고 해서, 당신이 나쁜 사람이 되는 것은 아니다.

참지 않는 연습

거지족을 스스로 끊는 것도 용기지만, 더 대단한 차원의 기술은 주변에서 그 거지족을 몰아내도록 만드는 것이다. 전 직장 후배 J는 일을 잘하고 인성까지 반듯한 사원이었다. 워낙 참을성이 많고 예의 바른 까닭에 그를 싫어하는 사람은 직장 내 단 한 사람도 없었다. 그런 그는 K 과장과 비슷한 거지족을 한 명 참아내고 있었는데, 대략 6년의 인내 끝에 "P 선배가 조금 힘드네요"라고 슬픈 하소연을 한 적이 있다. 그의 한 마디에 모든 직원이 분노했음은 물론이다. 팀장은 P 선배란 사람을 바로 닦달했고, J는 그 다음날 P 선배의 조직으로부터 분리가 되었다. 이렇듯 오래 참고 견디면 그 덕이 빛을 발할 날도 온다. 특히 자기 손에 스스로 피를 묻히지 않고도 말이다. 물론 이런 결실엔 큰 전제가 따른다. 조직원들의 공분과 상식이 일치해야 한다는 것!

널 보면
심장이 두근두근해

세 번의 이직을 통해 많은 상사를 모셨지만 가장 대하기 어려운 유형은 '언제 폭발할지 모르는 사람'이었다. 잘난 척을 하거나, 더럽게 치근대거나, 모든 일에 부정적인 상사는 그래도 어느 정도 '일관성'이란 게 있다. 하지만 '언제 폭발할지 모르는 사람'은 늘 아슬아슬하다. 어떻게 화를 낼지, 그리고 왜 화를 내는지 가늠되지 않기에 내 영혼이 정말 대책 없이 털려버린다.

내가 모셨던 상사 중 대략 두 분 정도가 이런 유형이었다. 그들은 마치 시한폭탄처럼 틱톡틱톡 소음을 내며 우리의 멘탈을 흔들었고, 가끔은 폭력에 가까운 망언들을 통해 우리를 가파른 벼랑 끝으로 내몰았다.

한 사람은 여자 팀장이었다. 그는 온화한 인상에 패션 센스도 좋았다. 특히 까다롭다는 외국계 광고대행사에서 초고속 승진을 한 인물이기 때문에 부임하자마자 모두의 기대를 한 몸에 받았다.

하지만 대개 이런 설레발은 개꿋발로 끝나기 마련이다. 그 역시 그러했다. 평화로운 사무실은 그가 돌고래급 하이톤을 지르는 순간 냉기 가득한 폐가로 변신해버렸다. "지금 이걸 보고서라고 가져온 거야?" (순간 시끄럽던 타자 소리가 뚝. 모두가 숨을 죽인다) 그러면 혼나는 상대는 민망해져 말을 더듬거나 변명을 한다. "팀장님, 첫 줄만 보지 마시고. 전체 컨셉과 의도는….."

아, 망했다! 이제 10분짜리 단편은 5시간짜리 장편 스릴러로 바뀌겠구나. 슬픈 예감은 틀리지 않는다. 그 여자 팀장은 "여보세요, 김 과장님!"을 외치며 다시 호흡을 고른다. 그리고 다시 내지르는 것이다. 상대가 완벽히 질려서 KO가 되어버릴 때까지. 그리고 김 과장은 그 이후로도 1년 내내 '팀장 전용 욕받이'가 되어야 했다.

또 한 분은 남자 팀장이었다. 그 역시 호감형 인상에 관대하고 정직한 냄새를 풍겼다. 하지만 이 분은 더 위험한 사람이었다. 앞에서 말한 여자 팀장보다 변덕이 심했으며(대체 왜 화를 내는지 알 수가 없다) 치졸함은 하늘을 찔렀다.

언젠가 그의 비서가 회의 참석을 1시간 전이 아닌 30분 전에 알린 적이 있다. 그러자 그는 "회의에 아슬아슬하게 도착했다"며 다른 층에 있는 비서에게 5분 간격으로 총 열 번을 전화했다. "똑바로 해라"부터 "날 물 먹이려고 그랬냐" 하는 음모론까지.

이 팀장과 일을 하면 200퍼센트 완벽해져야 했다. 그가 민감해 하는 사적 주제를 꺼내지 않는 것부터(타 부서 팀장 근황, 특정 동물과 브랜드, 주식 얘기) 보고서 자간, 오타, 그리고 향기까지 체크해야 했다. 그러고도 가끔 망한다. 보고를 받으며 기분 좋게 웃다가도 어느 대목에서 표정이 굳으니까. 이건 그와 둘이 있을 때 더 불안한 것이기도 했다. 혹시 이 다혈질 인간이 화를 내다가 내 신체에 위해라도 가하지 않을까 하는 두려움 때문에.

나의 초자아를 박박 긁어대는 그들

보통 이런 사람들은 '회사의 높은 사람'이 된 경우가 많다. 그리고 딱히 제재를 당하지 않는다. 왜냐하면 회사는 "소리를 질러서라도 생산성을 잘 내는 것이 더 유리하다는 것"을 알고 있기 때문이다. 실제로 우리는 그들이 '좋아서'가 아니라 '무서워서' 일을 한다. 하지만 정말 이건 못할 짓이다. 살얼음판도 이런 살얼음판이 없다. 어디를 어떻게 피하면 되는지 기준이라도 알았으면 좋겠는데, 다혈질 인간들의 마음은 속된 말로 미친년 널뛰듯 해버린다. 아무리 노력을 해도 절대 그들의 비위를 맞출 수 없다.

그냥 입을 다물어버리는 게 최선일까? 혹자는 그 방법을 택하기도 한다. 언젠가 남자 팀장과 넥타이 얘기를 하던 C 대리는 ○○ 브랜드가 팀장과 잘 어울릴 것 같다는 얘기를 했다가 덜미를 잡혔다. 팀장은 곧 흥분했다.

"날 그렇게 촌스러운 인간으로 봤냐? 그러고 보니 네 안목이 늘 별로라고 생각했지. 그래, 이번 보고서도 어떻게 기획해야 할지 감 못 잡았지?"

사적 대화는 업무에 대한 인신공격으로 변하고 있었다. 그리고 정말 존경스럽게도 C 대리는 그 상황을 묵묵히 버터냈다. 그냥 입을 닫음으로써, 그 모든 모멸감을 온 몸으로 버틴 것이다. 팀장의 고성은 30분 만에 멈췄다. C 대리는 자리로 돌아왔고, 그를 걱정하는 동료들에게도 이와 같이 답했다. "괜찮아. 어차피 팀장님은 자기가 뭐 때문에 화내는지도 몰라. 그냥 잠자코 있으면 다 지나가게 되어 있어."

C 대리의 말은 일부는 맞고 일부는 틀린 것 같다. 맞는 말은 "팀장 본인이 뭐 때문에 화내는지도 모른다"는 것이다. 실제 화를 잘 내는 팀장들의 대다수는 굉장히 명확한 듯하면서 명확하지 않다. 업무에 있어서는 어디로 갈지 모르니까 화를 내고, 막상 다해서 가져다주면 그 길이 맞냐고 또 화를 낸다. 사적인 대화에 있어서도 마찬가지다. 그냥 갑툭튀로 화를 낸다. (농담에 정색까지 하면서)

심리학자들도 '다혈질 상사'들의 이 같은 '기준 없음'을 지적한다. 그리고 말한다. "그들은 화를 내는 기준이 명확하지 않다. 단지 그들은 우리의 초자아를 건드리고 싶을 뿐이다."

프로이트의 심리 이론에 따르면 우리의 자아는 원초아우리의 욕구와 초자아우리의 양심 사이에서 끊임없이 갈등하고 있다고 한다. 가령 원초아는 지금 아이스크림이 먹고 싶지만 초자아는 설탕의 함량을 걱정한다는 것. 다혈질 상사들은 우리의 양심^{초자아}을 정복하고 싶어한다. 그러니 그들의 그 이상한 규칙을 거부감 없이 받아들이면 우리에겐 더 큰 낭패가 돌아올 수 있다. 지금의 상황은 잠시 모면해도 향후 다혈질 상사들의 반복된 먹잇감이 될 수 있기 때문.

실제 C 대리는 동네북처럼 남자 팀장에게 당했다. 좀 잠잠하다 싶으면 여지없이 "C 대리!"로 시작하는 고성이 울린다. 그 고성은 너무 잦고, 너무 경쾌해서 가끔은 이렇게도 들린다. "야! 심심한데 콱 밟아줄까? 나 지금 무지하게 한 놈만 패고 싶은데?"

내 마음대로 터득한 '미친 상사 대하는 법'

나는 다혈질 상사들을 '정신병자'라고 지칭하진 않지만 그들이 정신병자급의 히스테릭함을 가지고 있다고 생각한다. 전문가들은 말한다. "그들이 화를 잘 내는 이유는 자신의 불안함을 감추기 위해서다." 그리고 대처 방법도 소개한다. 첫째, 상사에게 익숙하지 않은 대화 장소를 골라 당신의 불편함을 이야기하라. (낯선 장소는 그들의 권위의식을 다소 누그러뜨릴 수 있으므로) 둘째, 적당히 그를 칭찬하며 안심시키고 나의 바람을 호소하라. 셋째, 그를 헐크라고 생각하자. 미친 듯 날뛰지만 사실은 작은 아이일 뿐인 그를 그냥 관조하며 화가 풀릴 때까지 내버려두는 것이다.

글쎄, 과연 이 방법들이 잘 먹힐까? 심장이 두근거리다 못해 심장마비가 걸리게 하는 이들이 변할 확률은? 'Never, Never, Never'다. 그러니 다혈질 인간에 대한 대처는 절대 '그들을 달래는 방법'에서 시작하면 안 된다. 철저히 나 중심으로 생각해야 한다. 이 이상한 인간들을 얼마나 견딜 수 있느냐 하는 조건부 가정에서 시작해야 한다는 것!

첫 번째 가정. 그렇게 화를 내는 그 인간이 적어도 일에 대해서는 가이드와 책임을 질 줄 아는 사람이다. 그렇다면 참고 적당히 당해준다. 그래도 그 인간은 사리분별이란 게 있고, 화를 내는 것에도 나름의 이유가 있을 테니까.

두 번째 가정. 그렇게 펄펄 뛰고 있는 그 인간이 가이드는 못 주지만 적어도 책임은 질 줄 아는 사람이다. 그럼 적당히 일해주고 어느 정도 포기하자. 좋은 아이디어를 받아먹으면 받아먹는 대로, 못 받아먹으면 못 받아먹는 대로 놔두는 거다. 어차피 중요한 책임은 그 인간이 질 거니까.

세 번째 가정. 미친 듯이 날뛰며 미친 소리를 해대는 저 인간이 일에 대한 가이드도 못하고 책임도 지지 않는 인간이다. 그럼 답은 명확하다. 그냥 그곳을 떠나라. 아마 당신은 그 다혈질 인간이 변하는 천지개벽을 볼 수 없을 것이며, 오지 않을 천지개벽을 기다리며 심각한 고혈압과 당뇨에 시달릴 것이다. 그리고 운 좋게 고혈압과 당뇨에 걸리지 않더라도 탈모와 위궤양에 걸려 있을 것이며. 운이 좋아 그런 병이 없더라도 모든 업무 독박을 한 몸에 받아내는 쓰레기통이 되어 있을 것이다!

그리고 정말 슬프지만, 나는 다혈질 상사들의 대다수 분류가 세 번째 가정에 속한다고 생각한다. 전문가들이 말하는 것처럼 그들이 직장에서 그토록 불안해하는 이유는 실력이 없어서이기도 하고, 실력 없음을 떳떳하게 인정할 용기도 없기 때문일 테니까.

그러니 오히려 솔직한 나의 조언은 이것이다. 심장병 걸리기 전에 빨리 그곳을 떠나라! 당신이 살기 위해 떠나라! 그만큼 그곳은 이미 지옥이다. 그 어떤 플레이로도 빛날 수없고, 그 어떤 훌륭한 전략으로도 롤러코스터처럼 춤추는 비상식을 당해낼 수 없다. 그러니 하루바삐 그곳과 이별하는 게 당연하다. 하루바삐 두 손 털고 나오는 것이 당연하다. 아니, 떠난다는 표현도 옳지 않다. 그런 곳은 내가 먼저 버린다.

참지 않는 연습

'성질이 미쳤다'기보다는 '일에 미친' 상사들도 많다. 그들은 정말 일이 잘되길 바라는 마음으로 미친 행동들을 반복한다. 발표일 하루를 남겨두고 200페이지짜리 보고서 방향을 뒤집는다거나, 실제 그 보고서의 1페이지부터 200페이지를 손수 밤을 새워 고쳐 쓴다. "왜 저렇게 고생을 사서 하나?"란 생각도 많이 했는데, 이런 상사들 밑에서 일하면 확실히 남는 것은 있다. 바로 날카로운 안목과 책임감, 그리고 기가 막힌 성취욕!

한때 정말 '미쳤다'고 생각했던 여자 상사가 있었는데, 이직을 하며 막상 내가 광고주 입장이 되어보니 제일 먼저 손잡으며 일하고 싶었던 분이 그 상사이기도 했다. 독한 만큼 진한 여운을 남기는 그들의 크레이지함이 좋다. 미치면 미친다는 명언은 그들을 위한 찬사일 것이다.

직장 동료가
가족이라고?

가끔 회사에서는 롤링페이퍼를 돌린다. "사랑하는 최 과장님, 과장님의 생일을 진심으로 축하하며…." 부서 내 똘똘이 같은 직원이 A3 용지 위쪽에 예시까지 적으면 나는 그 아래에 내 몫을 다해야 한다. 나는 다른 사람들이 쓴 문구들을 쭉 둘러본다. "과장님의 환한 미소가 오늘 하루도 더 밝게 비추시길 바라며…." "오늘도 파이팅! 우리 언제 맥주 한잔하기에요!" "우와, 대박! 오늘 완전 기쁜 날이네요!"

그리고 나는 그 문구들을 쭉 둘러보며 느낀다. "아, 진짜 애썼네. 이리저리 감정을 짜 내느라고." 정말 좋은 사람의 생일이라면 이런 롤링페이퍼 따위는 필요 없다. 그냥 소소하게 저녁이나 술자리를 잡아 우리끼리 기분 좋게 즐기면 그만이다. 하지만 이런 류의 롤링페이퍼는 또 하나의 강압이다. 그 페이퍼를 채우고 있는 문구들에서 진심으로 소박하다거나 딥deep한 감정이 느껴지지 않는 것처럼, 그냥 윗사람에게 형식적으로 바치는 의전인 셈이다.

차라리 이렇게 말하는 것이 더 낫지 않을까 싶다. "과장님, 오늘 생일 축하해요! 그러니 오늘만큼은 헛소리하지 말고 제발 회의 시간에 도망가지 좀 말라고요!"

하지만 직장 내 어르신들은 말한다. "우리는 오전 8시부터 오후 6시까지 함께 일하는 사람들이야. 가족들보다 더 끈끈한 존재들이지." 나는 정말 이 말만은 이해할 수 없다. "아니, 여보세요. 어떻게 직장 동료가 가족들보다 끈끈합니까. 제가 배가 아플 때 병원 가는 것도 눈치를 주고, 저희 집에서 장례가 치러져도 단체 카톡방에 회식 사진을 올리는 쌩판 남일 뿐인데 어떻게 그런 말을 할 수 있으시죠?"

한번은 이런 일도 있었다. 딸아이가 회사 인쇄광고 모델로 무료 출연을 했다. 내 딸이 모델에 굉장한 욕심이 있어서가 아니라, 내가 광고 담당자였고 그 해에 쓸 예산이 턱 없이 부족했기 때문이다. 한마디로 내 딸은 '무료로, 그리고 내 인맥으로 활용할 수 있는 인적 자원'이었다. 광고촬영장에서도 얼마나 고생을 했는지 모른다.

전문 모델이 아닌 여섯 살 아이는 자리에 앉아 있는 것조차 힘들어했다. "애야, 이거 칫솔보험 광고잖아. 입을 이~ 하고 한번 웃어봐. 옳지! 그 부분에서 칫솔을 살짝 입 쪽에 갖다 대고, 옳지, 옳지!" 하지만 나의 격한 호응에도 불구하고, 번번이 자리를 탈출하는 아이 때문에 정말 돌아버리는 줄 알았다. 그 사진 한 컷을 위해 나는 스텝들에게 머리를 조아리며 거의 세 시간을 애태웠다.

다행히 광고는 무사히 나왔고, 반응 또한 좋았지만…? '직장 사람들은 절대 내 가족이 아니다'란 증명은 또 한 번 내 현실을 강타했다. 이건 100만 원 이슈에서 시작했다. 아마 임원회의에서 이런 말이 나왔나보다. "광고가 잘 나왔고, 직원 아이가 모델을 했다고 하니 100만 원 정도라도 보상해야 하는 거 아니에요?" (원래 전문 아역모델은 1년에 400만 원이다) 그래서 실장님은 내게 무슨 선물을 갖고 싶냐고 물었고, 나는 몇 번을 고사하다 대답했다. "그냥 아이가 읽을 수 있는 도서 전집을 받고 싶어요."

하지만 그때부터 나의 '직장 내 가족'들은 반기를 들기 시작했다. 일단 여기저기서 메신저가 날아온다. "승주 대리, 이번 모델 건으로 선물받기로 했다며? 그거 누구 결정이야? 원래 자기가 돈 욕심 나서 진행한 건 아니잖아?" "그거 꼭 받아야 해? 웬만하면 받지 마. 사람이 우스워지잖아. 못 받겠다고 해."

놀랍게도 이들은 평소 내가 그나마 '가깝다고' 생각한 동료들이었다. 밥도 더 자주 먹고, 담소도 더 자주 나누며 사적 이야기도 아무렇지도 않게 소통한 사람들이었다. 그런데 그들은 지금 누구보다 더 눈에 불을 켜고 달려들고 있었다. 이것이 질투인지, 아니면 청렴결백하게 살라는 뜻에서 정말 나를 위해 배려하는 것인지 알 수 없지만, 나는 이 사건이 서운하다 못해 어이없었던 것이 사실이다. 촬영을 간다고 했을 때 이런 말이라도 했으면 아마 화가 덜 났을 거다. "애는 잘 찍었어? 세 시간 동안이나 촬영을 했다니 정말 고생했네."

'가족을 가장한 가족 아닌 사람들'에게 폭발한 나는 그 선물을 더 적극적으로 받기로 결심했다. 하지만 아직도 회사에서는 그 선물을 주지 않고 있다. 파트장은 말한다. "그거 주려면 기안을 써야 하는데, 아무래도 기안을 쓸 이슈가 좀 없어서 말이야." (그럼 매달 올리고 있는 부서 비용 기안은 대체 뭐죠?) 그리고 장작 1년이 지나고 있는 지금까지 그 선물을 전달해주지 않고 있다. 덕분에 나는 딸아이에게 거짓말을 한 나쁜 엄마가 되었고, 실제로 선물을 받지도 못했으면서도 변죽만 울린 사람이 되었다.

상황이 이러한데도 파트장은 가끔 나에게 '가족'이란 울타리를 강조한다. "승주 대리! 이번 일 좀 빨리 처리해줘. 알지? 우리 가족 같은 사람인 거. 진짜 급한 거니까, 내일모레까지 꼭 처리해달라고!"

엑! 가족의 정의가 이렇게 얄팍한 것이었다면, 가족에 대한 그 많은 명품 노래, 영화 등은 나오지 않았을 것이다. 회사에서 말하는 '가족'의 정의란 '화장실에 갈 때의 급함' 그 이상 이하도 아닌 듯하다.

"나 지금 이 일이 너무 급해! 빨리 와, 우리 딸 이 대리!" "어머, 우리 회식 비용을 뿜빠이해야 하잖아요! 부서 가족들아, 우리 돈 좀 나누어보아요!" "하하하! 저 이번에 승진했잖아요. 우리 가족 같은 사람들인데 저 밥 좀 사주세요." "저 실장님에게 예쁨 좀 받고 싶은데. 부장님, 가족처럼 좀 도와 주세요!"

적당한 거리 유지하기

한때는 후배를 잘 키우면 이런 상황이 좀 달라지지 않을까 싶기도 했다. (상사는 이미 포기했다) 하지만 후배를 잘 키우는 것은 내 자식을 잘 키우는 것 이상으로 어려운 일이다. 아니 그보다 더 불가능하다. 모두가 그런 것은 아니겠지만, 요즘 후배들은 "선배에게 기대할 것, 뽑아먹어야 것"에 대해서 누구보다 영민하게 알고 있다. 이 때문에 내가 무언가를 부탁하고 싶을 때, 의리나 이해를 저버리는 경우도 많다.

3년 정도 예뻐한 후배가 있었다. 힘들 땐 밥도 사고, 상담을 들어주기도 하면서. 어느 날 그에게 "대행사와의 회의 자리에는 앞머리에 롤을 꽂고 오지 마라" 하니 완전히 삐쳐 버렸다. 그리고 아주 억울한 표정을 보이며 계속 울먹거렸다. "저에게 왜 그러시죠? 혹시 평소 저에게 감정이 있으셨나요?"

그러고는 아니라고 말하는 나와 거의 핑퐁에 가까운 대

거리를 30분이나 이어갔다. 나는 그 과정을 통해 한 가지를 분명히 알게 되었다. '아, 이 친구는 내가 잘해주는 것에 익숙해져 있군. 그러니 그 외의 것에 대해서는 더 이상 터치를 받고 싶지 않은 거야.' 물론 내가 이 후배의 이모나 엄마였다면 반응은 달랐을 것이다. "아, 알겠어요" 하며 아주 담백하게 상황 종료되었을 테지. 하지만 내가 아무리 잘해줘도 그녀의 머릿속엔 내가 '직장 상사'로 고착화된 것이리라. 자존심을 필요 이상으로 내세우는 건, 바로 그 증명이다.

10년 동안 직장생활을 하다가 이후 20년을 해외에서 사업으로 보낸 이모는 내게 다시 한 번 정신이 번쩍 차려지는 말을 했다. (그 30년간의 롤러코스터 같은 역경은 이루 다 말할 수 없다) "가족은 무슨 개뿔! 그냥 꼬박꼬박 돈 받으려고 좋은 척하는 거지. 너 혹시 직장생활에서 아직도 그런 정을 바라니? 애가 아주 미쳤구나. 제정신이 아니야!"

나는 다시 정신을 차리고 내 생활로 돌아온다. 누군가 운전면허를 땄다며 우르르 밥을 먹으러 가는 모습에 그냥 썩소 한 번 날린다. "미안해, 난 더 이상 내 감정을 낭비하기 싫어! 그 시간에 차라리 내 아이들에게 동화책 한 번 더 읽어주려 가련다." 로또를 맞을 확률보다 더 어려운 확률은, 정말 가족 같은 느낌을 주는 바로 그 직장 멤버들을 만날 때라고 생각한다. 직장동료가 가족이라고? 정말 개~뿔!

참지 않는 연습

'가짜 가족'에게 끌려다니다 보면 '진짜 가족'에겐 소홀해지게 마련이다. 상사에게 칭찬 한 번 더 듣겠다고 주말 아침에 핸드폰을 들여다보고 있으면 (아이디어 서칭을 한다는 핑계) 아이들은 징징대기 일쑤였다. "엄마, 일 좀 그만하고 나랑 놀아."남편도 가끔 불만을 토로한다. 여름휴가를 와서도 수시로 울려대는 전화를 받고 있으면 "대체 그 회사는 왜 그러는 거야?"라며 화를 냈으니까.

그래, 이 모든 게 정상은 아니다. 쉬는 시간까지 숨통을 조이는 사람들이 무슨 내 가족이라고. 진솔한 대화를 나누고, 피로한 마음을 기댈 수 있는 사람들. 내 진짜 가족부터 챙기자!

짜증나는
'직장 자기계발서'

소설가 김영하 선생님은 말씀하셨다. "저는 짜증난다는 표현을 학생들에게 자주 쓰지 말라고 당부합니다. 그게 화가 나는 건지, 신경을 거스르는 건지, 아님 불편한 일인지 좀 더 세심히 마주하길 바라서죠."

김영하 작가님의 팬으로서 이 당부를 꼭 지키고 싶었지만…. 하, 이건 정말 짜증난다는 말밖에 표현할 수 없다! 그리고 당신이 이 글을 끝까지 읽는 그 순간까지도, 뭔가 특별한 결론이나 대안을 내릴 수 없다는 점이 더 짜증난다. 우리는 늘 이런 말을 들으면서 자라났다. "노력해. 더 노력해야 해. 노력하면 너도 그렇게 될 수 있어." 이어서 마주하는 그 노력의 예시들은 출중하기 이를 데 없다. 공사판 막노동을 하면서 서울대 수석을 움켜 쥔 학생, 어려운 가정 형편 속에서 암까지 극복하고 글로벌 투자기업에 취직한 사람. 그리고 거의 정신병자에 가까운 남자들이 나대는 암투 속에서도 '남자처럼 일하고 여자처럼 승리했다'는 어느 여성 임원의 아름다운 이야기까지. 솔직히 말한다. 엑! 이건 너무 빡세잖아!

교육─취업─그리고 취업 이후 상황까지. 노력을 신봉하는 이 모든 이야기는 모두에게 '랜스 암스트롱Lance Armstrong'이 되라고 말하는 듯하다. 고환암을 극복하고 세계 사이클 대회를 7연패 한 바로 그 영웅 말이다.

가끔은 우리 엄마도 말씀하신다. "열심히 일해라. 열심히 일하면 회사에서 임원도 되고 좀 좋아?" 이 자리를 빌려 엄마에게 말한다. "엄마! 여기 들어온 것도 철인 3종 경기 100번 이상을 한 것처럼 힘들었어. 근데 내 회사생활을 그렇게 바닥에 떨어진 땅콩 주워 먹듯 쉽게 말하는 거 있기, 없기?"

모두에게 직장생활은 힘들다. 하지만 여성들에게 직장

생활은 더 힘들다. 기본적으로 여성들은 '보이지 않는 차별'에 노출되어 있으며 그 차별이 노골화될 때 가장 먼저 제쳐지는 존재니까. 나는 당신이 이 부분에서 "대신 여자들은 군대에 안 가잖아요!"라고 말하는 그런 사람은 아니길 바란다. 이 논쟁에선 애초에 여성들이 쉽게 이길 수 없으며 "그러는 남자들은 가산점을 받았잖아"라고 치졸하게 대응할 것이 아님을 분명히 밝힌다.

심플하게 생각하자. 회사라는 조직을 생각할 때 "우리 회사에 여성 임원은 몇 명이나 있지?"가 여성의 현실을 방증하는 공식 척도이며, 이 회사에 끝까지 누가 남아야 할까를 가정할 때 "결국 남자들?"이라고 조금이나마 생각이 든다면 그 또한 현실의 주소다. 우리 더 논쟁하지 말자.

"너는 왜 저렇게 못해?"라는 말의 폭력

하지만 이 같은 차별보다 더 문제인 것은, 이런 차별을 지적하는 태도조차 부정적으로 바라보는 사람들이다. 그들은 "거 참 세상에 불만이 많네"라고 하거나 "해보지도 않고 너무 나약한 거 아니야"라고 비판한다. 그러고도 꼭 뒤에 어떤 예시를 든다. "자, 들어보라고. 내가 아는 어떤 여성 임원은 말이야….”

그 임원의 이야기를 자세히 하진 않겠다. 옮기는 것 자체가 참 쓸데없는 짓이다. 왜냐하면 이들은 지금 현실적인 이야기에 주술로 대응하고 있기 때문이다. 타당한 이의제기에 대해 이것은 '불평' 혹은 '나태함'이라며 고요히 눌러버리고 있다.

언젠가 상사에게 항의를 한 적이 있다. “제가 이 프로젝트를 기획하고 보고서까지 작성했는데 남자 사원에게 보고 기회를 뺏겼습니다. 말씀해주세요. 여자라서 제쳐진 겁니까?”

그러자 그는 대답한다. “이거 왜 이래. 세상을 그렇게 흉흉하게 보면 되나? 대통령도 국민들의 바람으로 하야가 되는 세상인데 그게 말이 돼? 이 대리가 뭘 잘못했나 보지. 잘 생각해봐. 어떤 부분을 더 채워야 할지, 더 노력해야 할지, 천천히 혼자 반성해 보라고.”

물론 나는 반성하는 척 반성하지 않는다. “아이고 내가 잘못했네. 이런 부분을 더 보완했어야 예쁨을 받았는데 그랬어”로 쓸데없이 자학하지 않는다. 그런 건 옛날에 이미 다 해봤다. 오히려 하도 반복하다 보니 어느새 이런 질문이 생겼다. “왜 제가 이상하다고 말하는 부분을 같이 들여다보지 않으시죠? 무조건 '긍정적인 사고'를 하라 말씀하시는데, 솔직히 그거 논리의 결핍 아닌가요?"

'나 때는 말이야…'

어떤 사회학자는 이야기한다. "예외에 집중할수록 평균은 더 나빠진다. 더 큰 문제는 예외라는 말을 자주 할수록 평균의 고통을 '그럴 만하니 그렇지'라며 인과응보처럼 받아들이는 데 있다."

평균을 보지 못하면 '소통이 어렵다'는 그의 말은 너무나 공감이 간다. 한때 대한민국 사회를 강타했던 '꼰대'라는 단어도 비슷한 태도를 담고 있다. 자신의 일화나 주변의 몇 가지 사례로 그것을 '절대 진리화'시키는 태도 말이다. 특히 "나의 경험상…" 혹은 "내가 본 사람들은…"을 반복하며 이들은 타인을 계몽하려 든다. 왜 이런 일이 생겼는지 맥락조차 이해하려 하지 않고 혼자 만리장성을 쌓고 있는 것이다.

회사에서는 자주 강연회를 연다. 주옥같은 말씀을 주는 분들도 많지만, 어떤 강연은 참으로 의도적이다. 특히 성공한 여성 CEO들을 모시는 자리는 "회사에서 꽤 돈을 줬나봐" 하는 냄새가 폴폴 풍긴다. 그들의 이야기는 늘 정석대로 움직인다. "저는 여러분을 이해합니다. 하지만 저는 여러분보다 더 못한 환경에서 일을 했으며…." 그리고 결론은 늘 "성공을 했다"는 것이다. 나는 고개를 끄덕이며 이야기를 듣는 상사들을 쩨려본다. "차라리 이게 사이비 종교집회라고 말해 줘. 이상한 긍정으로 우리를 길들이는 거라고!"

그러고 보니, 회사에 마지막으로 있던 여성 임원은 언젠가 사라졌다. (그분은 상무님이자 나의 팀장님이었다) 그분이 회사에 계셨을 때는 "저분처럼 하면 성공할 수 있다"는 신화의 예시가 되곤 했는데, 실제 그분의 하루란 것은 떼거리로 몰려온 남자 임원들을 회의실에서 혼자 상대하는 일이었다. (아니 '한 판 떴다'는 말이 더 정확하다) 다행히 우리 팀장님은 논리적이고 목소리가 컸다. 그래서 늘 남자 임원들이 입도 뻥긋 못하고 물러갔다. 어느 분은 거의 하소연을 했지. "H 상무! 제발 나도 말 좀 합시다."

하지만 보이지 않는 곳에서 팀장님을 음해하는 목소리는 장난이 아니었다. 기가 너무 세다, 여자 하나가 남자들을 단체로 찜 쪄 먹으려 한다, 이번 회의는 남자 임원들끼리 조용히 진행을 하자. 보이지 않는 견제와 암투가 너무 많았다.

결국 우리의 마지막 여성 임원은 몇 가지 일들이 불행하게 겹쳐 이직을 하셨다. 그분이 떠난다고 했을 때 남자 임원들이 한 말이 아직도 잊히지 않는다. "이제 좀 정들만 했는데, 왜 떠난다는 거지?"

'하면 된다'는 무식한 소리는 말아요

나쁜 사회 구조가 득세하면, 절대 개인이 혼자 유리천장을 뚫을 수가 없다. 낙태를 하거나 피임약을 먹어가며 승진을 움켜쥔 어느 여성의 이야기는 '승진의 표본'이라기보다 차라리 '괴물의 이야기'라 말하는 게 더 옳을 것이다.

'하면 된다'고 말하는 직장의 자기계발서는 너무 짜증난다. 예쁜 옷을 입고, 화장을 하고, 업무까지 완벽하게 처리해야 하는 여성의 '자기계발'이란 것은 늘 마흔 언저리에서 한계를 맞으니까. 그리고 이렇게 평가 받는다. "여자들이 이렇게 적당히 하니 다음 세대를 키워주지 못하는 거야!"

나는 그런 혹독한 평가를 내리는 사람들이 '매번 똑 같은 옷을 입고 오던' 남자들이란 사실이 놀랍다. 딱 어느 정도까지만 자기계발이 이루어지는 평균적 현실이, 독한 슈퍼우먼의 예외적 성공에 묻히는 게 너무 짜증난다. 어떤 예외를 끝없이 말하는 것은, 우리를 길들이는 동시에 상식의 선을 넘으려는 또 다른 폭력이다.

참지 않는 연습

남편은 직장생활을 꽤 잘했다. 승진도 빨랐고, 그 나이에 경험하기 힘든 좋은 프로젝트도 성공적으로 추진했다. 가끔 직장 선배로서 "유리천장이 있다고 생각해?"라고 물으면, 남편은 말한다.

"그게 꼭 성별의 문제인가? 당신이 만날 얘기하는 K 과장, 그 여자는 여우같이 정치 잘한다며. 술도 잘 먹고, 승진도 잘 하고. 남자들도 요즘엔 후달리는 사람들 많아. 그건 사실 개개인의 문제 아닌가?"

이 얘기에 대해서는 정말 많은 대화가 필요할 것 같다. 구조의 문제는 여전히 '개인이 극복해야 할 문제'로 생각되는 경우가 많다. 무엇이 현실인지. 또 어떻게 해결해나가야 할지에 대해서는 더 많은 이야기가 필요하겠지. 한 가정에서도 통일되지 않는 견해 차이가 우리 사회의 현 주소 같다.

그들의 사랑은
너무 지독하시어

정말 독한 사랑이란 말이 절로 나온다. 그들은 결정적인 순간마다 뭉치고 껴안고 보듬는다. 그리스의 철학자 플라톤Plato은 《향연》에서 이런 말을 했다. "남녀 간의 사랑이 육체적이고 에로스적인 것이라면, 남남간의 사랑은 정신적이고 견고하며 무엇보다 고차원적이다." 고차원적이란 말에서 심하게 고개가 갸웃거려지나, 어쨌든 플라톤의 분석은 일부 적중했다. 어떤 남자와 남자의 사랑은 무서울 정도로 끈끈해서 웬만큼 단수 높은 여자는 쉽게 끼어들 수가 없다. 특히 그것이 직장 남자들 간의 사랑 문제라면.

"저, 이건 홍 과장님이 가이드를 주셔야 할 것 같은데요. 매번 회의에 참석을 안 하셔서…."

난 파트장에게 조심스레 애로사항을 말했다. 홍 과장은 내 남자 사수고 파트장은 파트 운영을 책임지는 관리자다. 홍 과장은 주요 프로젝트를 진행할 때마다 요리조리 빠졌다. "오늘은 기분이 좋지 않아" "감기 기운이 있어서" 등 변명도 가지각색이었다. 때문에 일을 진행하는 것이 쉽지 않았다. 그러니 상급자에게 이런 상황을 조율해달라는 건 지극히 상식적인 일이겠지만 가끔 그것이 상식적이지 않을 때도 있다. 어떤 남자가, 일 안 하는 그 남자를 너무도 사랑할 때는 말이다.

파트장은 눈살을 찌푸렸다. "그러니까 이런 일은 알아서 해. 홍 과장이 좀 바빠? 내가 봐도 아주 불쌍해죽겠어. 남자가 집에서 애 보랴, 직장에서 일 하랴. 괜히 사람 괴롭히지 말고 웬만한 건 이 대리가 알아서 해." 하지만 파트장은 안다. 나도 집에서 애 보고 직장에서 일하는 워킹맘이란 사실을. 그리고 싱글 대디도 아니오, 평범한 맞벌이 직장인인 홍 과장이 사실은 귀찮은 일을 하기 싫어 컴퓨터 앞에서 딴 짓만 하고 있다는 것을. 하지만 파트장이 그런 그를 '불쌍하다'

고 표현하는 이유는 단 하나다. 바로 그가 남자 가장이니까. 그리고 자신도 남자 가장이니까. 그건 자신들을 방어하는 공통의 변명이다.

서로에 대한 '어떤 남자'들의 연민은 술자리에서 정점을 이룬다. 내가 마지막으로 옮긴 회사는 여성 임원이 없고 남자 구성원이 80퍼센트 이상이었는데, 일단 이곳은 회식이 잦았다. 하루는 높으신 실장급부터 막내 사원까지 쪼르르 이열 종대로 앉았다. 늘 그랬듯 팀장이 건배사를 외친다.

"제가 선창하고 여러분이 후창합니다. 이 멤버, 리멤버!"

"이 멤버, 리멤버!"

해석하면 이 멤버 끝까지 다시 모이세, 언제까지 서로를 기억하세, 하는 뜻인데 시작부터 살짝 이상한 냄새가 난다.

술이 몇 잔씩 돌아가고 다들 좀 알딸딸하게 취하면 누군가 촉매 역할을 한다. "(팀장 A, 갑자기 옆에 있는 실장 B의 손을 덥석 잡으며) 실장님, 전 실장님의 마음을 누구보다 잘 알고 있어요. 우리 남자들이, 가장들이, 회사를 위해 얼마나 충성을 다 하는지 잘 알고 계시죠?" 말을 마무리할 때쯤 A는 거의 눈물을 글썽이며 속삭였다. 이 모습을 지켜본 난 속으로 비웃었다.

'거 멘트 한번 엄청 구리네'. 하지만 누가 봐도 이 저속한 멘트에 B 실장은 감동한 듯 A 팀장의 손을 지그시 잡았다. "알지. 다 알지. 내가 모름 솔직히 누가 알겠어?"

서로를 응시하며 잠시 세상이 정지한 듯한 두 남자의 모습. 이거 코미디인가? 하고 생각하는데, 뒤 이은 남자들의 행동이 이를 일류 로맨스로 탈바꿈시킨다. "우리 정말 고생하지" "맞아. 남자가 직장생활하는 게 어디 쉬운 일이야?" 하며 주거니 받거니 술을 나눈다. 애쓰는 팀장과 실장을 위해 한 잔, 불쌍한 남자 가장들끼리 두 잔, 그리고 외로운 자신을 위해 다시 한 잔! 이렇게 회식은 새벽을 달린다. 마지막까지 "이 멤버, 리 멤버"를 합창하는 그들. 회식 내내 자작을 하며 생각했다. 나는 투명인간일까?

남자는 불쌍한 가장이라고? 나도 불쌍해!

'가장'이란 뜻을 남성으로만 국한하는 건, 솔직히 '직장의 구태의연한 호주제'다. 남자인 아버지를 중심으로 집안의 권력관계를 해석한 호주제는 성 평등에 어긋나며, 다양한 가족의 형태를 인정하지 않는다는 이유로 2005년에 이미 폐지되었다. 하지만 2019년을 살아가고 있는 내 일상은 이렇듯 또 다시 과거로 회귀 중이다. 사실 엄밀히 말하면 모든 직장인은 가장이다. 밥벌이를 위해, 안정적인 경제생활을 위해, 미혼이든 기혼이든, 남자든 여자든 자신의 몫을 책임지는 '가장'의 역할을 수행하고 있는 것이니까. 때문에 '남자'란 이유로 더 가여울 이유는 없다. 각자 돈을 버는 사연을 말하라면 아마 밤을 새우고도 모자랄 것이다. 나도 마찬가지다. "전 고작 3만 원을 남기고 도우미 아주머니께 월급을 드리죠. 흑흑."

　물론 인간은 비슷한 처지의 인간에게 동질감을 느낄 수 있다. 그 부분에서 굳이 '남─남男─男'의 동질감 자체를 비난하고 싶지는 않다. (여자도 동성에게 많은 부분에서 동질감을 느끼니까) 하지만 지나치게 한쪽으로 쏠린 애정은, 그 애정의 대상에서 제외된 이들에게 굉장한 차별과 좌절감을 안길 수 있다. 특히 그 '애정이 기준'이 직장이란 곳에서 능력이 아닌 성별이란 분류로 적용될 때는 말이다.

　난 궁금하다. 직장의 애정 서열은 과연 정해져 있지 않은가? 특히 힘을 가진 권력층이 남자들로 가득한 경우, 그 서열의 1, 2위는 과연 '가장인 남자' 혹은 '가장이 될 미혼 남자'

로 기정사실화 되어 있지 않은가? 100번 양보해 그렇지 않다면 20대 여자는 술 따르는 꽃이라거나 워킹맘은 회사에 놀러 오는 존재라는 등, 내가 직접 들었거나 주변에서 무수히 떠도는 말들은 대체 어떻게 해석해야 좋을 것인가.

언젠가 파트장과 홍 과장은 내게 이런 말을 했다. "이번 승진은 남자에게 양보하는 게 좋을 것 같아. 솔직히 이 대리는 언젠가 짐 싸서 집에 갈 애 엄마잖아? 아무래도 남자가 기회를 더 가지는 게 맞지."

하지만 그 워킹맘이 그들의 일을 새벽까지 대신해주고 있으며, 그렇게 빡세게 일하고도 본인들보다 월급을 더 적게 받는다는 사실은 쉽게 무시되어 버린다. 어느 TF에 차출되어 갔을 때는 대놓고 여자라서 무시를 당하기도 했다. 업무로 개설된 단체 카톡방에서 남자 상사 둘과 남자 사원이 '호형호제' 놀이를 한다.

팀원: 형! 나 이번 거 어려워서 못하겠어. ㅠㅠ

팀장: 그래, 동생~ 귀찮은 건 이 대리 시켜~!

팀원: 아, 맞다! 이 대리 일 잘하니까. ㅋㅋㅋ 대리님~ 그럼 오늘도 잘 부탁합니다.

하지만 정작 기획서가 마무리됐을 때, 그들은 날 쏙 빼놓고 상부 보고를 진행했다.

"평등을 일상으로!" 양성평등을 실현하겠다는 여성가족부의 슬로건이다. 참 마음에 와 닿는 내용인 동시에 너무 슬픈 슬로건이기도 하다. 도무지 그 '일상'이 내 현실의 '일상'으로 체감되지 않고 있어서.

가끔은 이런 생각을 한다. 더 이상 '직장 내 남녀차별' 이야기를 너무 딱딱하게 접근하지 말자고. 모두가 쉽게 관심을 둘 수 있게, 너도나도 클릭해볼 수 있게 '자극적인 애정 문제'로 변화시켜 보자고. 실장이 여자 직원만 쏙 빼놓고 회의를 진행했다면, "김 실장과 김 과장, 오늘도 회의실에서 단 둘이 입 맞춰…. 그들의 브로맨스는 어디까지 갈 것인가"라고.

아마 이런 시도를 보며 마지막까지 발악하는 이가 있을 수도 있다. "이건 게이를 비하하는 내용이군"이라며 또 다른 음모를 꾸밀 수도 있겠지. 하지만 거듭 밝히지만 이것은 직장 내 '치졸한 사랑' 얘기다. 그리고 이런 식의 색깔론은 이미 너무 진부한 트릭이 되었다. 정말 요즘 시대가 어떤 시대인데 말이야.

그래서 그 마지막 오해까지 없애고자 난 정의를 내리고자 한다. 직장 내 남남의 사랑, 가장 놀이를 위한 남남의 연대란 것은 한 마디로 '불륜'이다. 한 사람의 인격, 능력, 품성을 그대로 존중하지 않는, 그래서 시류에 어긋나며 합리적인 이성까지 마비시키는 싸구려 불륜이다. 그런데 이 역시도 혹시 어물쩍 넘어가려나? '간통죄'는 이미 폐지됐다며, 그래서 제재되지 않는다며, 또 기쁘게 얼싸안는 건 아니겠지?

참지 않는 연습

두 번의 이직을 통해 '남남 연대'도 경험하고 '여여 연대'도 경험했지만, 이들 연대의 성격을 가르는 것은 단지 그곳이 남초 지역이냐 여초 지역이냐의 문제는 아닌 것 같다. 그보다 중요한 것은 "그 조직의 권력자가 남자인가, 여자인가? 그리고 어떤 성장 경험을 가졌는가" 하는 점이다. 남자 정치에 편승해 올라온 남자 혹은 여자 CEO는 은근히 '남남연대'를 독려하며 여자 조직원들을 이간질 시켰고, 자신의 힘으로 투쟁하며 올라온 여자 CEO는 "여자들에게 보다 열린 환경을 만들어주어야 한다"며 화합을 독려해 주었으니까.

결국 우리의 조직문화란 것은 아직 위로부터 형성돼 내려오는 것이 맞는 것 같다. 민주적인 리더가 민주적인 조직을 만드는 것처럼, "나는 어떤 리더가 될 것인가"를 생각해보는 것이 미래를 바꾸는 보다 발전적인 방향이 아닐까.

누가 내 냄새를
비참하게 만들었나

중학교 3학년 때 왕따를 당한 적이 있다. 친구들이 말해줬듯 이유는 명확했다. "공부를 너무 열심히 하는 게 꼴 보기 싫어서." 중2 때까지 노는 것에 더 관심이 많았던 나는, 한 번 성적이 오른 것을 계기로 공부에 재미를 붙였다. 그때부터였다. 자리에 엉덩이를 붙이고 앉아 책만 파기 시작한 게.

하지만 그것은 동시에 친구들에게 눈엣가시이기도 했다. 처음 반에서 1등을 했을 때는 "설마 우연이겠지"라는 평가였다가 두세 번 반복되니 대놓고 공격을 했다. "우리 반 1등은 따로 있잖아. 왜 갑자기 네가 올라와?"

이후는 치졸한 복수였다. 욕이 섞인 쪽지 놓아두기, 체육복 훔쳐가기, 그 누구도 나와 이야기하지 않기 등. 복수의 형태도 참 다양했다. 한창 감수성이 민감한 나이라 울 때도 많았지만 공부가 너무 재미있어서 그런 것에 굴복하긴 싫었다. 나는 성적으로 증명을 했고 졸업 즈음엔 친구들로부터 사과를 받았다. "미안해. 그렇게까지 할 건 아니었는데." 그리고 고등학교에 올라가서는 그런 일을 당하진 않았다. 처음부터 성적은 상위권이었고 아무도 날 밑에서부터 올라온 평범한 학생으로 생각하지 않았으니까.

학창시절을 벗어난 지 오래 되었지만 나는 회사에서도 가끔 이 논리를 느낀다. 본래 잘 나가는 이들은 경쟁의 대상에서 아예 제외해버리고, 오히려 그 밑의 사람들끼리 더 악다구니를 하는 논리 말이다.

조금 바뀐 게 있다면 학창시절의 잘 나가는 기준이 성적이었다면, 회사에서 잘 나가는 기준은 '돈'이다. 돈이 많다는 기준은 솔직히 모호하다. 하지만 내가 회사에서 만난 부자들은 평범한 이들의 생활과는 분명한 차이가 있다. 가령 전

세 계약을 고민하는 내게 "점심시간에 청담동 빌라를 구매하고 왔다"는 부자도 있고, 크리스마스 프로모션 때문에 트리 구매를 알아보고 있으면 "우리 집 마당에 있는 나무 중 한 그루를 가져오겠다"고 말하기도 한다.

우리에게 '우주로 가는 소설 같은 이야기'는 이들에겐 슈퍼마켓에 드나드는 것 같은 일상일 뿐이다. 그리고 그런 중대한 결정에 큰 고민도 없다. '아님 말고' 하는 배짱이 있다.

솔직히 부자들의 능력은 의외로 출중하지 않은 경우가 많다. 지나치게 비현실적이거나(모든 기획을 돈으로 바른다), 일 자체에 별로 관심이 없다(내가 총총 달리며 자료를 복사할 때, 느릿하게 걸으며 점심 메뉴를 생각한다). 혹은 아주 엉뚱한 실수들로 충격을 주기도 한다(직원들이 각자 먹을 수 있는 생수를 시키라고 했더니, 200밀리리터의 작은 병이 아닌 패트병 수준의 1.5리터를 시켰다)

하지만 이들의 모습보다 놀라운 건 상사들의 반응이다. 조언이나 꾸짖음 대신 아주 호탕한 웃음을 날린다. "이야! 역시 A 대리는 스케일이 커." "이 친구! 생각이 아주 기발하군." 그리고 뒷수습은 꼭 나 같은 평범한 이들에게 시킨다. "야! 그러니까 그거 빨리 해결하라고!"

영화 〈기생충〉에도 비슷한 대목이 등장한다. 이 영화엔 부잣집 지하에 숨어 살아가던 가난한 가족가정부와 그의 남편과, 그 부잣집에 새로 들어 온 또 다른 가난한 가족이 등장한다. 그들은 서로 부자 곁에 있기 위해 경계하고 싸운다. 특히 가정부와 그의 남편은 예술적 취향을 운운하며 또 다른 가족들을 무시하고, 그들이 집에서 쫓겨나게 된 이유를 부자의 결정이 아닌 새 가족의 등장 때문이라고 분노한다.

결국 두 가족은 지하실에서 생사를 건 다툼을 벌이는데, 부자들은 이 상황조차 모른 채 고상하게 식사를 즐긴다. 한쪽에선 피를 튀기는데 다른 한 쪽에선 짜파구리에 한우까지 넣어서 냠냠 먹는다.

아마 이 영화를 본 분들은 기억하실 것이다. 가정부의 남편과 치열하게 싸우느라 숯처럼 까매진 한 남자송강호의 발바닥을. 자신을 공격하는 이들을 피해 지하실 계단을 오르느라 까맣게 변한 그 발은, 마치 그 가정부와 가정부 남편이 찍은 메시지 같았다.

"넌 안 돼! 넌 우리보다 높이 올라갈 수 없어! 나의 경쟁자는 저 높은 사람이 아닌, 나보다 높이 올라가려 하는 바로 너니까!"

압구정 사는 '귀족'과 나머지 평민들

다시 회사로 돌아가볼까? 회사 내 부자들에게 한 번도 열등감을 느끼지 않았다면 거짓말일 것이다. 특히 내 직업이 '브랜드를 기획하는 일'이라 그 기분이 더 커질 때가 많았다. 가령 고급 브랜드를 나는 책으로 배웠다면, 부자들은 이미 전 세계의 브랜드를 직접 걸치고 경험해보았으니까.

하지만 내 냄새를 결정적으로 비참하게 만드는 건 사실 이들이 아니다. 나를 비참하게 하는 건 오히려 나와 비슷한 냄새를 지니고 있는 이들이며, 그들이 나의 옷자락을 아래로 질질 끌어당길 때다.

몇 개월간 노력해 브랜드 기획서를 가져가면, 상사는 말한다. "빨리 C 대리를 불러와 봐." C는 청담동 빌라를 구입했다는 그 친구다. 그리고 그 기획이 어떤 배경에서 나왔는지, 어떻게 구성된 것인지도 모르는 그에게 다짜고짜 묻는다. "그러니까, 이 디자인을 보니 어때? 자네의 취향에 딱 맞는가?"

상사의 무지함이나 배려 없음은 그래도 나은 편이다. 같은 직급의 동료나 아래 직원이 이 같은 행동을 답습하면 무력감은 곧 패배감으로 변한다. 예를 들어 상사가 굽실대는 직원에게 먼저 알아서 기는 경우가 있다. "우리 기획서 다

작성하면 C 대리에게 보여줘요. 그럼 팀장이 무조건 컨펌해줄 거 같은데?" 아니면 누군가의 아이디어를 무가치한 것으로 비웃어버리기도 한다. "문구나 디자인에서 너무 애쓴 티가 나잖아. 촌~스럽게." 나아가 가끔은 감시 기능을 강화한다. "부장님! 박 대리가 오늘 8시 10분에 왔습니다. 10분이나 지각했어요." (하지만 출근 시간을 40분이나 어긴 부자 C 대리에겐 일어나 깍듯하게 인사를 한다)

이런 모습들은 영화 속 '가난한 사람들'보다 더 빈곤해보인다. 왜냐하면 이런 행동들은 정말 아무런 이득을 가져다주지 못하기 때문이다. 회사의 부자들은 우리의 CEO가 아니다. 개인적으론 돈이 많지만 그 돈을 우리 통장에 꽂아주지 않으며, 심지어 이 싸움에 낄 생각조차 없어 보인다. 그래서 더 우스워 보이는 이 현실은 우리가 스스로를 기생충으로 만들어버리는 것과 같다. 그 누구도 "넌 이런 냄새다"를 말하지 않았는데 자꾸 "우리는 이런 냄새다"로 선 긋기를 한다. 그리고 부자의 그림자만 봐도 숨어버리며 알아서 후광을 만들어준다. "아이고, 우리가 알아서 기어야지요" 하는 천박한 기운을 풍기면서.

'사촌이 땅을 사면 배가 아프다'는 속담 표현은 그래서 절

묘하다. 우리의 경쟁상대가 더 높은 곳에 있는 사람을 향하지 않고, 비슷한 처지의 지인을 겨냥하고 있다는 사실이 더 아이러니한 것이다. 실장님은 오늘도 '부자인 A 대리'를 찾고(커피 마시려고) 또 다른 부자 P 대리는 계속 자리를 비우는데도 "사정이 있겠지"라며 두둔을 받는 중이다. 그 와중, 지각을 할까봐 빗길에 액셀을 밟은 나는 무지하게 비참해진다. 어떤 부자가 싸놓은 똥을 치우느라 출장 갈 일도 많은데 "왜 이리 출장이 잦냐"며 혼이 나는 현실이 아프다. 그리고 일을 잘 마무리한다 해도 또 다른 비난을 각오해야 할 것이다. "적당히 좀 해. 뭘 그렇게 애써?"

누군가는 이야기한다. 우리 사회는 온도 조절 기능을 상실한 것 같다고. 어떤 허우적거림에는 이상하게 냉정하고, 어떤 일에는 쓸데없는 열정을 부린다고. 한마디로 우리 사회의 일그러진 자화상이라고.

"누가 내 냄새를 비참하게 만들었나?"에 대한 답도 마찬가지다. 그건 바로 '일그러진 우리들'이다. 딱히 부자에게 뭐 하나 얻어먹지도 못하면서. 절대적 충성 서약을 받을 것도 아니면서 이상하게 절절 매고 쩔쩔 대는 '일그러진 우리들'

말이다.

"김 대리는 어디에 살아?"라는 요상한 질문으로 누군가를 떠보고, "압구정 살아요"란 대답에 그를 알아서 모시는 이 쓸데없는 열정은, 그 열정의 반대편에 있는 사람들에게 무례한 차가움으로 다가온다. 고상함을 가르는 기준을 '자신과 비슷한가, 아닌가'로 나누고 있는 이 이상한 질투는 한 마디로 촌극이다. '비슷하다'는 것에 연민이 아닌 이빨을 드러내는 이 질 나쁜 바이러스. 나는 슬프고, 또 가슴이 아프다.

참지 않는 연습

나도 "돈 좀 있는 사람으로 보였으면 좋겠다"고 생각한 적이 많다. 중요 식사 자리가 있을 때는 일부러 명품백을 가져간다거나, "승주 대리가 강남 쪽에 산다고 했나?" 하면 전혀 사실이 아닌데도 살짝 못 들은 척 넘어간 적도 있으니까. 하지만 이런 '척하기'는 내 몸에 맞지 않는 옷을 입고 있는 듯한 불편함을 주었다. 그리고 굳이 '돈이 엄청나게 많지 않아도' '애써 척하지 않아도' 어쩐지 부티 나는 사람이 실제 내 주변엔 있다. "돈에 끌려다니지 않으면 돼. 내가 당당하면 돈이 저절로 따라오게 되어있어." 10년, 20년 후의 그의 행보가 기대된다. 결국 '사람이 먼저'라는 그의 말이 그 무엇보다 멋지게 증명되길 바란다.

희생을 보상해준다는 헛소리

《인생의 똥차들과 쿨하게 이별하는 법》을 읽다가 이 대목이 마음에 꽂혔다. "열심히 하다 보면 언젠가 사장이 알아주고 보상해줄 것이라는 믿음. 이건 뭐 산타클로스나 달나라 토끼를 믿는 것과 비슷하다. 이런 잘못된 믿음으로 우리들은 하고 싶지 않거나 자기 담당이 아닌 일, 혹은 자신에게 어울리지 않는 일들을 떠맡는다."

실제 중학교 1학년 때까지 산타클로스를 믿은 나는 (달나라 토끼는 초등학교 6학년 때까지 믿었다) 주위에서 생각하는 것보다 꽤 고지식하고 우직한 편이다. 이런 사람들을 좋은 말로 '착하다' 하고, 나쁜 말로는 '투명하다'고 한다. 말 그대로 투명하다. 생각이 너무 투명하게 잘 보여 이용해 먹기가 좋다. 그래서 내 직장생활의 패턴은 늘 한결 같았다. 내 안의 영혼을 하얗게 불태울 때까지 다 뽑아 먹히기!

대중에게 꽤 알려진 히트 광고를 만든 적이 있다. 그 광고가 만들어질 수 있었던 동력은 딱 하나였다. 모든 아이디어를 다 까버린다는 점에서 '모두 까기'로 유명한 권 CD에게 인정받기 위해서. 권 CD는 내 두 번째 광고회사의 크리에이티브 디렉터Creative Director였는데, 누렇고 퉁퉁 부은 얼굴로 본인 자리에서 손목만 돌렸다. (그의 말로는 아이디어의 신과 접선하는 제스처라고 했다)

이직한 지 얼마 안 되었을 때 그와 몇 년째 일한 카피라이터 후배가 말했다. "저 분은 절대 만족시킬 수 없어요. 그리고 혼자서 뭘 하는지도 알 수 없죠."

헛고생을 하는 사람들의 특징은 내가 그 사람을 만족시키는 '예외'가 될 수 있다고 믿는 것이다. 나는 아이디어의 끝을 팠다. 광고 제품은 P사의 라면이었는데 영감이 떠오르지 않을 때는 삼시 세끼 라면만 먹기도 했다. 마침내 제품 이름에서 아이디어가 떠올랐고 '마초가 라면을 끓이는 방법'을 카피와 시나리오로 풀어냈다. 이에 어울리는 배경 음악 사용을 위해 해외에 있는 원작자에게 직접 영어 메일 도 썼다. (Could I use…) 광고는 온에어되며 엄청난 조회 수를 기록했다. 결과는 다행히도 대성공이었지만…? 각종 시상 식 자리와 인터뷰 자리엔 늘 권 CD 혼자만 갔다. 기뻐하는 회사 사장에게도 그는 그 누런 얼굴로 마에스트로 놀이를 했다. "제가 그랬죠? 저 같은 고수에겐 결정적인 한 방이 있 다고."

한 번 당했으면 그만 당할 법도 한데, 나 같은 사람들에겐 또 이런 특징이 있다. 그래도 이렇게 최선을 다하면 언젠가 는 누가 알아줄 것이라는 믿음.

대기업으로 이직하며 난 카피라이터에서 브랜드 기획자 가 되었다. 이곳에선 조금 다른 포지셔닝이 필요했는데 새 롭게 옮긴 곳이니 오히려 더 열심히 일을 했다. 이런 피식 자의 순진함은 닳고 닳은 포식자의 눈에 금방 띄기 마련이 다. 우리 팀의 부장은 말했다. "우리는 조직이다. 너무 잘해 도 안 되고, 못해도 안 되고 딱 평균으로 일을 하라"고. 하지만 나에겐 동시에 또 다른 주문을 했다. "다른 사람들이 너무 일을 안 하니 평균을 맞추려면 네가 훨씬 더 잘해야 되는 거다."

그러니 그 평균을 맞추기 위해 또 경주마처럼 달렸다. 나이 든 차장님이 출근과 동시에 두통을 호소하면 그가 떠넘긴 브랜드 전략 자료를 작성했고. 옆 자리 과장님이 "오늘은 날씨가 안 좋아서 일을 못하겠다"고 하면 그를 대신해 분기별 광고 플랜을 구성했다. 하지만 이런 노력은 대개 허사로 돌아가기 마련이다. 차장은 막상 자료를 받아보고 헛소리를 하고("아, 오타가 두 개나 있네. 그리고 글씨체는 고딕이 아니라 명조를 썼어야지!") 과장님은 자기가 이해되지 않는 부분을 내게 꾸짖듯 되물어온다. "나 참! 이걸 왜 쓴 거죠? 이거 맞나요? 이거 확실하죠? 그러니까 이거 그냥 보고해도 되는 거죠?

．

．

．

"그래, 보고해라, 이 자식들아아아아아아아!"

나는 속으로 외친다. (잘릴까봐 진짜 이렇게 말하진 못했다) 그리고 비장하게 결심한다. "그래, 딱 세 번만 참는 거야." 그렇게 당해도 투명한 인간들은 믿는다. 참는 자에겐 복이 있다고. 그리고 어느덧 그 상황이 세 번을 넘기면 또 한 번 세뇌하듯 중얼거리는 것이다. "그래도 승진 때는 알아서 챙겨줄 거야."

하지만 승진의 대상은 이미 정해져 있다. 부장은 새로운 사람들이 입사할 때마다 호들갑을 떤다. "그 대리야! 그 대리에게 잘 보여야 해. 그 사람이 팔찌를 찼어." 무슨 소리인가 했더니 이건 셜록 홈즈Sherlock Holmes의 추리소설을 뺨친다. 높으신 분의 초등학교 동창들이 대거 경력직으로 들어왔는데, 그중 팔찌를 찬 사람에게 잘 보여야 한다는 것이다. "상류계층끼리 계급을 더 따지는 거 알지? 동창도 같은 동창이 아니야. 그 대리가 높은 분이랑 똑같은 팔찌를 찼어! 그건 최측근을 상징하는 우정 팔찌라고!"

높으신 분이 정말 그런 생각을 하는지, 그게 정말 우정 팔찌인지는 아무도 모른다. 하지만 이런 이야기가 쉬쉬하고 돌면 이런 흐름에 무딘 인간들은 또 피해를 받는다. 상사들은 높은 분과 친한 그 대리와 말 한마디 하려고 난리고. 그가 누구와 친한지 미리 파악해서 명단을 메모해둔다. 그러면 그 명단이 곧 승진의 우선순위가 된다. 원래 잘 살고, 그래서 계급에 욕심이 없는 그들이 이런 것까지 챙기려 할 것 같진 않은데 참 살뜰히도 챙겨주신다. 덕분에 공정한 승진은 어렵다. 그야말로 이미 요단강을 건넜다.

"나는 대리로 시작해서 대리로 끝날 것 같아"

덕분에 나는 10년째 대리다. "회사생활은 대리로 시작해서 대리로 끝날 것 같아"라는 말을 가끔 친구들에게 농담처럼 했었는데 그게 현실이 될 줄은 꿈에도 몰랐다. 승진에 떨어져 마음이 안 좋은 순간에도 상사들은 나의 마음을 이용한다. "그러니까 이번 것까지 해주면 내가 꼭 기억을 해 주겠다"며 은근슬쩍 기획서를 책상에 놓고 간다. 이 의리도 없고, 배울 것도 없고, 못돼 처~어 먹은 인간들 같으니!

물론 직장생활에서도 내 노력을 보상해주는 분들은 가끔 등장한다. (정말 가끔) 처음 광고회사에 발을 들였을 때 내 첫 사수였던 CD님 역시 그런 분이었다. 하지만 우리가 알다시피 이런 분들 역시 회사와 알게 모르게 많은 갈등이 있으며, 어느 순간 회사를 꼭 떠나시고 만다. (아마 화병 때문이겠지) 그럼 나는 다시 주옥같은 그 문구를 떠올린다. "좋은 사람들은 늘 그렇듯 스치듯 지나간다."

회사를 다니다 홧김에 때려친 어느 독립 출판 작가는 이런 이야기를 했다. "회사 사람들에게 필요한 것은 밥상머리 교육이다. 각자가 자신의 일인분을 해낼 수 있는 교육이 무엇보다 시급하다."

나의 길고 속 터지는 여정을 이토록 단순한 논리로 정리할 수 있다는 것은 놀라운 통찰력이다. 생각해보면 이것은 각자가 성실하게 자신의 본분을 지키면 해결될 일이다. 그러고 보니 날 부려 먹은 상사들이 반복적으로 한 얘기가 있다. "회사란 원래 20퍼센트의 사람이 80퍼센트를 먹여 살리는 파레토의 법칙이 작용하지." 아! 웃기네. 따져보면 정말 이건 헛소리다. 이 이야기를 해석하면 다시 이런 논리가 된다. "네가 남보다 일을 좀 더 많이 해서 우리를 먹여 살려 달라고. 회사란 원래 그렇게 돌아가는 곳이니까."

희생을 보상해준다는 것은 정말 헛소리가 맞다. 그런 건 웬만하면 절대 가능한 일이 아니다. 행복은 결코 회사 안에 있지 않은 것처럼, '투명한 인간'들에게 필요한 일은 지금부터라도 절대 투명하게 살지 않도록 철벽을 쳐보는 것이다. 너무 상냥하게 말고, 너무 굽실굽실하지 말고, 도도한 얼굴이 못 되겠다면 허벅지라도 꼬집어 찡그리는 표정을 짓자.

우리에겐 달 토끼와 산타클로스와의 이별이 필요하다. 필요 이상으로 퍼주는 헤픈 온정 대신, 딱 일인분만큼의 밥벌이를 모두에게 딱딱 들이대면서.

참지 않는 연습

실무급인 대리까지는 실력으로 승부할 수 있지만, 관리자급인 과장 이상은 확실히 '사내 정치'가 필요한 것 같다. 이미 정치로 똘똘 뭉친 사람들이 상위에 자리 잡고 있기 때문에, 그 집단에 끼기 위해서라도 아부성 액션들이 나오지 않을 수 없는 것.

그래서 '정치를 못하는 실력 있는 선배'들은 대개 조직을 떠난다. 내가 존경하던 상사분도 결국 본인 회사를 차렸고, 소수의 인력으로 회사를 꾸려가고 있다. 그분은 말씀하신다. "그래도 요즘 세대들은 참 똑똑한 것 같아. 폭력적인 피라미드 조직보단 작더라도 평등한 조직에 오고 싶어 하는 사람들도 많더라고."

그래, 언젠가는 달라질 수 있을 것이다. 지금이 그 변화를 위한 과도기라 생각하면 조금 버틸 만하다. 조금 더 진실한 목소리를 낼 필요가 있어 보인다.

Part IV

그 누구도 아닌
'나'라는 자유

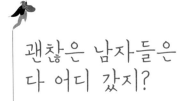

괜찮은 남자들은
다 어디 갔지?

벌써 결혼한 지 6년이 넘었지만 가끔 전화가 온다. "혹시, 결혼하셨어요?" 길에서 마주친 누군가가 이렇게 묻는다면 '나에게 반한 것인가?'라는 즐거운 착각이라도 하겠지만, 이것은 내가 결혼 전 뿌려놓은 씨앗들이 부메랑이 되어 돌아오는 것뿐이다. 바로 그곳이 맞다. 그 이름도 딱딱한 '결혼정보회사'.

내가 왜 결혼정보회사에 가입했는가는 다들 아실 테고, 오랜만에 연락이 된 그곳에 나는 또 한 번 분노하게 된다. "저는 결혼했고 아는 언니를 소개해도 괜찮을까요?" 그러면 고객 한 분이 아쉬워야 할 상담실장들은 굉장히 거들먹거리며 이야기한다. "저희는 20대의 젊고 예쁜 여성들을 에메랄드 등급으로 받고 있어요. 언니라고 하시면 30대 후반? 아니면 40대? 그 정도 나이면 돈을 많이 내고 가입하셔야 등급을 매길 수 있는데…."

결국 늙은 여자는 결혼시장에서 '돌멩이 등급'이란 이야기다. 나는 마치 한우 도살장에 끌려간 느낌이 들었다. 입도 벌리고 이빨도 톡톡 두드리며 '앤 회생 불가입니다'를 평가받는 느낌? 내 주변엔 아직 결혼을 하지 않은 여성이 많은데, 예전에도 그렇고 지금도 그렇고 왜 그들이 한결같이 이런 말을 하는지 알 것 같다. "대체, 괜찮은 남자들은 다 어디로 갔을까?"

괜찮은 남자들은 다 어디로 가지 않았다. 괜찮은 남자들은 아마 어딘가에 그대로 있을 것이다. (괜찮다는 기준조차 참으로 주관적이지만) 하지만 '괜찮은 여자'에 대한 이상한 기준들은, 멀쩡한 여성들을 그 '괜찮은 남자'들로부터 일찌감치 분리시켜버린다. 그렇다고 우리가 이런 '에메랄드 등급'을 따지는 결혼정보회사에 분노할 필요는 없다. 결혼정보회사의 입장은 차라리 순진하다. 그들에겐 단순 무식한 논리가 있으니까. "여성은 나이가 들면 맛이 가지. 그래서 괜찮은 남자들을 절대로 만날 수 없는 거야."

하지만 이보다 더 경계해야 할 것은 "I know, But"을 교묘히 말하는 이들이다. 여성의 상황을 다 이해하는 듯하다가도 "현실은 어쩔 수 없어"로 선을 긋거나, 잘못된 현실에 오히려 다양한 근거들을 갖다 대어 합리화하는 쪽 말이다.

언론고시를 준비하며 친해진 남자 후배에게 내 경험담을 전했더니 그는 이렇게 말했다. (그는 기자가 되었고 매주 칼럼을 통해 사회문제를 비판하고 있다) "네, 이해는 합니다. 하지만 그게 사실이잖아요? 남성은 나이가 들면 중후해지지만, 여성은 글쎄요. 생식능력이 떨어져 난산이 되는 것도 맞고요."

음, 이것은 기자가 된 어느 남성의 답변이다. 결혼시장에서 차별적으로 대우받고 있는 남녀의 상황에 대해 얘기했더니, 한술 더 떠서 '나이 듦'에 대한 성 차별적 인식은 물론 20대 여자들과의 대립각을 은근히 부추긴다. 언젠가 읽은 그의 기사가 생각났다. 그는 남녀의 생물학적, 문화적 나이에 대한 사회의 차별적 인식을 언급하고 그 누구보다 안타까움을 호소하고 있었다. 그런데 이건 뭐, 반전도 이런 특급 반전이 없다. 이론만 있고 실천이 없는 현실은, 이렇듯 더 간교한 차별을 만들어낸다.

나이는 숫자라지만, 현실은 달랐다

우리 한번 '남자의 나이'에 대해서도 생각해보자. 사실 남자도 노화를 피해갈 수 없다. 다시 말해 '나이'는 성에 국한된 이야기가 아니다. 하지만 우리 사회는 이러한 논쟁을 여성 쪽에 더 초점을 맞춘다. 남자가 나이가 들면 중년의 멋이 우러난다 하고, 10살 연하의 여성들과 결혼하는 것 역시 '능력 있다'는 말로 넘겨버리지만, 여자가 나이 들었다고 해서 중년의 멋이 우러난다고 하지는 않는다. 오히려 나이 어린 남자와 결혼하는 여자들에겐 어떻게든 '결정적인 이유'를 찾으려 혈안이다. (저 여자가 돈이 많나?)

남자 후배가 말한 것처럼 불임과 난산의 책임도 여성의 탓으로 돌려지는 경우가 많다. 5년간 불임을 겪다가 최근에 임신을 한 친구는 내게 이런 말을 했다. "별 소리를 다 들었어. 자궁이 튼튼하지 않다. 그게 다 서른이 넘어 임신했기 때문이다. 난자가 건강한지 검사해봤냐, 20대 때 미리 난자를 얼려놓아야 했다 등등. 근데 말이야, 우리 남편은 한 번도 비난받은 적이 없어. 언젠가 나만 검사를 하는 게 지쳐서 '정자 검사' 좀 하자고 했더니 벌컥 화를 내더라고. 남자가 무슨 잘못이 있냐고. 검사 자체가 힘들어서 그런 건 아니었겠지. 내가 아니라 자기가 진짜 원인일까 봐 두려워서 그랬을 거야."

만약 친구의 남편에게 가까운 일본에서 발명된 'Sperm Kit'를 전해줬다면, 날 나쁜 여자 취급했을 것이다. 하지만 우리에겐 받아들이고 싶지 않아도, 'Sperm Kit'가 만들어진 배경인 '평등한 성 의식'이 필요하다. 이 키트는 리크루트 라이프스타일Recruit Lifestyle Co.Ltd이란 온라인 서비스 기업이 만든 것으로, 스마트폰을 이용해 남성이 자신의 정자 건강을 쉽게 테스트할 수 있게 고안되었다. (Kit를 꺼내 컵에 자신의 정액 sperm을 담고 15분 후에 스틱으로 한 방울을 떠서 키트 속에 내장된 현미경 렌즈에 떨어트린다. 그리고 모바일앱을 다운로드해 실행 후 촬영하면 정자의 수, 농도, 운동성 등이 다양하게 측정된다) 정자의 활동을 매일 점검할 수 있도록 돕는 이 휴대용 키트의 핵심은 난임의 원인을 여성의 탓으로만 돌리지 않는다는 것이다. 실제 일본의 저출산 원인이 여자에게만 있지 않다는 것을 환기시키기 위해 탄생한 이 제품은 다음과 같은 질문을 계속해서 제기한다. "남자도 나이가 들면 생식능력이 떨어지지. 너의 정자는 과연 괜찮은 걸까?" 그래, 이것이야말로 팩트고 아주 분명한 논리적 근거다. 사람은 나이가 들면 신체적 능력이 떨어지기 마련이다. '여자'만이 아니라, 남자도 여자도 똑같이 구분 없이 말이다.

아직 결혼하지 않은 내 친구들은, 내가 서른 살 초반에 겪은 진통을 아직까지 겪어내고 있다. "마흔이 가까워 오니, 동갑은 고사하고 재취 자리를 알아보라는 사람들도 많네. 나랑 친한 남자애는 그러더라. 대한민국 남자는 안 되고, 차라리 지금부터라도 나이에 관대한 외국인을 알아보는 게 어떻겠냐고."

이제 30대 이상의 대한민국 여자들은 외국남자를 블루오션으로 바라봐야 할까? 말로는 많이 변했다고 하는데, 사실은 변하지 않은 이 이야기는 언제까지 계속될까? 그놈의 이중적인 논리. "I know, But."

《여자 둘이 살고 있습니다》의 공동저자 황선숙 작가는 이야기한다. "서른을 넘기면서 무슨 참견면허증이라도 딴 것처럼 온갖 사람들이 깜빡이도 안 켜고 들어왔다. (…) 언뜻 걱정이나 관심 같아서 속아넘어가기 쉽지만 이런 말들은 공감도 배려도 없는 행동이다. (…) 결혼하지 않은 여성들은 어리고 만만하다는 이유로 종종 이런 주제 넘은 참견의 대상이 된다."

이렇듯 '능력은 있지만 나이 든 여자'를 두고 현실 속 사람들은 '결혼하지 않는 이유'가 무엇인지 왈가왈부다. 결혼을 늦게 하면 늦게 하는 대로, 안 하면 안 하는 대로 "여자가 나이가 드니 너무 따지고 까다롭다"는 성격 파탄으로 몰고 가기도 한다. 결국 작가는 현재 여자 동거인과 살아가고 있다. 작가는 말한다. 결혼으로 인한 '관계의 확장' 문제를 제외한다면, 동거도 결혼도 똑같이 사람이 살아가는 이야기 아니겠냐고. 서로 다른 두 사람이 싸우고 화해하며 이해해 나가는 휴머니즘이 아니겠냐고 말이다.

'가족'의 형태가 다양해지는 이유는 여러 가지가 있겠지만 (경제적 여건, 신념, 성적 취향 등), 결혼을 하고 싶어도 미루거나 포기하는 이유 중 한 가지에 '30대 이상 여성에 대한 사회적 인식'이 있음을 꼭 기억해줬으면 좋겠다. (계속해서 문제 삼았으면 좋겠다) 앞에서는 여성을 다 이해하는 듯하다가, 뒤에서는 남성 우월주의에 가득 찬 호박씨나 까지 말고. 남녀를 평등하게 대해야 한다는 이상과 현실을 확실히 합치해줬음 좋겠다. 결혼을 하고 싶은 30대 이상의 싱글녀들에게 "괜찮은 남자들은 다 떠났어"라는 한숨과 한탄이 더 이상 없었음 한다. 우리에겐 바로 이것이 필요하다.

괜찮은 남자들을 편견 없이 만날 수 있는, 우리 모두의 실질적 변화와 실천!

참지 않는 연습

사회의 '이상한 잣대'에도 불구하고, 괜찮은 여자들은 진화한다. 결혼이 인생의 전부가 아님을 알게 되며, 그들의 마음속엔 여유와 철학이 생겨나고 있으니까. 내 주변 싱글녀(하지만 결혼에 안달복달하지 않는)들의 요즘은 일도, 사랑도, 생활도 그야말로 태평성대다. "친구야, 나 이번에 벼르고 벼르던 대학원 간다." "한 세 번 만난 남자가 왜 '결혼' 얘기를 안 꺼내는지 궁금해하던데? 시시하게 아직도 만나면 결혼부터 생각하나?" "야! 나 이제 전구쯤은 거뜬히 갈 줄 안다. 이번 전셋집 도배도 내가 직접 했잖아!"

걸 크러시를 넘어 우먼 크러시를 보여주고 있는 그들이 자랑스럽다. "여자는 나이가 들면 맛이 가지"라고 했던 누군가의 말에 당차게 쏘아줄 때다. "네 그런 생각이 맛 간 거야!"

'이런 결혼은 하지 마라' 썰

여기, 한 구루가 있다. 동그란 얼굴에 왜소한 체격. 누가 봐도 그저 평범한 아줌마일 뿐이지만, 어떤 이들은 그를 구루라 부른다. 단지 결혼했다는 사실 하나만으로.

그렇다. 이태원 밤거리를 쏘다니며 함께 외로움을 달랬던 무리 중 유일하게 결혼한 내가 '구루'요, 아직 탈출하지 못한 이들이 바로 내 친구들이다. 그리고 그런 이들이 내게 묻는 질문은 하나다.

"저기 말이야, 꼭 결혼해야 할까?"

사실 나도 잘 모르겠다. 나 역시도 365일 삽질을 반복하는 게 결혼생활이니까. 하지만 내 주변의 결혼한 이들, 그리고 한 번 '다녀온' 이들의 온갖 표본들을 통계 삼아 어떤 '썰'들은 말해줄 수 있을 것 같다. 일명, "이런 결혼만은 하지 마라" 썰.

나이에 등 떠밀려 한 결혼의 최후

등 떠밀리는 결혼은 하지 마라. 바로 '단독 결정' 썰이다. 이는 내 지인이자 현재 유명 항공사에 몸담고 계신 P 양의 지론이기도 하다. P 양은 "여자라면 30살을 넘기지 말아야지"라는 가족의 성화에 못 이겨 결혼을 추진한 케이스다. 신랑이 될 남편의 인성과 조건이 나쁘지 않다는 점도 한몫했다.

하지만 현재 그녀는 남편과 별거 중이고 친정과는 연락 두절 상태다. P 양의 논리는 이렇다. "막상 결혼을 하니 허탈함이 들었다. 한창 일할 나이에 사회적 시선에 맞춰 결혼한 느낌이다. 서른 살이 넘으면 '노처녀'가 된다는 말은 누가 하는 거냐. 그 말이 무서워 결혼하니 너무 후회가 된다."

부모의 결정에 따르면 효녀는 될 수 있다. 하지만 내 인생의 주인은 될 수 없다. 그리고 제일 아쉬운 점은 P 양의 원망을 그 누구도 보상해줄 수 없다는 것이다.

'취집'으로의 도피

경제적 불안함을 핑계로 도망가지 마라. '취집 부정' 썰이다. A는 나와 광고회사를 함께 다닌 친구다. 그 누구보다 총명했던 그는 공모전의 여왕에 독보적 카피라이팅을 자랑하는 에이스였다. 하지만 늘 24시간 대기조로 살아야 했던 광고인 생활을 힘들어했고, 그 힘듦의 끝에 당시 사귀고 있던 남자친구에게 그만 취집을 가버렸다. 한동안은 행복해했다.

하지만 곧 후회가 찾아왔다. 주체적 성격 탓에 "옷 한 벌 사달라는 것이 그렇게 치사할 수가 없었다"로 시작해 "부모님 효도관광 한 번 제대로 시켜줄 수 없다" "남편 기분에 맞춰 사는 게 우울감이 든다"라는 자조까지 이어진 것. 결국 그녀는 최근 학습지 선생님을 시작했다. 한 번 도망치니 점점 더 내 영역이 없어지더라, 내가 바로 서지 않으면 행복한 결혼생활은 없다는 것이 그녀의 주장이기도 하다.

가정을 책임질 준비가 되지 않은 사람

육아 도피자는 피하라. '육아 일심동체' 썰이다. K는 나와 언론고시를 함께했다. PD가 된 그는 누구보다 열렬한 연애를 통해 아름다운 아내와 결혼했지만, 아이가 생긴 후 180도 달라졌다. 바로 육아만은 아내와 함께하기 싫어한 장본인이었던 것. 그는 가끔 이런 이야기를 한다. "난 호날두가 부러워. 그는 돈이 많으니 애를 낳아도 돈이 해결하잖아. 힘들게 본인이 늙어가며 고생할 필요 없고. 그리고 뭣보다 여자친구가 계속 바뀌고 있어! 정말 잘난 놈이란 말이야."

지금, 당신은 애 둘 아빠의 발언을 듣고 계신다. 이 핑계, 저 핑계 대어가며 '육아가 하기 싫어' 집에 들어가지 않는 그를 보며 많은 생각이 든다. 본인 같은 남자는 결혼에 적합하지 않다며 스스로를 디스하는 그의 이야기는, 한 대 쥐어박고 싶다가도 어딘가 모르게 참 쓸쓸해진다. 대체 그 부인은 무슨 죄람.

결혼하니 효자가 된 아들

자신의 효도를 미루는 남자를 멀리해라. 말하자면 '효도는 셀프' 썰이다. 대학 동창인 J는 한 번 결혼을 다녀왔다. 결혼생활은 전반적으로 불행했다. 너무나도 효도를 미루는 남자를 만나서. J의 남편은 시댁과의 관계에서 참 강압적이었다. 종갓집 장손인 그는 시부모님이 모시던 제사를 결혼 1년 만에 상의 없이 옮겨온 것은 물론(그것도 무려 한 달에 두 번을 차리는 제사를), 맞벌이를 하던 J가 하루는 동그랑땡을 시장에서 사서 올려놓자 제사상을 엎어버렸다고 했다. 매일 부인에게 시댁에 문안 전화를 하길 원하는 것은 물론(그가 처가에 전화 한번 안 했음은 물론이다), 어려운 경제사정에 시댁에 용돈을 드리지 못했을 때는 폭언을 일삼았다고 했다. 누구를 위한 결혼이었을까. 왜 그토록 본인의 효도를 J에게 미루려 했을까. 그래서 J가 말한다. "야, 효도는 무조건 셀프라고!"

당신은 꼭 결혼을 할 필요는 없다

이 외에도 더 많은 썰들이 있다. '섹스중독자 기피' 썰, '막말 배우자 기피' 썰, '지나친 구두쇠 기피' 썰 등. 하지만 너무 많은 썰들을 남발하면 당신이 결혼이 하기 싫은 요소들만 잔뜩 나열하게 될 것 같아 더 이상은 언급하지 않으련다. 대신 그만큼 결혼은 참 말이 많은 일상의 시작이란 이야기를 하고 싶다. 동화 속 한 장면처럼, 드라마 속의 해피엔딩처럼 화사한 웃음만 가득 채워지는 꽃동산이 아니다. 그 때문에 그 누구보다 환상이 아닌 현실에 발을 딛고 결혼을 생각하라는 말을 하고 싶다. 당신이 원하는 가치가 무엇인지, 그 가치를 꼭 '결혼'이란 제도를 통해 획득할 수 있을 것인지에 대한 '장단점의 저울질'을 한번 제대로 해보라는 것.

아이러니하게도, 그 저울질을 통해 당신은 결혼이란 제도에 대해 그 누구보다 자유로워질 수 있을 것이다. 진실로 "이 사람이면 안 돼" 하는 사람이 나타나기 전까지 구태여 의무처럼 결혼할 필요도 없고, 정말 어떤 이와 사랑에 빠지게 되더라도 '결혼'이란 형식이 최선인지도 또 생각해볼 일이다. 사랑은 하고 싶지만 의무감을 나누고 싶지 않다면 '동거'라는 옵션이 있을 수 있고, 그런 최소한의 의무감까지 나누고 싶지 않다면 '연애'라는 방식을 지속하는 것도 방법일 수 있을 테니까. 그리고 실제 이런 공감대의 일부가 '초솔로 사회'의 현실을 만들어내고 있다는 생각도 든다. 두려움의 발로라기보다는 정말 '저울질 된 장단'이 만드는 어떤 대안들.

당신은 꼭 결혼을 할 필요는 없다. 정확히 하자면, 당신의 명확한 의사가 전제되지 않은 결혼을 꼭 할 필요는 없다. 아직 못 미더워 할 당신을 위해. 친구 C가 추천하는 또 한 명의 구루인 듯 구루 아닌 분의 명언을 들어본다.

"연애는 필수, 결혼은 선택. (…) 다가올 사랑은 두렵지 않아."
— 김연자 님의 〈아모르 파티〉 중에서

참지 않는 연습

"빨리 결혼을 해라"보다 중요한 건 "결혼한 후의 삶이 이럴 것이다"에 대해 가능한 명확히 아는 일 같다. 장점보단 단점을, 그리고 그 단점을 어떻게 해결해 갈 수 있을까에 대한 수십, 수백 번의 시뮬레이션이 당신의 결혼생활을 더 견고하게 해주리라 생각한다. 물론 '상상 시뮬레이션'만으로 모든 것이 풀리지는 않는다.

얼마 전 공개 동거를 선언하고 결혼까지 골인한 연예인 커플, '지오와 최예슬'을 보며 생각했다. "그래, 저렇게 살아봐야 평소 습관이든, 가치관이든 꼼꼼히 따져볼 수 있겠지." 아마 내가 결혼 전으로 돌아갈 수 있다면, 나는 '동거'에 대해 정말 진지하게 생각해볼 것 같다. 물론 이 역시도 "말만한 기집애가 어디서 그런 무시무시한 생각을 해?"라는 반대에 부딪힐 걸 각오해야 하겠지만.

불륜이라는
클리셰

친구가 남자친구와 헤어졌다. 친구는 분통을 터뜨렸다. "그 새끼, 중고나라에서 직거래 하다 바람났어." 어떻게 알았냐고 물었더니 한 페이스북 계정을 보여준다. "자꾸 어떤 여자가 댓글을 남긴다 해서 봤는데, 링크를 타고 들어가 보니 내 남자친구랑 찍은 사진들 밑에 이런 내용이 있지 뭐야?" 그곳엔 이런 해시태그들이 있었다. #우리 만난 지 100일 #중고나라 컴퓨터 #문래동 1:1 거래 #자기야, 사랑해.

친구는 말했다. "야, 중고나라에서도 바람이 나는 세상인데 어떻게 결혼하나? 요즘엔 결혼해도 딴짓하는 인간들이 많다며?"

음, 그런 것 같긴 하다. 친구의 친구, 직장 동료의 선후배만 보아도 '불륜'은 마치 감기처럼 유행하고 있으니까. "요즘 남자친구, 여자친구 없는 사람이 어디 있어요?" 가깝게는 이렇게 말하는 어린이집 학부모도 있다. (난 이 엄마가 공원에서 낯선 남자와 뽀뽀하는 것을 보았다) 난 '불륜'을 하는 그 엄마에게 시치미를 떼고 물었다. "사람들이 왜 바람을 피울까요?" "음, 외롭고 따분해서요? 배우자로는 뭔가 부족하니까?"

남의 집 사정은 잘 모르지만 확실히 그는 '엄청나게 불행해서' 바람을 피우는 것 같진 않다. 드라마에 나오는 극단적인 사례, 그러니까 폭력적인 남편이나 기억상실증, 아니면 맞바람 같은 건 없었다. 대신 그는 딱 이런 느낌이다. 30대 중반, 안정된 가정생활에서 오는 허무함, 권태, 새로운 모험과 열정에 대한 갈망. 간단히 정리하면 이것이다. "내 인생이 이것뿐이야? 진짜 이 정도밖에 안 돼? 블록버스터급으로 화끈하게 뭐 색다른 것 없어?"

밥을 먹다 남편에게 물었다. "당신이 바람을 피운다면 어떤 여자랑 피울 것 같아?" 나의 우문에 남편은 현답을 한다. "글쎄. 매일매일 새로운 여자?" 와, 대박! 이건 정말 미친 인사이트다. 내 주변의 사례들만 보아도 상대가 딱히 나의 이상형이어서 불륜을 저지르는 것은 아니다. 전지현 같은 외모의 아내를 두고도 "오빠, 고르곤졸라 사 줘"라고 혀 짧은 소리를 내는 촌스러운 불륜녀와 하룻밤을 보내고, 조지 클루니 같은 능력자 남편과 살면서도 별 볼일 없는 대머리 아저씨와 지하 주차장에서 뽀뽀를 나누기도 한다.

마르셀 푸르스트Marcel Proust는 이런 말을 했다. "사랑을 하는 이유는 상대방의 매력 때문이 아니라 우리의 상상력 때문"이라고. 아마 불륜의 당사자들은 자신의 배우자에게서 느끼지 못하는 매력을 또 다른 이성과 채우고 있는 중일 것이다. 그리고 마치 드라마 작가처럼 한 땀 한 땀 소설을 써 내려가겠지. "저 사람이라면 다를 거야. 저 사람이라면 날 새로운 세상으로 데려갈 거야"라고 새로운 상상을 구상하면서.

불륜은 채워지지 않을 갈증

바다 건너 미국엔 재미있는 조사 결과가 있다. 그것은

'허리케인과 불륜의 상관관계'다. 허리케인이 자주 출몰하는 지역을 조사해보니, 허리케인이 한 마을을 휩쓸고 가면 그 마을의 불륜 지수도 현격히 높아진다고 한다. 이유는 이렇다.

권태롭게 살아가던 한 중년 부인이 있다. 어느 날 허리케인이 와서 정원의 나무가 갑자기 망가져버린다. 부인은 정원사를 부르고 부인 앞에 멜빵바지를 입은 '젊은 남자'가 나타난다. 그는 남편과 달리 거칠고 저돌적이며 체격도 우세하다. 그 순간 그 고상한 부인은 바람을 꿈꾸게 되는 것이다. 일찍이 만나보지 못한 '그 남자'에 대해 온갖 상상력을 풀가동하면서 말이다.

하지만 불륜이 만드는 상상력은 '갈증이 쉽게 채워지지 않는다'는 단점이 있다. 그래서 불륜은 종종 마약에 비유되기도 한다. 프랑스 관계학자 에스더 퍼렐Esther Perel도 지적한다. "불륜은 너무 끈질기다. 그래서 성경에서도 언급하고 있다. 실제로도, 생각 자체도 절대 하지 말아야 한다고."

불륜을 '생각조차' 하지 않는 것은 솔직히 어려운 일이다. 난 TV 속의 멋진 배우들과 가끔 꿈에서 몰래 데이트를 한다. 그 배우가 내 꿈에 나타나길 기도한 건 아니지만, "저 사람 꽤 멋지다"는 내 무의식이 그 사람들을 꿈속으로 불러들였을 것이다. 그리고 팝콘도 나눠먹고 손도 잡으면서 꽤 노닥거리고 논다. 하지만 현실에서 '불륜을 행하는 것'은 좀 다른 문제다. 그건 정말 '나의 의지로 실행하는 결정'이다. 그리고 불륜이 끈질기다고 지적되는 것처럼 그런 불륜들은 대개 '습관적으로 반복'된다는 게 문제다.

실제로 내가 아는 국내 유명 광고대행사 남자 직원은 동료 여성 직원들과 바람을 피우고, 그곳에서 부인을 세 번이나 갈아치웠다. (그는 지금도 멀쩡하게 회사를 다니지만, 그와 이혼한 여자들은 모두 퇴사를 했다) "거기가 아주 결혼정보회사인 줄 아나봐"라고 빈정대는 내게 남편은 재차 강조한다. "그러니까 불륜의 목적은 그거라니까. 새로운 뉴 페이스들을 끊임없이 만나는 것!"

간통죄도 폐지된 마당에 이 욕망의 달리기는 언젠가 우리의 문화가 될지도 모른다. "우리의 사랑은 아무도 막을 수 없다"며 미국으로 도피한 홍상수, 김민희 커플도 그렇고. 아직 부인과 이혼도 안 했는데 불륜녀를 회사 공식석상에 끌어들이는 대기업 회장의 행보는 그 미비한 시작이란 생각도 든다.

　나아가 이런 사례가 더 짜증나는 이유는 자신들의 불륜을 마치 하나의 드라마 정도로 고상하게 포장하기 때문이다. 한 분은 아예 둘의 불륜 이야기로 영화를 찍으시고, 다른 한 분은 불륜녀를 마더 테레사 급으로 칭송하며 ("저 여자가 내 삶의 가치를 바꾸어 놓았다"며) 슬슬 시동을 걸고 계신다.

　과거에는 이런 불륜을 지라시 형태로 욕하며 접했다. 하지만 이제는 상간 남녀가 하하 호호 웃는 상황을 뉴스에서 접해야 하며 심지어 불륜의 주인공들을 보며 "예쁘다" 혹은 "나도 저런 남자 있으면 불륜을 저지르고 싶다"는 이상한 댓글까지 함께 관람해야 한다. 언젠가 친구와 이런 얘기를 했다. "저 사람들은 배우자에게 미안하지도 않나?" 친구는 무심하게 답한다. "미안했음 저렇게 못 하겠지. 저것들은 지금이 생각뿐일 거야. 난 행복해. 난 운명적인 사람과 사랑에 빠진 엄청난 행운아라고!"

　불륜이 법적 처벌도 피해가는 세상. 그런 세상에서 필요한 것은 또 다른 방향으로 작용하는 상상력이다. 자신이 불륜을 저지르며 희희낙락하고 있을 때, 자신의 배우자는 얼마만큼 상처를 받고 있는지, 얼마나 인격적으로 피폐해졌는가에 대해 한번쯤 되돌아볼 수 있는 '공감의 상상력' 말이다.

그래서 나는 몸과 몸이 바뀌는 설정이 비단 〈체인지〉나 〈아빠는 딸〉 같은 영화에서뿐만 아니라 현실에서도 꼭 이루어졌으면 좋겠다. (기술의 진보를 감안할 때 그렇게 어려운 일도 아닌 것 같다) 불륜녀혹은 불륜남에게 가야겠다며 떼를 쓰기 이전에 한번쯤 몸을 바꿔 그 애 끓는 심정을 직접 느껴보라는 것이다. 사랑에 대한 배신감은 물론 인간 자체에 대한 신뢰의 상실이 얼마나 심각한 일인지, 그래서 자신의 불륜이 얼마나 한 사람의 삶을 심각하게 망가뜨려놓는 일인지도, 그를 통해 꼭 체험하길 바란다.

이런 이야기를 굳이 꺼내는 이유는 아무래도 내 주변에 '불륜으로 당하는 약자들'이 너무 많아서다. 권선징악조차 장담되지 않는 이 막장 드라마의 스토리는 정말이지 어이가 없다. 솔직히 말해서 양심에 너무 털 났고, 마구마구 돌을 던져서라도 막아내고 싶다. 이젠 사회에서 깔아준 꽃길까지 사뿐히 즈려밟고 가는 그들에게 칵, 하고 침이라도 시원하게 뱉고 싶은 심정이다. SNS 어딘가에 "이놈은 정말 나쁜 놈이에요"라는 일갈을 남겨서라도 최소한의 주홍글씨는 꼭 안겨주고 싶다. 그게 상처까지는 안 되더라도 기스는 남기는 일이니까. 당사자를 대신해 김치 싸대기 국물자국 정도는 남길 수 있는 일일 테니까.

참지 않는 연습

예전에 우리 엄마가 '불륜을 소재로 한' 드라마를 볼 때마다 "그게 뭐가 재밌어?"라며 핀잔을 주곤 했는데, 막상 결혼을 해보니 나도 이런 드라마에 잘 꽂힌다. 유아인과 김희애의 예술(?) 불륜드라마 〈밀회〉의 광팬이기도 했고. ("아인 씨! 희애 누나에게 빠지면 안 되요" 하면서 또 보고 있지) 말도 안 되는 아침 드라마의 썸을 설거지도 잊은 채 시청한 적도 많다.

가끔은 내가 좋아하는 배우 지진희 씨의 드라마 출연작을 돌려보다 남편 얼굴을 빤히 바라볼 때가 있는데, 그럴 때마다 남편이 약간 찡그리며 묻는다. "뭐야, 지금 내가 지진희였으면 좋겠다고 생각한 거야?" 흐흐흐, 그걸 왜 내가 말해줘야 하지? '가지 못한 길'은 현실로 실행만 하지 않으면 된다. 내 즐거운 상상까지는 제발 방해하지 말아줘!

저는
'맘충'이 아닙니다만

조석 작가의 인기 웹툰 〈마음의 소리〉를 보다가 빵 터졌다. 이유는 작가의 부인이자 아이 엄마가 된 애봉 씨가 자꾸 혼잣말을 하는 모습 때문이었다. 애봉 씨는 엘리베이터에서 애가 칭얼대자 "아유, 애가 왜 이래" 하며 같이 탄 사람의 눈치를 보거나, 길거리에서 아이가 악을 쓰면 입을 벙긋벙긋, 마치 자신이 그런 것처럼 연기를 한다. 아, 슬프고도 찡하다! 육아맘의 고충을 이렇듯 예리하게 들여다보는 만화라니. 매일 경험하는 일상이 영화처럼 그려져 눈앞에 툭 던져진다. 이 만화, 괜히 인기 있는 게 아니었어!

나도 혼잣말을 많이 한다. 특히 네 살 된 둘째가 밖에 나가 저지레를 할 때 혼잣말의 빈도는 더 무수해진다. 애가 빽빽 울어대면 "얘가 오늘 컨디션이 안 좋네"라고 말하고, 과자를 사달라고 바닥에 구를 때면 "아이고, 도련님! 옷이 더러워지게 이러시면 안 돼요"하며 화를 꾹 누르고는 주위를 살핀다. (별것 아닌 일처럼 보이려고, 일부러 존칭을 쓰는 것 맞다) 그리고 아이가 아예 바닥에서 있는 힘껏 두 발로 발차기를 할 때는 주위 상태를 살피며 크게 소리친다. "아, 그렇구나. 똥꼬에 바지가 껴서 그런 거였구나!"

　하지만 이건 단순히 아이의 기분을 이해하거나 달래려는 목적 때문만은 아니다. 이건 이 상황을 지켜보는 공원, 식당, 엘리베이터, 혹은 길거리의 사람들에게 변명하는 목적이 더 강하다. "여러분! 알고 봤더니 얘가 이래서 그런 거래요.""여러분! 그러니까 제가 얼른 이 상황을 수습해볼게요!" "여러분! 제발 저희 모자에게 화내지 마세요. 넓은 마음으로 좀 이해해주시길. 하하하!"

　한번은 이런 일이 있었다. 아이들과 뮤지컬을 보러간 날, 근처 커피숍에 들렀다. 그런데 얌전히 있는 첫째와 달리 둘째가 자꾸 의자를 오르락내리락하며 부산스럽게 군다. "좀 똑바로 앉아!"라고 주의를 주었지만, 아이는 오히려 이를 장난으로 여기며 숨이 넘어갈 듯 웃었다.

그 웃음소리가 평소보다 좀 커서 민망하다고 생각하고 있었는데, 어디선가 그 단어가 들려왔다. "맘충이네, 맘충. 왜 공공장소에 애를 데리고 다녀? 지 자식도 제대로 다스리지 못하면서 한가롭게 커피나 마시고 말이야."

고개를 들어보니 그들은 한창 연애하는 젊은 연인이었다. 난 얼굴이 화끈거릴 정도의 민망함, 그리고 착잡함이 겹쳐 서둘러 커피숍을 나왔다. (지금 생각해보면 '버럭'할 수도 있었을 일인데, 그 단어에 너무 충격받아 상대를 제대로 쳐다보지도 못했다) 그리고 그날의 나들이는 정말이지 완전 잡쳤다.

난 맘충이란 단어가 궁금하다. 뜻을 몰라서는 아니다. '맘mom+충蟲, 벌레', 한마디로 엄마 해충이란 정의 아닌가. 그런데 '맘충'은 있고 '파파충'은 없는 이유가 궁금하다. 아이의 저지레에 대한 비난이 부모 양쪽에게 분산되지 않고 한쪽에 몰빵되는 그 의도가 극히 의심스럽다. 누군가는 "엄마가 애를 더 많이 봐서 그렇겠죠"라고 하겠지만, 나는 그 사람과 함께 "엄마와 아빠 중 누가 더 애를 많이 볼까요?"라며 실제

빈도를 따지고 싶진 않다. 그리고 그런 팩트를 확인하기 이전에, 왜 '파파충'이란 단어조차 존재하지 않는지 묻고 싶다. 무릇 성에 관련한 단어는 모두 세트로 이루어져 있지 않는가? 여자와 남자, 여자 화장실과 남자 화장실, 그러니 마마충이 있으면 당연히 파파충이 있어야… 하는데?

그냥 솔직하게 이야기하자. 그런 단어가 존재하지 않는 이유는 애 보는 아줌마들이 훨씬 더 만만해서라고. 이건 "도로 위의 모든 사고는 김 여사가 내고 있습니다"와 유사한 맥락이다. 그리고 '맘충'이란 규정 또한 김 여사의 또 다른 버전이다. 단지 그 김 여사가 애를 데리고 어느 장소에 짠, 하고 등장한 것일 뿐!

이처럼 자잘한 사건들의 이유를 한 사람의 행위로 퉁치는 이유는, '실제 그 사람이 모든 일을 했기 때문'은 아닐 것이다. 이것은 평소 약자라 생각한 이에게 덤터기를 씌우는 세뇌 작업이다. 한 사람을 타깃으로 삼고 어떤 사건이 일어날 때마다 그 사람을 연상시킬 수 있도록 교묘한 시나리오를 짜는 일 말이다. 한번 눈을 감고 상상해보자. 몇 개의 단어를 던져주겠다. 아이, 여자, 30대, 커피숍. 그럼 어떤 상황이 떠오를까? 아마 당신은 어느 순간 이런 말을 외치고 있을

지 모른다. "삐요삐요, 사건 발생! 사건 발생! 지금 커피숍에 진상을 떨고 있는 아이와 한가롭게 카페라떼를 마시는 어떤 맘충이 등장했다, 오버!"

여자가 운전대를 잡으면 '김 여사'로 불리듯이

그만큼 전형화란 것은 무섭다. 그건 앞뒤 맥락을 무시하고, 실제 확인하려고 하지 않고 누군가에게 "넌 이렇지"라며 낙인을 찍어버리기 때문이다. 그리고 이런 전형화는 우리에게 꽤 익숙한 공식이기도 하다. 가령 커리어 우먼의 복장을 흰색 블라우스와 펜슬 스커트로 상상한다거나, 슈퍼 영웅이라고 했을 때 근육질 몸매에 상하의 쫄쫄이를 입은 남자를 자연스럽게 연상하는 것처럼 말이다. (그런데 정말 그럴까? 그 커리어 우먼이나 슈퍼 영웅의 옷이 꽃무늬 원피스나 후줄근한 추리닝이면 왜 안 될까?)

그리고 이처럼 우리의 머리에 전형적인 이미지가 심어지면? 그것을 바꾸는 것 또한 쉽지 않다. 가령 어떤 남자가 큰 교통사고를 냈다고 치자. 그럼 김 여사에 익숙해진 사람들은 말한다. "남자였어? 그랬구나." 그리고 그냥 넘어가 버린다. 하지만 그 다음 날, 어느 중년 여성이 도로에서 사고를 냈다면? 그들은 아마 물 만난 고기처럼 큰 소리를 칠 것이다. "내 이럴 줄 알았어. 역시 김 여사가 문제였다니까!"

그래서 슬프게도, 아주 슬프게도 30대에 여자며 아이 둘이 있고 비교적 실외 활동을 많이 하는 나는 어느 순간 '맘충'의 표본으로 찍히고 있는 중이다. 싱글일 때와 달리, 혼자 친구들을 만날 때와 달리, 아이들과 함께 집을 나서는 그 순간 난 모두가 기피하는 '요주의 인물'이 되어버린다.

식당에 들어서면 종업원들은 "애가 몇 명이죠?" 하며 우리를 구석 자리에 몰아놓고. 식기 하나를 가져다줄 때도 말한다. "저, 이거 깨지면 곤란해요." 그리고 혹시나 더 큰 난리를 피우지 않을까 우리를 감시한다. 만약 식사를 하다 따가운 눈빛이 느껴지면 여지없다. 그들은 내내 불안한 눈빛으로 날 주시하는 중이다.

덕분에 난 공공장소에서 아이들을 조용하게 만드는 여러 가지 방법을 터득하게 되었다. 음소거를 하고 핸드폰으로 만화를 보여준다거나, 곧 소리를 지를 것 같으면 "초콜릿 사줄게"라며 나지막이 속삭인다. 그리고 그도 먹히지 않는 경우엔? "네가 원하는 장난감을 사주겠다"는 통 큰 상납도 약속한다. (정말 이 부분에선 너무 찔린다. 육아의 신 오은영 선생님이 보신다면 난 아이에 대한 3대 해악을 다 실천 중이다)

군이 이렇게까지 하면서 밥을 사 먹어야 하나 회의가 들 때도 많다. 하지만 매일 집에서 밥을 하는 것이 만만치 않거니와, 가족이 모두 식당에 갈 때와 ("애 아빠가 밥 먹이느라 힘들겠네") 나와 아이들이 식당에 갈 때의 시선이 확연히 다르다는 것을 알게 되며 ("저기, 애들 좀 조용히 시켜주시죠?") 나는 마치 '1인 시위'를 하는 것처럼 밖으로 더 나돌고 있는 중이다. 나의 결심을 군이 말로 하면 이러하다. "그래, 어디 한번 보자. 다들 어디까지 하나 두고 보자고!"

하지만 '두고 보자'는 사람만큼, 그 '두고 봄'에 대한 대항도 만만치 않다. "어떻게든 애를 데리고 다니겠다"는 엄마들의 의지가 느껴졌는지 이제는 '노 키즈 존'도 심심치 않게 등장하기 때문이다. 물론 특수 목적 때문에 구성된 '노 키즈 존'도 있을 것이다. (젊은 연인들을 타깃으로 한 애정 장소, 혹은 명상 카페?)

하지만 가끔 "여기가 왜 노 키즈 존인가?" 하는, 정말 생뚱맞은 곳을 발견할 때면, 그건 나에 대한 정중한 거절로 들린다. "이유는 묻지 마시고요. 그냥 오지 마세요. 여긴 제발 맘충들 때문에 분위기 망치기 싫거든요? 그냥 저희가 운영하는 업소이니 제 마음대로 하고 싶거든요?"

그 문을 구태여 부수고 들어갈 생각은 없다. 애써 증명해 보이고 싶은 마음이 없으니까. 그렇게까지 해서 들어가는 게 구차하고, 내 아이들은 핸드폰과 초콜릿의 약발로 더 이상 공공장소에서 떠들지 않는다. 오히려 이분들은 과자 부스러기를 흘려도 슬슬 내 눈치를 보고, 조금만 인상을 찌푸리면 알아서 행동을 바꾸는 순한 강아지들이 되어버렸다. 이거 참 기뻐해야 할지, 슬퍼해야 할지, 원….

누가 이 '맘충'이란 단어를 만들어냈는지 원작자를 밝혀내 먹살이라도 잡고 싶은 심정이다. "당신의 못된 생각이 빛을 발했군요"하며 있는 힘껏 코라도 뺑 차주게. 이처럼 절대 트집 잡히고 싶지 않은 엄마와 어떻게든 트집을 잡으려는 사람들의 줄다리기는 오늘도 내게 과민한 일상을 만들어낸다.

식당에서 내 아이들을 지켜보는 건너편 식탁 손님을 내내 경계하다가도 "애들이 참 예쁘네요"라는 한마디에 미적

지근한 웃음을 보내는 나. 싫은 말도, 좋은 말도, 나쁜 의심부터 하게 되는 이 상황이 싫다. 쳇! 대체 언제부터 이렇게 된 거지?

참지 않는 연습

가끔은 내가 봐도 "어, 저건 좀 아니지!" 하는 양육자분들이 계시다. 아이들이 식당에서 마구 돌아다니건 말건 하하 호호 웃으며 평화롭게 식사를 한다거나, 다 쓴 물티슈와 기저귀를 아무렇게나 공공장소에 버려두고 가는 행동들 말이다.

친정 엄마와 있다가 그런 사람들을 보게 될 때면 "자꾸 저러니까 맘충 소리가 나오지" 하며 속상해했는데, 그때마다 엄마는 고요히 내 말을 꾸짖으신다. "에미나 에비나 똑같이 저러는데, 무슨 맘충이란 말을 하니? 저건 그냥 몰상식한 사람들인 거야. 우리 때는 저러고 다니면 부모 욕했지, 맘충이니 그런 말은 있지도 않았다." 나조차도 가끔 선입견에서 비롯된 말을 한다. 상식과 비상식으로 가를 수 있는 행동들에, 그 어떤 성적 고정관념도 쉽게 붙이지 말길!

아빠,
그리고 나

아빠가 돌아가셨다. 새벽 12시 무렵이었던 것 같다. 침대에서 잠을 자고 있었는데 언니에게 갑자기 전화가 왔다. 그리고 말했다. "아빠가 돌아가셨대"라고. 도무지 믿기지 않는, 꿈같은 일이었다.

청주에서 서울로 상경한 스무 살 이후, 아빠와 매일 통화를 했다. 적게는 한 통, 많게는 하루 서너 통이었다. 내용은 별 것 없었다. 밥은 뭘 먹었냐, 오늘은 무슨 일을 하느냐가 아빠의 주 관심사였고, 나 역시 시시콜콜하게 내 하루를 알렸다. 친구들이랑 놀러 간다, 애 아빠랑 싸웠다, 요즘 회사 일이 힘들고 건강이 좋지 않다, 등. 십 년 이상 이어진 이 통화는 내 하루의 일기 같은 것이었다. 좋은 일도, 싫은 일도 그날의 감정을 적어내듯 아빠와 함께였다. 그럼 아빠는 늘 이렇게 얘기했다. "둥글게 둥글게 살아야지. 그런 것 가지고 너무 애쓰거나 걱정하지 말고."

아빠의 죽음이 여전히 꿈같은 이유는 그날도 아빠와 통화를 했기 때문이다. 아빠는 거제도에 친구들과 놀러간다고 했다. 부부 모임이었고 엄마도 함께였다. 3주 전에 감기 몸살이 걸렸을 뿐, 아빠는 평소 아픈 곳도 없는 분이었다. 나는 죽음의 이유가 궁금했다.

나중에 들은 얘기에 의하면 섬 구경도 잘하고 저녁도 한 그릇 다 비우신 후에 잠을 주무시다 그렇게 되셨다고 했다. 갑자기 땀이 났고, 병원에 가야겠다고 사람들을 찾으셨단다. 남녀 숙소를 따로 잡은 탓에 엄마는 뒤늦게 아빠를 보러 갔다. 그리고 그것이 마지막이었다. 아빠는 엄마를 보는 순간 눈 한 번 마주치고 "억" 하는 소리와 함께 쓰러지셨다. 119로 급하게 옮겼지만 아빠는 숨을 쉬지 않았다. 병원에서 받은 사인은 심근경색이었다.

평소 죽음에 대해 깊게 생각해본 적이 없다. 특히 우리 아빠에 대해서는 더더욱 그러했다. 다른 사람은 다 이런저런 일이 있어 돌아가셔도 우리 아빠만은 평생 나와 함께할 것이라는 강한 믿음이 있었다.

아빠는 칠순 생신을 앞두고 계셨다. 거제도에 간다고 하실 때 따로 용돈을 드리지 않은 이유도, 그 돈까지 모아 해외여행을 보내드려야지, 하고 생각했기 때문이었다. 어리석었다. 그 돈 몇십만 원을 부쳐드렸다면 새 옷이라도 입고 가셨을 텐데, 그 돈이 뭐라고 그랬을까.

이런 자책은 끝이 없었다. 매일 통화를 했는데, 죽음의 기운을 왜 몰랐을까. 혹시 숨소리가 조금 거칠었던 걸 놓친 게 아닐까. 아빠가 감기 몸살이 걸렸다고 했을 때 바로 내려갔다면 달라지지 않았을까. 내 생활이 뭐가 그렇게 바쁘다고 왜 한 주를 늦추어가며 집에 내려가는 걸 미룬 걸까 등. 이 나쁜 년, 이 나쁜 년, 이 나쁜 년. 후회는 끝이 없었다.

죽음은 반성과 참회만을 만든다는 말은 틀렸다. 나는 아빠의 3일 장 내내 누군가를 원망했다. 아버지와 많은 대화를 나누었기 때문에 아빠가 살아온 날들, 친구 관계, 직장생활 등을 모두 알고 있었다. 처음엔 외갓집 식구들이 조금 미웠다. 아빠는 엄마와 결혼한 후부터 외할머니와 엄마의 세 동생을 돌보았다. 엄마와 열 살 터울 이상이 나던 이모, 삼촌들은 대학에 갈 때도, 시집 장가를 갈 때도, 집안에 크고 작은 일이 있을 때도 늘 아빠를 찾았다. 난 엄마의 관심이 늘 외갓집에 쏠려있다는 생각에 불편하고 화가 났었다. 그래서 툴툴댔다. 외가 식구들이 애를 쓰고 위로를 하는데도 나도 모르게 까칠하게 굴었다.

조문을 하러온 사람들 중 미운 사람은 더 많았다. 아빠의 승진 시기마다 발목을 잡았던 직장 동료, 아빠에게 돈, 돈, 돈을 외쳤던 지겨운 친척들과 매번 주는 것 없이 받기만 했던 지인들까지. 나는 그분들의 얼굴을 쳐다보는 것 자체가 고통스러웠다. 아빠의 영정 사진 앞에서 절을 할 때 파토를 놓거나 소리라도 한 번 후련하게 지르고 싶었다.

하지만 그때마다 어쩐지 아빠가 내 옆에서 손을 꼭 잡는 듯한 느낌이 들었다. "그만해라. 다 지나간 거야. 둥글게 둥글게 살아야지." 평생을 부처처럼 누군가에게 주기만 했던 아빠의 목소리가 나를 멈췄다. 하긴 다 지나간 거였다. 내가 그토록 미워했던 그 사람들 모두 아빠의 영정 사진 앞에서 절을 하고 있었으니까. 그럼에도 불구하고 난 속으로 계속 울었다. 이렇게 또 그냥 지나가는구나 하는 깊은 허무함 때문에.

아빠를 잊는다는 것은 쉽지 않을 것 같다. 지금도 그는 내 지갑 속에서 활짝 웃고 있으며, 핸드폰 동영상을 틀면 손주들에게 다정하게 책을 읽어주고 있다. 결혼한 지 6년이 되었지만 나는 남편보다 아빠를 더 의지했던 것 같다. 아빠는 내게 이성도 아니요, 그냥 아버지도 아니요, 세상에서 단 하나뿐인 무조건적인 내 편이었으니까.

딱히 잘나지 않아도, 엄청나게 많은 걸 해드리지 않아도, 아빠는 언제나 내가 제일 자랑스러운 딸이라고 이야기해주었다. 조문을 하러온 아빠의 친구들도 내 손을 꼭 붙잡으며 말했다. "자네가 둘째 딸인가? 아버지가 정말 자네를 예뻐했어. 늘 믿고 생각했지."

아빠는 더 좋은 곳에서 누구보다 좋은 일을 하실 거다. 그깟 승진 자리에 연연하지 않아도, 좋은 곳에 가겠다고 정치꾼들과 치열하게 다투지 않아도, 아빠를 먼저 알아봐 주는 좋은 사람들이 있을 것이다. 내세의 인연이 여기까지라면 여기까지겠지만, 언젠가 나도 하늘나라에 가게 될 테니 그때까진 잘 버텨야겠지.

아빠가 돌아가셨다는 생각을 하면 너무 그립지만, 장기 출장을 가셨다고 생각하면 마음이 조금 나아진다. 우리는 단지 떨어져 있을 뿐이다. 하지만 언젠가는 만날 것이라 생각한다. 허공에 날아다니는 흰 나비도, 갑자기 집에 날아든 이름 모를 새도, 아빠가 나를 위로하는 신호라고 생각하며 유심히 본다. 회자정리, 거자필반. 만나면 반드시 이별이 있지만, 언젠가는 곧 만나게 될 것이니.

은퇴하신 아빠가 심심하다고 하셔서 원래는 아빠와 유튜브를 좀 시작해볼까 하는 생각 중이었다. 일흔한 살 유튜버 박막례 할머니가 "내 나이가 어때서"를 외치는 것처럼, 아빠에게도 제2의 청춘을 찾아주고 싶었다. 우리는 아침저녁으로 '기획안'을 말하며 웃곤 했다. "엄마랑 다투는 일상을 찍어보는 건 어때?" "아빠 외국 여행 좋아하니까 '명우 씨의 영어 도전기'로 해볼까?" 등. 소재는 정말 다양했다. 단지 그 주인공이 사라져 아쉽고 슬플 뿐이다. 그토록 무서워했던 죽음이 두렵지 않을 정도로, 아빠를 언젠가 기쁘게 뵙고 싶다.

살아남은 자들의 슬픔은 언젠가 희석될 것이다. '둥글게 둥글게'를 외친 아빠의 인생론처럼 누군가에 대한 미움도 함께 사라져갈 것이다. 삶과 죽음이 정말 한 순간이기에 나는 내 인생의 2막을 어떤 순간들로 채워가야 할까 많은 고민이 든다. 아직 어떤 부모가 되어야 할지는 둘째 치고, 어떤 딸이 되어야 할지조차 모르는 내게 아빠는 갑자기 너무 많은 숙제를 남겼다. "나는 어떤 사람이 되어야 할 것인가"라는 숙제.

죽음은 이처럼 누군가에게 거울을 남긴다. 나는 아빠만큼 넉넉하고 포용력 있고 지혜로운 사람이 될 수 있을지는 잘 모르겠다. 손해를 보고 산다고 생각했던 아빠의 많은 부분들, 그래서 너무 속상했던 그 부분들까지 내가 이어받아야 할지는 정말 미지수다. 아빠의 품격은 죽음을 통해 재평가되었지만, 나는 인간적이지 않은 부분까지 굳이 눈감아주고 싶지는 않다. 자애롭지만 강단이 있는 사람. 그게 아빠의 삶을 바라보고, 생각하고, 그래서 조금은 또 다르게 살고 싶은 내 삶의 목표 같다.

분명한 건 그 모든 삶의 과정들이 부끄럽지 않기를 바랄 뿐이다. 당당하게, 솔직하게, 무엇보다 치졸하지 않게 나는 나의 삶을 살아갈 것이다. 디테일은 바뀔 수 있어도 우리 아빠의 DNA는 어디 가지 않을 테니까. 나는 '나'이기 전에, 결국 우리 아빠의 딸이다. 아빠 너무 사랑했어. 우리 꼭 웃으며 다시 만나자.

참지 않는 연습

아빠는 가끔 내 꿈에 나타나셨다. 생일 케이크를 올려드린 날은 고깔모자를 쓰고 환하게 웃으시기도 했고, 외갓집 식구들과 모임을 가진 날엔 평소처럼 거실에 모여 이야기를 나누는 꿈도 꾸었다. 어느 날은 남편이 이야기했다. "아버님이 꿈에 나타나 이런저런 말씀을 하다 가셨어." 아빠의 자취가 나뿐만이 아닌 나를 둘러싼 가족에게도 남겨진다는 건 큰 울림이었다.

그건 아빠가 남긴 마지막 메시지 같은 것이기도 했다. "가족은 하나의 울타리다. 그걸 잊지 마라." 남은 자들의 슬픔은 결속으로 바뀌어야 할 것이다. 그동안의 섭섭함, 미움까지 훌훌 털어버리고 또 같은 상황이 찾아올 때 "우리가 지켜줄게"라고 말할 수 있도록. 아빠는 마지막까지 내 스승이셨다. 호호 할머니가 되어 아빠를 다시 만나는 날, 꼭 끌어안으며 사랑한다 말하고 싶다.

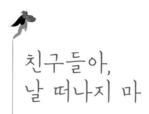

친구들아,
날 떠나지 마

지금은 JYP 수장이 된 박진영 씨의 노래 중에 〈날 떠나지마〉가 있었다. 이 노래를 참 좋아했다. 특히 고릴라처럼 긴 팔다리를 가진 가수 박진영이 비닐 옷을 입고 춤을 출 때 나는 그와 함께 목청껏 노래를 따라 불렀다. "날 떠나지 마. 가는 널 볼 수가 없어!"

한때 나의 애창곡이었던 이 곡의 가사는 이제 친구들에게 바치는 내 연가가 되어버렸다. 특히 아직 결혼을 하지 않은 나의 솔로 친구들을 향해서 말이다. 내가 결혼을 하면서 결심했던 것 한 가지는 '절대, 결혼을 해도 잠수를 타지 않을 것'이었다. 결혼을 하자마자 내 인생에서 후루룩 사라지는 친구들의 뒷모습이 진심으로 꼴 보기 싫었기 때문이었다.

나보다 먼저 결혼을 한 친구들은 일단 연락 자체가 쉽지 않았다. 열 번을 걸면 한 통화 받을까 말까 했고, 그나마 그 통화의 BGM은 아이의 울음소리로 가득했다. 그러면 친구는 늘 당황하며 끊었다. "미안해. 지금 내가 좀 바빠. 나중에 시간 되면 전화할게."

하지만 모두가 아시다시피, 그 전화는 결코 오지 않는다. 혹시나 싶어 나중에 전화를 해보아도 전화기는 묵묵부답이다. '결혼을 했다'와 '결혼을 해서 아이까지 가졌다'의 수식이 싱글녀의 라이프스타일과 다를 것이란 짐작은 많이 했지만 이 정도일 줄은 몰랐다.

그래서 너무 괘씸하다고 생각했고, 스스로 세뇌하듯 다짐을 했던 것이다. 첫째, 아이가 생겨도 절대 친구들과의 모임에 빠지지 않을 것. 둘째, 아이를 데리고 나가는 한이 있어도 절대 빠지지 않을 것. 셋째, 무엇보다 그 모임을 절대로 먼저 취소하지 않을 것.

막상 결혼을 하고 애가 생기니 이런 결심을 실천하기란 쉽지 않다. 이 '아이'란 동물은 똥오줌을 가리기 전까지는 '인격체'라기보다 '동물'이고 (아무데서나 빽빽 울어대는 데다 내가 그 모든 울음을 조정할 수 없다) 막상 똥오줌을 가리고 걷기 시작하니 그 모든 움직임을 경계 태세로 만들어버렸다(밥을 먹다 식탁 모서리에 머리를 부딪히고, 잠시 한눈을 팔면 식당을 벗어나 도로 한복판으로 달려가고 있다).

그러니 친구들의 모임에 일단 나가기는 하되 (특히 나의 두 절친이자 아직 싱글녀인 지지와 야옹 양과의 모임에) 나는 거의 사팔뜨기 같은 눈을 하고 한쪽 눈으로는 두 친구를, 다른 한쪽 눈으로는 내 아이를 지켜보고 있게 되는 것이었다. "언니, 나 그 남자가 좀 별로야" 하는 지지의 진지한 연애 상담에 "아, 맞다! 애 기저귀를 안 챙겼다!"로 동문서답을 답하거나, "야! 나 요즘 회사에서 팀장 때문에 너무 우울해" 하는 야옹 양의 말에는 "야! 너 어디로 도망 가냐!" 하며 자리를 벌떡 뜨기도 했다. (나의 네 살짜리 남자 아이가 하필이면 이 순간에 도망을 가기에)

이러니 대화는 늘 중구난방으로 튀었고, 막상 애를 잡아서 테이블로 돌아오면 살짝 싸한 느낌이 느껴지곤 했다. "우리 어디까지 이야기 했지?"라고 수습을 하려 들면 두 친구가 답한다. "어, 그 얘긴 아까 끝냈어. 근데 너 정말 이 자리에 나와도 괜찮은 거니?"

사실 나는 괜찮다. 아마 내 친구들이 괜찮지 않을 것이다. 애가 하나면 차라리 남편에게 맡기고라도 오겠는데 둘을 감당하는 건 그에게도 좀 미안한 일이다. 특히 친구들과의 만남을 장기적으로 도모하고 있는 터라, 혹시라도 남편에게 "그 모임은 왜 자꾸 나가는데?"라는 말이라도 나오면 곤란하다. 그래서 그나마 친구들과 만나는 시간에 낮잠을 주무시는 둘째를 주로 선택하는 거다. (첫째는 아빠 껌딱지라 데리고 나오기 어렵다)

그런데 이 녀석이 정말 만만치 않다. 밖에만 나오면 눈을 똥그랗게 뜨고 밥도 안 먹고, 마구잡이로 돌아다닌다. 특히 이야기가 좀 풀리려고 하면 꼭 "응가!"를 외친다. 아, 또 이놈의 똥 이야기! (아이와의 하루는 똥, 오줌, 방구의 삼위일체다) 그러면 친구들에게 또 미안해지는 것이었다. '얘들은 지 자식이 아니라서 비위가 상할 수도 있는데 말이야…' 그리고 친구들과 헤어지고 돌아오는 길은 그렇게 아쉬울 수가 없었다. "제대로 말하려면 이놈을 어떻게든 한번 떨어트리고 나와야 하는데…."

또 아시겠지만, 그 역시도 쉽지 않다. 이쯤에서 나는 내가 그토록 미워했던, 그리고 살짝 재수 없다고 생각했던 과거 친구들의 행동을 떠올린다. "아, 이래서 연락이 안 되었던 거군" "그래서 그냥 집에만 있었던 거군"이라며 뼈저린 이해를 시작한다.

그리고 내 머릿속에 있는 어떤 이미지를 떠올린다. 내가 꿈꾸었던 건 인터넷 사이트를 돌아다니고 있는 어느 외국의 멋진 엄마들 같은 모습이었다. 그들은 긴 생머리에 선글라스를 끼고 한쪽 팔로 애를 씩씩하게 안고 있었다. 그러나 내가 그처럼 쿨한 엄마가 될 수 없음이 현실임을 직감한다. 그러고 나면 그날 하루는 정말 비참해지는 것이었다.

더욱이 친구들과의 모임을 되돌려 재생하면 절대 쿨하지 않은 아줌마가 한 명 등장한다. 땀에 눈 화장은 번지고 머리는 산발이 되어 아등바등하고 있는 어떤 짠내 나는 아줌마. 그리고 그 장면에 또 다른 장면이 오버랩된다. 그런 나를 쳐다보는 친구들의 가여운 눈빛이다. 에효, 이걸 의도한 건 아니었는데 말이야….

육아라는 역경 앞에서 우정을 확인하다

하지만 진정한 친구는 영혼의 짝과도 같다는 말처럼, 나의 두 친구는 그야말로 '진정한 친구'의 심성을 보여준다. "야, 너랑 다시는 보지 않을래"라며 슬슬 피하는 대신 내게 보다 적극적이고 현명한 대안을 제시한다. "다음번엔 우리가 너희 집에 가서 같이 애를 보겠다"고 말하거나, "남편이 힘들지 않게 집 앞 커피숍에서 한 시간만 보고 가겠다"고 배려해주는 것.

굳이 이해관계로만 따지면 아줌마가 된 나에게 그들이 크게 기댈 것은 없다. 내가 뭐라고 무슨 연애 상담에 직장 상담을 엄청 잘해주겠는가. 오히려 나의 이런 처지를 보고 있자면 "결혼하고 애 가지면 인생 끝이다"를 타산지석처럼 새길지도 모를 일이다.

하지만 나의 친구들은 내가 생각지도 못한 힘을 준다. "그래도 결혼하고 너처럼 연락 잘되는 친구가 없다" "이렇게 토끼 같은 애들과 사는 거 보니 내가 다 뿌듯하다" "너도 내가 결혼하면 나 만나줄 거잖아요" 하며 상부상조의 정신을 힘껏 키워주는 것이다. 아! 이 현명한 사람들 같으니. 그래서 더 고맙다. 이쯤에서 고대 철학자 키케로^{Cicero}가 말했다는 친구에 관한 명언을 한 자, 한 자 새겨본다. "우정은 풍요를 더 빛나게 하고, 풍요를 나누어 역경을 줄인다."

같은 시대를 산 사람은 아니지만, 존 철튼 콜린스john churton collins라는 사람의 말은 위 명언의 대구 같은 어록을 남겼다. "풍요 속에서는 친구들이 나를 알게 되고, 역경 속에서는 내가 친구를 알게 된다."

맞다. 역경(?) 속에서 내 친구들의 진가를 알게 된 나는 나의 친구들을 평생 오래오래 지켜가고 싶다. 친구들의 말처럼 언젠가 그들도 결혼을 할 것이요, 언젠가는 우리의 모임 자리에 아이들을 데려올 것이다. 그럼 그때는 내가 더 지혜로운 눈으로 그들의 상황을 보듬어주어야지. 그 상황을 '다름'이나 '성가심'으로 치부하는 대신 그들이 겪어내는 성장의 과정으로 소중히 보듬어주고 싶다. 그리고 꼭 말해주고 싶다. "친구야, 이렇게 애쓰는 와중에서도 나를 만나주는 네가 정말 쿨한 사람이라고 생각한다."

우리의 다음번 모임은 남산에서의 브런치다. 탁 트인 풍경에서 아이와 걷고 친구들과도 산보하는 심정으로 가볍게 만나야겠다. 이렇듯 나뿐만이 아닌, 내 아이에게도 좋은 추억을 만들어주고 있는 친구들이 너무 고맙다. 내게 너무 괜찮은 사람들, 그래서 함께 이야기를 하고 있다는 사실만으로도 큰 위로가 되는 이 멋진 친구들이 나와 오래오래 함께 했으면 좋겠다. "친구들아, 날 떠나지 마. 지금은 좀 힘들지만 상황이 더 나아지면 훨씬 더 재미있게, 멋지게 놀자!"

참지 않는 연습

큰일을 치를 때마다 친구들은 떨어져나간다. 결혼을 할 때 한 번, 장례와 같은 힘든 일이 있을 때 한 번, 그리고 결정적으로 애를 낳고 육아를 하는 과정에서 또 한 번. 내 핸드폰에는 864명의 친구 이름이 저장되어 있지만, 진짜 친구는 아마 서너 명으로 꼽을 것이다. 그리고 그 엄선되고 엄선된 친구들은 단지 같이 있는 것만으로도 큰 위로를 준다.

그들은 내가 모임에서 그 어떤 구차한 행동을 연출해도 (수시로 우유를 먹이고, 똥 기저귀를 갈아주고, 화장실을 들락거리는 등) 나를 이해해준다. "야, 이런 게 사는 재미 아니냐!"하며 호탕한 웃음도 날려준다. 그리고 친구들의 이런 말 한마디면 모든 게 사르르 녹는다. 마치 깊게 갉아먹히던 영혼이 치유되는 느낌이다. 그게 새벽 6시에 일어나 세 시간을 준비하고, 단 한 시간 동안 그들을 만날지라도 "너희가 너무 소중해"라고 말할 수 있는 이유다.

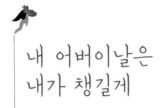

내 어버이날은
내가 챙길게

미취학 아동들에게 특별한 어린이날은 없다. 왜냐하면 그들은 매일이 어린이날이기 때문이다. 아직 어린이집에 다니는 내 두 자녀 또한 그러하다. 그들은 매일 놀면서도 "더 놀고 싶다"를 말하고, 열정적으로 놀아주다 5분만 방치해도 "에고, 심심해 죽겠네"를 외쳐댄다. (옥! 이 양심 없는 것들!)

21세기의 미취학 아동들은 '노세노세'의 수준 또한 상당히 높다. 나는 대학교 때 처음 타본 비행기를 휴가 때마다 심심치 않게 타고 있으며, 나는 직장에 자리 잡고서야 가본 호텔을 거의 친구 집 다니듯 드나든다. 이 모든 것이 가능한 것은 우리 집이 특별히 부자여서는 아니다. 그것은 매주 어린이집에서 진행되는 "주말에 뭐했어?"란 프로그램 덕분(?)이다. 놀이동산에 가고, 키즈카페에 가고, 새로운 장난감을 사는 친구들의 '특별한 주말 놀이'는 아이들에게 "이것이 일상이군"을 깊게 각인시키고 있으니까. 그리고 매번 밑 빠진 독에 물 붓기처럼 징징댄다. "엄마, 우리도 친구들처럼 재미있게 놀고 싶다고요!"

치사랑보다 내리사랑이라고, 나도 내 능력이 닿는 만큼 자식들에게 퍼주고 싶은 게 사실이다. 하지만 심한 몸살이 나서 누워 있던 어느 날, "엄마 괜찮아요?" 한 번 묻지 않는 아이들에게 엄청난 배신감을 느낀 후 한 가지를 결심하게 되었다. (그들은 오히려 "밥 달라"며 조르고, 지린내 나는 궁둥이로 내 얼굴을 비벼댔지) 내 몫은 내가 챙겨야 한다, 가끔 나에게도 어버이날을 선사해주자!

그래서 나를 위한 선물로 '일상에서 실천하는 어버이날'을 스스로 만들어보고 있다. 혹시 당신도 미취학 아동에게 심한 감정의 요동을 느낀 적이 있다면, 하루 날 잡아 꼭 한

번 실천해보라. 평범하지만 특별하고, 소소하게 나를 챙기는 어버이날 놀이를! 더불어 매번 주기만 했던 아이들을 약 올리는 '깨알 재미'는 추가 옵션이다.

바글바글 끓이자! 맛있는 한우라면

너희들은 알 것이다. 매일 주말 반복된 우리의 식단을. 너희는 한우, 나는 라면! 단신의 설움을 내 대에서 끊어내기 위해 없는 살림에 매끼 한우를 상납했었지. ("애들아, 한우 먹고 키 커야지"는 귀에 딱지가 앉을 정도로 외운 나의 주문이었다)

하지만 오늘만은 예외다. 나는 너구리 대신 '너구리 한우라면'을 준비하고 있다. 프라이팬 가득 싱싱한 한우를 촤르륵 채우고, 들기름까지 송송 떨어트려 맛있게 볶아줄 거다. 그리고 3분의 1은 너희들의 밥에, 나머지 3분의 2는 내 라면에 휘릭 부어 버려야지. 캬캬캬캬!

뭐? 이 3분의 2까지도 너희들 밥그릇에 갈 줄 알았다고? 어른이 치사하게 왜 이러시냐고? 천만의 말씀, 만만의 콩떡! 구소련의 의사 패리코 박사는 이렇게 말씀하셨다고 한다. "어른도 키가 클 수 있다." 그리고 혹시 성장판이 닫혀 키가 크지 않더라도? 내 배엔 탄수화물 외에 질 좋은 단백질이 꽉

꽉 채워질 것이다. 그럼 사실 너희도 좋잖아? 건강한 혈색에 뱃살 덜 출렁대는 날씬한 엄마!

난 더 이상 너희를 쫓아다니지 않겠어

자, 정말 이것만은 하지 않겠다. 밥숟가락 들고 "제발 먹으라"며 사정하는 이상한 추적 놀이를! 언젠가 이 모습을 동영상으로 찍어본 후, 크게 뒤통수를 맞은 것 같았다. 총 30분의 러닝타임 동안 너희는 정말 자유롭게도 뛰어 놀더구나. 마치 세렝게티 초원의 사자들처럼 식탁 밑, 침대 위, 미끄럼틀 아래를 마구 활보하면서. 그리고 그 뒤로 숟가락을 들고 쫓아다니는 내 모습을 보며 (머리는 산발, 티셔츠 위엔 밥풀) 난 이 가여운 여자를 꼭 품어줘야겠다고 생각했다.

흥! 난 이제 우아하게 식사할 거다. 밥상 차려놓고 째깍째깍 30분 알람도 맞춰놓고. 그리고 그 시간 동안 맛있게 밥을 즐기고, 땡 하는 소리가 들리면? 밥상을 싹 치워버리는 거다.

아! 물론 너희의 투정을 짐작 못한 건 아니다. "엄마, 밥 줘!" "엄마, 왜 먹여주지 않아?" 하며 한참을 째려보던데, 이거 왜 이래! 너희도 혼자 숟가락 들 줄 알잖아? 그리고 밥

안 차려줬니? 너희가 안 먹은 거지. 배고프면 담엔 꼭 먹어. 이번 끼니는 끝났으니 다음 끼니까지 참고 기다리라고! 오 케이?

그 놈의 킨더조이 대신 내 슬리퍼!

킨더조이, 킨더조이, 난 그 놈의 킨더조이가 정말 싫다. 킨더조이에 중독된 아이들은 자나 깨나 킨더조이 타령이 다. 슈퍼에서도, 편의점에서도, 심지어 어린이집 하원길에 서도. 동그란 타원 모양의 그 녀석은 달콤한 초콜릿에 장난 감까지 덤으로 들어 있지. 사실 좀 많이 환상적이긴 하다. 하지만 그놈의 킨더조이 소비가 산을 쌓아가는 동안 난 내 여름용 슬리퍼조차 사지 못했다는 슬픈 사실을 기억하라! 킨더조이 하나에 1천 300원. 내 여름용 슬리퍼는 1만 3천 원. 윽! 나는 오늘 과감히 킨더조이를 끊는다.

"엄마, 킨더조이 사줘."

"안 돼! 오늘은 엄마 슬리퍼 살 거야."

"슬리퍼 싫어. 초콜릿 사줘!"

"미안한데 안 되겠어. 엄마가 비 오는 날에도 정장 구두 신고 가서 얼마나 속상했는지 아니? 구두가 흠뻑 젖어 밑창까지 떨어졌는데, 그 슬픈 기분 알아? 그리고 초콜릿 너무 먹으면 중독된다. 니코틴만 중독성이 있는 게 아냐. 단맛도 중독성이 있어. 그리고 중독은 가끔 끊어야 고칠 수 있다는 사실, 아니 모르니?"

물론 아이는 운다. 이해했는지 못했는지는 관계없다. 중요한 건 이거다. 난 오늘 킨더조이 대신 슬리퍼를 지른다!

엉덩이 탐정 대신 드라마를 돌려라!

똥, 방구, 오줌에 이어 요즘엔 '엉덩이'가 난리다. 바로 TV에 이어 영화관까지 점령한 '엉덩이 탐정'이 그 주인공이시다. 어른들의 세계에 셜록 홈즈가 있다면 아이들의 세계에선 엉덩이 탐정이 엉덩이로 모든 것을 추적한다. 심지어 생김새도 엉덩이다. 동그란 엉덩이가 얼굴 있을 곳에 달려 있고, 냄새로 사건을 추적한다. 상대하기 힘든 악당을 만났을 때? 뿡 하고 방귀를 뀐다. 바로 그 엉덩이, 아니 엉덩이 얼굴로!

나의 시간은 이렇듯 정체되어 있다. 아이들과 엉덩이 탐정을 보는 동안 오늘의 뉴스는 (환율, 정치계 가십, 인테리어 및 쇼핑 트렌드) 바이바이 사라진다. 가끔은 어른들의 세계에 못

낄 때도 많다. "요즘 이런 게 유행이라잖아요" 하면 멍청한 얼굴로 상대를 쳐다볼 뿐이다. (속으론 수만 가지 생각을 한다. "저게 대체 무엇인고?") 안 돼! 안 돼! 안 돼! 나는 오늘 내가 보고 싶은 채널을 마음껏 돌린다. "지니야! 엉덩이 탐정 틀어줘!" 애들이 백날 외쳐대도, 후훗! 까짓 거, 리모컨으로 다 방어해 버리는 거다. 오랜만에 지진희 님 얼굴도 보고, 지나간 액션 영화도 감상하고. 앙앙! 아이들이 울어댄다고? 당황하지 말자. 잠시 놓아두면 된다. 견디면 울음소리는 사라질 것이니. 어느새 아이들은 둘이 알아서 잘 놀고 있다. "공룡 놀이 할까?" "응! 같이 모험의 섬으로 떠나는 거야!" 짜식들! 꼭 TV 안 봐도 되는데 그래.

매일 어버이날을 자축할 수는 없겠지만, 어버이날을 알리는 경고 신호는 있다. 바로 '내 앞에서 놀고 있는 말썽쟁이'보다 핸드폰 사진 속에서 웃고 있는 아이를 더 사랑스럽게 들여다보고 있을 때다. 그 신호를 해석하면 이것이다. "더 이상 애들 비위 맞춰주지 마시고, 오늘은 하고 싶은 대로 행동하라고요!"

방정환 선생님은 아이들의 권익을 위해 어린이날을 만드

셨지만, 요즘처럼 어린이들이 득세하는 시대엔 가끔 어버이날도 필요하다. "너무 애들, 애들 하지 마요. 잘 클 애들은 시래기만 먹고도 큰다고요!" 언젠가 부동산 아줌마가 아파트 투자를 권유하며 한 말인데, 반은 맞고 반은 틀린 것 같다. 너무 애들, 애들 하지는 말자. 반은 아이들에게, 그리고 반은 나에게! 어느 한쪽에 몰빵하지 말고, 우리 모두의 행복을 위해 반반씩 고루 투자해보는 거다.

참지 않는 연습

그래도 아이들이 감동을 주는 순간이 있다. 직장일로 스트레스를 받아 누워 있던 어느 날, 여섯 살 큰딸이 조심스레 다가와 말한다. "왜? 무슨 고민 있어? 그런 건 좋은 사람들이랑 상의를 해서 해결해. 혼자 그러지 말고." 그러면 네 살 아들은 조그만 눈으로 날 쳐다보며 함께 위로를 한다. "엄마, 행복하세요!"
순간 이 녀석들이 천재가 되었나(?) 하는 기특함에 "이 글자 읽을 수 있겠니?" 하며 한글 테스트를 하려 하면, 딸아이는 "왜 엄마는 분위기를 망쳐?" 하며 달아나버린다. 그래, 내가 주책없다. 호의는 호의로만 어른스럽게 받아볼게. 물론 나도 완벽하게 어른스럽진 않지만.

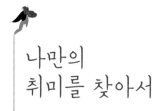

나만의
취미를 찾아서

남편과 취미생활을 같이하면 좋을 거라고 생각했다. 생각해보라. 주말마다 남편의 팔짱을 끼고 공통의 취미를 누리는 우아한 시간들을! 남편의 취미는 달리기였기에 나는 처음에 달리기를 시도했다. 연애 시절 짤막하게 남산을 함께 뛰었고, 내가 달리기에 흥미가 있다고 생각한 남편은 괜찮은 운동복도 여러 벌 사주었다.

하지만 "더 뛰다간 정말 큰일나겠네" 싶은 순간 결혼을 했고, 결혼 이후로도 "아, 도저히 못 뛰겠어" 하는 생각만 반복될 뿐이었다. "저 나뭇잎 좀 봐. 와, 저 파란 하늘에 경치 좀 봐” 하고 뜀을 뛰며 그는 연신 감탄했지만, 우웩, 나는 가슴으로부터 차오르는 신물에 토할 지경이었다. 특히 오르막길을 뛰는 것은 고역이었다. 나는 쉼 없이 'Go! Go!'를 외치는 남편을 따라가며 어느 순간 두 손 두 발을 다 들었다. “미안한데, 이건 너무 재미가 없어!”

다음으로 함께한 취미는 골프 보기였다. 골프는 치지 못해도 언젠가는 함께 칠 거라는 생각으로 골프 채널을 보기 시작한 것이다. 남편은 신이 났다. “이것 봐. 이렇게 부드럽게 공을 쳐서 폼을 만드는 건데…” 하며 집에 있는 중고 골프채를 마루에서 마구 휘두른다.

그 모습을 한 번 바라보고, 다시 골프 채널의 선수들을 바라보며 나는 자꾸 눈이 감긴다. “골프란, 정말 쓸데없이 지루하군”이라고 생각하는 순간, 어느 새 졸고 있는 나를 발견한다.

생각해보면 나는 골프는 물론 야구, 축구도 재미있게 본 기억이 없다. ‘오래 매달리기’처럼 좀 단조로운 운동 외에는 (운동이라고 하기도 뭣한) 몸을 쓰는 것에 재미를 붙인 기억이 없다. 아직 야구는 룰조차 모른다. 우리나라 축구 선수는 안정환, 손흥민만 있는 줄 안다.

기타 다 열거하지 못한 '시도해본 취미들'도 많다. 부동산 사이트를 들여다본다거나, 북한 사회를 파헤치는 다큐멘터리를 시청하는 일(새벽 3시에 잠이 깨 거실에 나가보면 남편은 북한 관련 프로그램을 틀어놓은 채 소파에서 자고 있다), 혹은 레고 같은 작은 장난감을 조립하는 일 등.

　나는 남편이 좋아하는 것을 어떻게든 맞춰보기 위해 아등바등했지만 확실히 우리의 취미는 '다른 것'이 맞았다. 집중을 하려 해도 자꾸 초점이 흐려지고, 머리가 떵해진다. 흥미 있는 척 "와, 재밌네!" 추임새를 넣어봐도 정말 로봇처럼 경직된 말만 하고 있을 뿐이다. 아, 이런 거구나! 우이독경이란 속담의 뜻이….

　반면 내 취미에 끌어들이려고 남편을 독려해보았지만 그조차 쉽지 않았다. "같이 서점에 가서 책을 보는 건 어떨까?" 하고 남편을 데려가면 늘 도착 후 20분 정도 되어 말한다. "저기, 나 밖에 나가서 볼일 좀 보고 올게. 답답해서."

　혹은 내가 좋아하는 K팝을 같이 들을까 싶어 신화, 헤이즈 등의 음악을 꺼내들면 그는 난감해하며 말한다. "내가 가요를 싫어하는 건 아닌데 사실 즐겨 듣진 않아. 나는 주로 팝송을 듣는데…. 아, 이 곡 어때? 완전 끈적끈적하고 흥이 나서" 하며 한 곡 틀어준다. 기대감에 잠시 귀를 쫑긋거리던 나는 또 다시 많은 생각을 한다. '음, 이건 전혀 내 스타일이 아닌데 말이야….'

아! 우리는 정말 다른 사람이구나. 우리의 취미는 정말 겹치지 않는다! 그리고 우리의 취미를 공통화하려는 이 과정 자체가 고역스럽다 못해 너무 고통스럽다!

함께 산다고 해서 서로의 취향과 시간까지 구속하는 것이 얼마나 하품 나고 지루한 일인가에 대해 나는 여러 시도를 통해 깨닫게 되었다. 사실 남편뿐만은 아니었다. 결혼 전 스쳐 지나갔던 남자친구들, 심지어 가족과의 관계에서도 취향을 공유한다는 것은 쉬운 일이 아니었다.

검도를 하는 남자친구를 따라 서울 시내 구석구석 칼을 보러 다닌 일(나는 그가 훌륭한 칼을 보고 감탄하는 표정을 아직도 잊지 못한다), 바둑을 좋아하는 아빠와 함께 몇 시간이고 바둑만 본 일 등(나는 불면증 환자에게 바둑 시청을 권유할 정도로, 바둑이 훌륭한 수면제라 굳고 믿고 있다) 내가 좋아하는 사람들이 좋아하는 것을 똑같이 공유하는 일은, 시도는 가상하되 노력만으로는 되지 않는 일이었다. 아마 서로가 그랬을 것이다. 똑같은 탕수육을 먹어도 '부어먹기'와 '찍어먹기' 취향이 갈리는 것처럼, 사람의 취향이란 절대 같을 수 없으니까.

내 행복은 내가 알아서 챙길 것

얼마 전 낙원 지하상가에 가서 중고 피아노를 샀다. 고3 때까지 피아노를 쳤는데, 그게 갑자기 생각이 났다. 취미란 게 단순히 시간을 때우는 일도 되지만, 결국 나의 감정과 페이스를 되찾는 시간이리라.

경제적 문제 때문에 음대 진학을 포기했지만, 피아노는 늘 내 마음 속에 남아 있는 아련함이었다. 열 손가락을 마음대로 움직일 수 있다는 것도 신기했고, 거기서 만들어낼 수 있는 멜로디가 좋았다. 나는 장조보다는 단조가 있는 곡을 좋아했는데 눈을 감고 건반을 누를 때면 내가 다른 세상에 속해 있는 것 같았다. 우아하게 차를 마시는 여왕님도 되어 보고, 숲 속에서 풀 냄새를 맡으며 맨발로 뛰어다니기도 했다.

글을 쓰고 싶은 이들에게도 피아노 배우기를 추천한다. 음색과 음계를 잘 이해하면 한 문장을 쓰더라도 그 문장에 분위기가 입혀진다. 기쁘게, 슬프게, 느릿하게, 또 이쯤에서는 한 템포 쉬면서 말이다.

피아노를 치기 시작하니 예전의 그 감성들이 온전히 내게 왔다. 처음 피아노 대회에 나간다고 하루 종일 쇼팽의 CD를 반복해 들은 일. 짝사랑하던 남자에게 차였을 때 울면서 아무 음이나 두드렸던 일. 가족의 생일에 평소 준비했던 곡을 멋지게 연주해줬던 일. 감명 깊게 본 영화 속 OST 악보를 찾아 몇 번씩 틀려가며 통째로 외웠던 일 등.

피아노는 내 지난날의 일상을 꺼내게 했고, 돌아보게 했고, 조금 삭막했던 내 삶을 촉촉하게 만들어주었다. 무슨 일이 벌어져서 기쁜 게 아니었다. 단지 그때의 평범함을 음미할 수 있고, 정화된 감정으로 오늘을 대할 수 있다는 것이 삶을 더 빛나게 해주는 느낌이었다.

사실 살면서 '취미'를 갖게 되는 이유는 '더 큰 기쁨'을 위해서도 있지만, 지금의 답답함이나 불안함을 해소하려는 의미도 있다. 이 때문에 나라는 존재를 반성하고 다스리는 이 '취미의 시간'을 누군가와 함께할 필요는 더더욱 없어 보인다. "당신은 왜 그 취미를 갖게 되었죠?"에 대한 내용과 깊이가 각자 다른 것처럼 그 취미를 나만의 이야기로 즐길 수 있는 것 역시 더 큰 즐거움일 수 있다.

실제 피아노를 치며 내 생활은 더 윤택해졌다. 내가 생각하는 감정을 여러 가지 음으로 비워내고, 한 음 한 음 누르는 동안 여러 고민들이 바람처럼 날아간다. 이것은 마치 일종의 '요가' 혹은 '명상' 수련 같은 느낌이다.

어느 에세이 작가가 이런 이야기를 했다. "애정과 사랑은 나누되, 행복은 각자 알아서 행복할 것." 타인의 행복을 위해 나의 행복을 잠시 미뤄두는 일은 내 행복에 대한 방기 같다. 우리는 누구도 지속적으로 행복하게 해줄 수 없고, 그 누구도 우리를 지속적으로 행복하게 할 수 없다.

취미를 통해 느끼는 행복도 마찬가지 아닐까. 내 기쁨의 순간을 누군가 대신할 수 없고, 나도 그렇게 할 수 없는 것처럼 우리의 취미도 각자 누려져야 한다. 함께 살고는 있지만 우리 자신의 존재감은 서로 독립적인 것처럼.

이번 주말, 남편은 남산에 달리기를 하러 간다. 나는 더 이상 흰색 운동화를 함께 고쳐 매지 않는다. 그가 땀을 뻘뻘 흘리며 야외의 공기를 즐기는 동안, 나는 내 방에 앉아 신나게 피아노를 칠 것이다. 바가지 긁고 싶은 말들도 우당탕탕, 예쁘게 말하고 싶은 말들도 띵똥띵똥. 서로가 서로를 간섭

하지 않는 '나만'의 취미는 즐겁다. 그것은 곧 나를 향한 여행이기도 하다.

참지 않는 연습

취미는 공유되지 않지만, '음식 취향'은 조금씩 비슷해지는 것 같다. 미식가인 남편은 맛있는 음식을 먹으러 다니기 좋아한다. "이 집 냉면 면발이 진짜 끝내줘"라든가, "먹어봐. 추어탕 국물이 진짜 다르지 않아?"라며 맛있는 식당을 귀신같이 찾아낸다. 그러다 보니 나의 입맛 역시 점점 고급화가 되어갔다. "뭐야, 여긴 MSG를 너무 많이 넣었네. 어? 튀김옷이 너무 두껍잖아" 등등.

하지만 입맛의 고급화가 내 손맛의 고급화까지 이뤄내진 못한다. 나는 오늘도 볶음밥 하나를 만들기 위해 주방에서 한 시간을 끙끙댄다. "어휴, 왜 자꾸 좋은 거 먹으러 다니겠어? 음식도 먹어본 놈이 한다고 좀 잘하라고 다니는 거지!" 뒤에서 들려오는 남편의 잔소리에 나는 발끈한다. "웃기네. 요리가 한 번에 되냐? 그럴 거면 혼자 다니셔!" 우리란 행성은 이렇듯 만날 듯하다가도 작별을 고한다. 그러게 그냥 나가서 사 먹자니까.

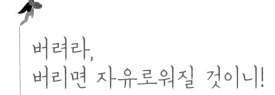

버려라,
버리면 자유로워질 것이니!

이사를 몇 번 하면서 깨닫게 되었다. 나는 얼마나 많은 쓰레기들과 함께 이동하고 있는 것인지!

내가 쓰레기라 지칭하는 것들은 옷장을 두 개나 차지하고 있는 내 옷들이다. 남편은 내 옷장을 바라볼 때마다 말한다. "그걸 다 입기나 하는 거야? 그 땡땡이 스웨터는 몇 년간 입은 걸 한 번도 못 본 것 같은데?" 그럼 나는 항변한다. "왜 이래! 이거 올 겨울에는 꼭 입을 거야. 땡땡이는 유행도 안 타는 아이템인 거 알아, 몰라?" 하지만 그 겨울에도 역시 난 그 스웨터를 입지 않는다.

비단 그 녀석뿐이겠는가. 50퍼센트 세일에 홀려 아무거나 막 집어온 초록색 니트와 비닐 치마, 인터넷 쇼핑으로 15만 원어치나 구매해놓고 사이즈가 맞지 않아 한 번도 입지 않은 하늘색 드레스와, 대체 이걸 왜 골랐을까 싶을 정도로 요상하게 생긴 점프 수트까지. 내 옷장에서 그렇게 썩고 있는 아이들은 결코 선택되지 못하면서도 어디론가 탈출조차 못 하고 있다. 그리고 막상 그것들을 버리려 하면 이런 생각들이 날 망설이게 한다.

'이건 너무 싸게 잘 샀는데…. 저건 너무 비싸게 사서 버리기 아깝고.' '스트라이프는 하나쯤 가지고 있는 게 맞잖아?' '수선하면 다시 입을 수 있을 거야.' '아, 이건 다음에 친구 가져다주면 되겠다.' '가뜩이나 옷이 없는데 이것마저 버리면 뭘 입으라고?' '그래, 언젠가는 필요한 날이 옷 것이다!'

당신의 여행 가방이 당신을 말해준다

레프 톨스토이Leo Tolstoy는 이런 말을 했단다. "자유롭게 살고 싶거든 없어도 살 수 있는 것을 멀리하라." 옷도 옷이지만 화장품, 가구 같은 물품도 마찬가지다. "저건 꼭 사야지" 하고 마구 지르기만 하고, 집안 곳곳이 점점 복잡해지면

(정말 어디선가 귀신이라도 튀어나올 것처럼 정신없어진다) "그래도 난, 이 것들을 절대 버릴 수 없어"라고 울상 짓곤 했다. 늘 이런 식이었다. 지르고 후회하고. 쉽게 버리지 못해 또 후회하고.

내가 얼마나 심플한 사람인지, 심플하지 않은 사람인지는 여행 가방을 싸보면 알 수 있다. (난 이것을 '여행 가방 싸기 시뮬레이션'이라 부른다) 단지 1박 2일의 일정에도 난 보통 캐리어 두 개와 낑낑거린다. 잘 때 입는 옷, 사진 찍을 때 입는 옷을 색깔 별로 구분해 챙기고. 얼굴 화장품, 탄력 관리 화장품, 그리고 수분 충전을 위한 팩을 넣는다.

아! 중간에 기력이 딸릴 수 있으니 초콜릿, 영양갱 같은 간식도 잊지 말아야지. 아, 맞다! 영양 보조제도 잊으면 안 되고…. 그러고 보니 심심하면 어떻게 하지? 으으, 책! 넷플릭스도 봐야 하니까 태블릿도 함께 챙기면? 뭐야! 벌써 캐리어 한 개가 다 찬 거냐!

확실히 한번쯤은 생각해봐야 한다. 내가 이것들을 대체 왜 가지고 있는가에 대하여. 그리고 '함께할 이유가 없어' 버려야 할 물건에 대한 기준도 명확히 세워야 할 것이다. 현재까지 내가 세운 '왜'의 기준은 이러하다. '실제로 내가 쓰고

있는 물건인지, 아니면 꼭 남겨야 할 의미가 있는 것인지.'

이런 기준을 세우면 비교적 물건에 대한 집착을 버릴 수 있다. 1년 내에 쓰지 않은 물건들은 일단 과감히 정리한다. 대신 장기간 쓰지 않았더라도 의미 있는 것들, 그러니까 신혼여행에 가서 산 드레스나 우리 할머니가 주신 복福 부채, 엄마가 시집 올 때 준 책장 같은 것은 그대로 남겨둔다.

어떤 물건들은 물건 이상의 감정을 준다. 바라만 보고 있어도 좋았던 이야기나 느낌이 고스란히 전해온다. 물건도 가끔 사람에게 말을 걸 때가 있다는데 바로 그 느낌이다. "힘들어? 나랑 이런 좋은 추억이 있었던 걸 생각해봐" 하고 소소한 위로를 준다. 이렇듯, 일단 정리를 시작해보자. 마음이 조금은 홀가분해질 수 있을 것이다.

'버림이 곧 자유'가 되는 이유는 그에 대한 생각을 덜 하게 되어서인 것 같다. "저것들을 다 안고 가야 해" 하는 집착, 부담감을 내려놓을 수 있으니까. "마음이 어지러울 땐 정리를 하라"는 드라마가 한때 유행했던 이유도 너무나 잘 알 것 같다. 그리고 비워진 공간만큼 깨끗해진 정신으로, 나는 더 버려야 할 것들에 대해 생각한다. 그것은 물건에만 국한되지 않는다. 어떤 걱정, 이슈, 욕망 등에 대해서도 마찬가지다.

집 샀다는 친구에 대한 질투

한동안 아파트 소유에 민감했었다. 큰 딸 아리는 우리 집은 왜 이렇게 작냐, 이렇게 어중간한 집에 살지 말고 호텔(!)로 이사 가자고 나를 재촉했다. 이봐, 딸! 누군들 궁전 같은 집에 가고 싶지 않겠냐? 돈이 없어 그러는 거지! 상황이 이렇다 보니 난 남편에게 허튼 소리를 했다. "우리도 좋은 집에서 떵떵거리고 살자."

이 와중 친구가 잠실의 좋은 아파트로 이사했다고 하자 배가 정말 찢어질 듯 아팠다. 내가 초라해지다 못해 바퀴벌레가 된 느낌이었다.

하지만 이 역시도 버려본다. 정부 대출 규제도 시작되어 우린 지금 좋은 아파트로 이사 갈 수 없다. 부동산 값이 언젠가 내리겠지 하는 1퍼센트의 희망도 버린다. (거의 그럴 가능성도 없다) 그냥 우리가 편안히 살아갈 집 한 채가 있으면 족하다고 소망한다. 노력하면 그렇게 될 수 있으리라 생각한다. 비싼 집이 아니다. 내가 살아갈 바로 그 집이다.

연예인끼리 연애한다는 가십 기사

세상에서 가장 쓸데없는 것이 남 걱정이라던데, 연예인에 대한 관심과 걱정은 더 쓸데없다. "김성령 씨가 이번에 제주도에서 화보를 찍었다더군" 하면 일단 그녀의 기사를 찾아본다. "아니 이 나이에 왜 이리 예쁜 거야?" 하며 관심 반, 질투 반으로 하루의 대화를 채웠고, 누구와 누가 연애한대, 결혼한대, 이혼한대 하면 역시 그 이야기가 하루 주제의 반 이상이었다.

후아! 아마 이 정도 관심을 내 아이에게 썼다면 우리 딸 어린이집에 있는 아이들 이름을 다 외웠을 거다. 그리고 그 시간에 가족들에게 먹일 영양가 있는 식단에 더 신경 쓰고 있었을 것이다. 사실 가수 아이유가 누구와 연애를 하든 무슨 상관이람! 설리의 그 인스타그램 이미지도! 사라져라, 사라져라! 쓸데없는 이미지여, 다 사라져버려라!

한 입 요깃거리도 안 되는 마카롱

사실 마카롱이 엄청 맛있던 적은 없다. 우아하게 한 입 먹는 그 자태가 부러웠을 뿐이다. 그런데 이렇게 3천 500원짜리 마카롱을 하나 먹고, 나는 또 천 원짜리 가나 초콜릿을

원 플러스 원으로 사서 더 까먹고 있다. 이럴 거면 마카롱 따위 처음부터 그냥 안 먹는 게 나았다. 작은 프랑스를 맛보는 듯한 이미지? 그런 허세 따위 이젠 됐다고! 난 차라리 저렴하고 맛있는 칼로리 폭탄을 선택할 테다! 냠냠냠, 와구와구와구!

쓰잘데기 없는 맞춤법 집착

국문과를 나왔다는 오만한 자존심으로 맞춤법에 엄청 집착했었다. 문자 하나를 보낼 때도, 말을 할 때도. 혹시 누가 "한 입이 맞아, 한입이 맞아?" 하면 "제가 알아요" 하며 다른 한 손으로는 네이버를 검색하고 있었지. 솔직히 내 의견과 감정만 전해질 수 있다면 맞춤법 따위 뭐 그리 대수겠는가. 맞춤법을 조금 트린다고 해서 의미가 지대로 전해지지 않는다고 생각하면 오산이다. 진심은 꼭 통하는 법이다.

〈당신의 하우스 헬퍼〉라는 드라마가 방영되었던 적이 있다. 절대미남 하석진 씨가 하우스 헬퍼로 나와 집도, 머릿속도 엉망이 된 여자들의 살림을 프로페셔널하게 정리해준다는 내용이다. 한동안 이 드라마를 바라보며 주인공에게 홀딱 빠졌었다. "멋진 총각이 집 정리도 야무지게 하네" 하고 중얼거리면서 나도 그를 따라 심심하지 않게 집 정리를 했었다. 당분간은 이대로 잘 지내봐야겠다. "우리, 쇼핑 가자"는 친구의 달달한 유혹도 눈 질끈 감고 살짜쿵 무시해보면서.

참지 않는 연습

혹시, 이 '버리는 물품' 대목에서 잠시 소파에 널브러져 있는 누군가를 쳐다봤을 수도 있을 테지만…? 에이, 그래도 사람을 어떻게 물건에 비유할 수 있으랴! (잠시라도 그런 생각이 들었다면 당신의 그분을 꼭 한번 안아주어라. 좀 미안하니까)

확실한 것은 우리는 쓸모없는 것들을 버림으로써 더 가벼워질 수 있다는 것이다. 그리고 이런 비워냄을 통해 더 큰 삶의 의미를 찾을 수 있으리라. 버려라! 버리면 자유로워질 것이니! 공空은, 지혜를 깨닫는 첫걸음이다.

아줌마라
행복하다

어렸을 적 동네 친구들과 이런 얘기를 했다. "우리가 아줌마가 된다면 어떤 모습일까?"

당시 초등학교 5학년이었던 우리는 아줌마라고 하면 뽀글 머리 혹은 통통한 몸집에 큰 목소리를 내는 사람쯤으로 생각했다. 그래서 우리에게 과연 파마가 어울릴지, 정말 아줌마가 된다면 얼마나 용감해질 수 있을지에 대해 많은 이야기를 했다. 특히 그때는 버스에서 자리를 잡기 위해 핸드백부터 던지는 아줌마 이야기가 유독 많았던 터라(실제로는 두어 번 봤다), 우리가 상상하는 아줌마의 이미지란 약간의 무모

함이 섞인 좀 '쎈' 캐릭터였다. 요즘 만화로 비유하면 〈안녕 자두야〉에 나오는 자두 엄마 같은 스타일? (그는 시장에 가서 마구 물건값을 깎고, 우는 아이에게도 인정사정없이 고함친다)

막상 아줌마가 되고 보니 확실히 처녀 때와는 달라졌다. 일단 외모 관리에 대해 융통성이 생겼고 (동네 슈퍼에 갈 때도 꼬박꼬박 바르던 립스틱은 이제 어린이집 갈 때만 바른다), 8등신 몸매에도 크게 집착하지 않는다(작은 키를 커버하겠다고 고집하던 8센티 하이힐 대신 2센티 단화와 밀착 중이다). 남의 눈치를 보느라 끙끙대던 많은 행동들은 (우스운 말에 입을 가리고 웃거나, 지하철에서 압박되어도 용기가 없어 말하지 못했던 일들) 과거처럼 웃을 수 있는 '그까이 것' 이 되어버렸다.

그리고 이런 변화도 있다. 너무도 소심해 스스로를 위축시켰던 감정과 생각들이 그야말로 뇌를 거치지 않고 바로 튀어나오는 현상! "아, 진짜 웃기고 있네!" 하는 말들이 튀어나올 때면 나도 모르게 깜짝 놀랄 때가 많다.

어릴 적 이런 변화에 대해 살짝 두려움이 있었다. "저 아줌마 참 주책없네"라는 비판을 듣고 살까봐. 하지만 막상 닥쳐보니(?) 이건 너무 행복한 변화다. 마치 명품백에 미니스커트를 입고 다니던 차림이 에코백에 냉장고 바지로 환골탈태한 느낌이다. 저렴해졌다고 생각할 수 있겠지만 그만큼 주위의 시선을 크게 신경 쓰지 않는다. 아무도 날 그렇게 주목하지 않는다는 것을 알게 되며 이 자유로움은 극에 달하고 있다. 특히 결혼, 출산, 가족 간의 갈등을 겪어내며 체득된 맷집은 "어려움은 어떻게든 극복될 수 있다"는 긍정의 마음도 선사하는 중이다. 뭐 하나만 잘못되어도 벌벌 떨던 내 안의 '작은 아이'는 어느덧 풍만한 어른이 되었다. 이두박근 삼두박근을 쉼 없이 자랑하면서.

물론 아줌마가 되고 보니 단점도 있다. 일단 순수한 웃음이 사라졌다. 한강에서 봄, 가을 페스티벌을 열면 가끔 업무상 현장을 방문하는데, 나와 다른 기운들을 접하고 흠칫 놀랄 때가 많다. 내 놀라움의 대상은 꽃무늬 원피스를 입고 다니며 말갛게 웃음 짓는 20대 아가씨들이다. 그들의 웃음은 너무 해맑다. 뭐가 그렇게 즐거운지 얼굴에 바람만 불어도 깔깔거린다.

그와 비교해 나는 거무죽죽한 옷에 검은색 선글라스를 쓰고 있는데, 입이 그냥 일자형이다. 딱히 웃을 일도 없고, 그렇게 쉽게 웃지 않는다. 마치 이런 자세다. "어디 한번 웃겨

봐. 얼마나 웃길 수 있는지." 이건 세상에 뒤통수를 하도 많아서 나타난 부작용이겠지만, 뭐 딱히 나쁘지 않다. 나의 이성은 항시 명철하며 허튼 수작에 쉽게 맘이 동하지 않는다.

아줌마의 정의를 네이버 위키백과에서 찾아보면 이러하다. '중년의 여성을 일컫는 칭호. 본래는 친척 여성들에게 부르는 칭호였으나, 오늘날에는 주로 '결혼한 여자'를 평범하게 부르는 말.'

한때 결혼하지 않은 여자들에게 아줌마란 칭호를 붙이는 것 자체가 실례라는 이야기도 있었고, 아줌마가 여성을 비하하는 호칭이라는 이야기도 있었지만 솔직히 그런 건 내게 큰 문제는 아니다. 결혼을 했든 결혼을 하지 않았든 '나이가 든 여성'을 가리키는 '아줌마'란 호칭은 아가씨와는 분명히 다른 삶의 연륜을 느끼게 한다.

'아줌마'란 단어에는 이루 다 열거할 수 없는 삶의 희비가 농축되어 있는 듯하다. '언니'보다는 더 너그럽고, '이모'라는 말보다는 훨씬 더 육덕진 체구를 느끼게 하는 단어의 느낌 자체도 큰 장점이다. "말해봐. 내가 다 들어줄게"라며 큰 귀를 지닌 관음보살 같은 자애로움도 느끼게 해주니까.

그리고 이런 연륜에 힘입어 '아줌마'들의 활약도 참 대단하다. "아줌마였기 때문에 피의자들과 열린 마음으로 대화할 수 있었다"고 말하는 범죄 심리학자 이수정 교수나, 아줌마가 되고 나서 더욱 연기에 빛을 발하고 있는 여자 배우들(전지현, 김희선 씨 같은!), 나아가 아줌마의 감성으로 보다 실용적이고 유용한 서비스들을 기획해내고 있는 CEO들까지. 이들은 아줌마들의 이미지를 단지 뽀글 머리나 목소리 큰 사람이 아닌, '주체적인 여성'의 이미지로 확실히 끌어올려주고 있다.

비단 세상에서 주목받는 아줌마들의 이야기뿐이겠는가. 가정 살림을 충실하게 꾸리고 있는 주부 9단들부터(우리나라 아이들이 왜 그렇게 영민하게 자라는가를 생각해보라!), 아줌마들의 변화가 세상을 바꾼다고 믿는 지역 커뮤니티 활동가까지. 나는 이들의 적극적이고 대담한 이야기들을 들을 때마다 큰 자극을 받는다. "아, 나는 저 정도의 아줌마가 되려면 아직 멀었구나" 하고 스스로 반성도 한다.

'아줌마'란 브랜드에 대하여

앞으로 내가 바라는 점이 있다면 보다 넉넉한 아줌마가

되고 싶다는 것이다. 한때는 카리스마란 단어도 꿈꿔 보았지만, 음, 그쪽으론 영 소질이 없는 것 같다. 30대의 나에겐 아직 다 포기하지 못한 자존심이 있다. 그래서 그런 요소들이 아직 내 말투나 문체에 있어서 조급함 혹은 지나친 발랄함으로 등장할 때가 많다.

남편이나 아이들에게도 마찬가지다. "제가 모든 것을 다 받아들이겠습니다" 하며 허허 웃고 있다가도 조금만 신경이 거슬리면 어느새 소리를 지르고 있다. "이것들이! 왜 내 말을 안 듣는 거야!" 집 안에 CCTV가 있다면 이건 거의 시리즈 극으로 연출할 수 있을 것이다. 아직도 드라마 같은 품위를 포기하지 못한 여자의 일일 시트콤 찍기. 제목은 〈미안하다, 아직도 다 버리지 못했다!〉

구체적 이미지를 그리라면, 중년배우 윤여정, 김해숙 선생님 같은 분들이 내 롤 모델이다. 일단 두 분 다 너무 당당하시다. 세월을 빗겨 가지 않고 정통으로 받아들인 듯한 느낌이 있다. 그래서 훨씬 더 깊고 성숙해보인다. 특히 외국어를 잘 하는 윤여정 선생님의 모습은 큰 귀감이다. 젊은이들과의 대화에 밀리는 법이 없고, 새로운 일에 더 적극적이다.

김해숙 선생님은 이보다 조금 더 다정한 느낌이다. 무슨 말이든 "그랬어?" 하며 호탕하게 웃는 웃음은 넉넉한 풍채만큼 안기고 싶은 느낌이 있다. 환갑이 넘은 그가 드라마와 영화에서 젊은 시절보다 더한 전성기를 맞이하는 이유도 같은 맥락이 아닐까? 민낯도 화장한 얼굴도 관계없이 그는 '인간 김해숙'일 뿐. 다른 누군가가 아닌 하나의 브랜드가 되어 버렸다.

나도 이런 대체 불가능한 '아줌마 브랜드'가 되고 싶다. 외모도 아름답지만 마음이 더 아름다운 사람. 나이가 들어도 두려움이 없으며 어떤 도전도 거침없이 해낼 수 있는 사람. 스무 살에 상경해 '서울깍쟁이'가 되기 위해 부단히 노력했지만, 이젠 애써 세련된 척하지 않는다. 오히려 나는 나의 충청도 피를 적극 살리고 싶다. 좀 힘들더라도 "아따, 인생 왜 이런 거" 하며 훌훌 털어낼 수 있는 그런 사람.

아줌마란 말에 소스라치게 놀라던 시절은 갔다. 나는 더 밝고 푸근하게 나만의 아줌마 아우라를 뿜어내리라. 그리고 말하리라. "자고로 아줌마가 되어야, 진짜 인생을 아는 거!" 나는 이 자유롭고 여유로운 기운을 주변에 담뿍 전파해주고 싶다. 세월이 흘러도 식지 않는 열정으로, 작은 일에 쉽게 흔들리지 않는 담대함으로. 나는 그것이 아줌마란 나의 본분을 통해 이룰 수 있음을 믿어 의심치 않는다.

아줌마라서 행복하다. 그리고 아줌마라서 쭉 행복할 것이다.

참지 않는 연습

아줌마에 대한 인식의 변화는 '헤어스타일의 다양화'에서도 찾아볼 수 있다. 한때 뽀글 머리로 통일되었던 아줌마 헤어스타일은 단발머리, 긴 생머리, 귀여운 아이롱 파마 등으로 다양화되고 있으니까. 긴 머리는 좀 부담스럽고 짧지 않은 단발을 고수하고 있는 나는 '아줌마' 이후의 '나이 지긋한 어머님', 혹은 '여사님'의 헤어스타일을 고민 중이다. 머리를 좀 길러서 묶어볼까, 아님 염색하지 않고 백발로 살아볼까 등.

하지만 여기서 잊지 말아야 할 사실! 이 모든 헤어스타일의 시작은 '풍성한 머리숱'에서 시작된다는 것. 이 때문에 오늘도 난 넉넉한 마음으로 세상을 품으려 다짐한다. "스트레스 받지 말자. 훌훌 털자. 그리고 더 긍정적으로 살아보자!" 밝음의 에너지는 이렇듯 모든 이야기의 시작이 된다. "어때? 지금 이 글을 읽고 있는 당신도 행복하게 살아갈 거지? 그래서 한 30년 후에 나랑 재미있는 헤어스타일로 다시 만나는 거 어때? 적극 찬성하는겨?"

나 하나만 참으면 괜찮을 줄 알았어

초판 1쇄 발행 · 2019년 9월 5일

지은이 · 이승주
펴낸이 · 김동하

펴낸곳 · 책들의정원
출판신고 · 2015년 1월 14일 제2016-000120호
주소 · (03955) 서울시 마포구 방울내로9안길 32, 2층(망원동)
문의 · (070) 7853-8600
팩스 · (02) 6020-8601
이메일 · books-garden1@naver.com
포스트 · post.naver.com/books-garden1

ISBN 979-11-6416-032-7 (03190)